2019年度国家社会科学基金项目（19BJY251）资助

# 金融监管部门
# 处罚违法违规机构的
# 方式选择与罚款定价研究

张桥云◎等著

西南财经大学出版社

中国·成都

**图书在版编目(CIP)数据**

金融监管部门处罚违法违规机构的方式选择与罚款定价研究/张桥云
等著.--成都:西南财经大学出版社,2024.6

ISBN 978-7-5504-6103-1

Ⅰ.①金…  Ⅱ.①张…  Ⅲ.①金融监管—行政处罚—罚金—研究—
中国  Ⅳ.①D922.287.5

中国国家版本馆 CIP 数据核字(2024)第 044159 号

# 金融监管部门处罚违法违规机构的方式选择与罚款定价研究

JINRONG JIANGUAN BUMEN CHUFA WEIFA WEIGUI JIGOU DE FANGSHI XUANZE YU FAKUAN DINGJIA YANJIU

张桥云　等著

责任编辑:王　利
责任校对:植　苗
封面设计:墨创文化
责任印制:朱曼丽

| | |
|---|---|
| 出版发行 | 西南财经大学出版社(四川省成都市光华村街55号) |
| 网　　址 | http://cbs.swufe.edu.cn |
| 电子邮件 | bookcj@swufe.edu.cn |
| 邮政编码 | 610074 |
| 电　　话 | 028-87353785 |
| 照　　排 | 四川胜翔数码印务设计有限公司 |
| 印　　刷 | 四川五洲彩印有限责任公司 |
| 成品尺寸 | 170 mm×240 mm |
| 印　　张 | 14.75 |
| 字　　数 | 243 千字 |
| 版　　次 | 2024 年 6 月第 1 版 |
| 印　　次 | 2024 年 6 月第 1 次印刷 |
| 书　　号 | ISBN 978-7-5504-6103-1 |
| 定　　价 | 78.00 元 |

# 前　言

自 2008 年全球金融危机发生之后，强化金融监管、防范金融风险成为国际金融业关注的重点问题。银行的违法违规经营活动虽然能给自身带来超额收益，但其违法违规行为极易引发风险事件，对整个金融体系的稳定造成严重威胁。因此，各国金融监管机构纷纷制定并采取了一系列措施以加强对金融机构尤其是商业银行的监管，对违法违规行为进行处罚是保证金融监管制度有效运行的重要手段。在银行业违法违规行为频现和金融强监管的趋势下，我国金融监管部门对银行违法违规行为做出的行政处罚数量明显增多，大额罚单亦屡见不鲜。

在此背景下，研究银行违法违规、监管处罚以及处罚效应的问题具有重要的理论意义和现实意义。既有国内外相关研究往往聚焦于一般公司的违法违规与处罚，少量探讨银行业违法违规处罚问题的文献大都基于欧美发达国家的金融体系与监管制度，其所得结论很难适用于我国实际的金融环境和监管制度。我国银行业违法违规的现状如何？金融监管部门如何处罚违法违规银行？处罚是否有效？对违法违规银行又会产生什么影响？为深入探讨这些问题，本书从监管处罚的视角出发，以银保监会①公开披露

---

① 2023 年 3 月，根据第十四届全国人大第一次会议审议通过的《国务院机构改革方案》的安排，在原中国银行保险监督管理委员会基础上组建了国务院的直属机构——国家金融监督管理总局，不再保留中国银行保险监督管理委员会，并将中国人民银行对金融控股公司等金融集团的日常监管职责、有关金融消费者保护职责以及中国证券监督管理委员会的投资者保护职责划归国家金融监督管理总局。国家金融监督管理总局统一负责除证券业之外的金融业监管，强化机构监管、功能监管、穿透式监管、持续监管，统筹负责金融消费者权益保护，加强风险管理和防范处置，依法查处违法违规行为。同时，将中国证券监督管理委员会调整为国务院直属机构，并划入原属国家发展改革委的企业债券发行审核职责。深化地方金融监管体制改革，统筹推进中国人民银行分支机构改革。与此同时，根据中共中央、国务院印发的《党和国家机构改革方案》，组建中央金融委员会，由其负责金融稳定和发展的顶层设计、统筹协调、整体推进、督促落实，研究审议金融领域重大政策、重大问题等。设立中央金融委员会办公室，作为中央金融委员会的办事机构，列入党中央机构序列。不再保留国务院金融稳定发展委员会及其办事机构，并将其职责划归中央金融委员会办公室。经过此轮机构改革，我国形成了"一委一行一局一会"的金融监管机构体系。需要说明的是，笔者认为，本书的研究和结论在国家新的金融管理架构下仍然是成立的。以下不再一一具体说明。

的银行违法违规案件为研究对象，全面分析了我国银行业违法违规的现状，扩展了公司违法违规领域的研究视野；此外，本书探讨了银保监会对银行违法违规案件不同的处罚方式选择以及罚款定价的影响因素，研究了监管处罚对银行所造成的影响，丰富和完善了我国金融监管理论体系，同时也能够在实践中为金融监管部门制定和完善处罚方案，评估处罚影响以及改善监管处罚的效果和效率等提供有力支持。

本书的主要研究内容如下：

第一，梳理银行违法违规处罚的理论基础和相关文献。本部分首先从监管处罚的必要性和有效性两个方面探讨了银行违法违规与监管处罚的理论基础，其次分别从实施违法违规行为的动机、违法违规的处罚及其他约束机制、监管部门处罚选择与罚款金额的确定、违法违规处罚的效应、处罚的效果与效率等几个方面对国内外相关文献进行了梳理与评述。

第二，对比分析中、美两国对银行违法违规的监管处罚制度。本部分首先介绍了我国和美国的银行监管机构、相关法律法规、对违法违规行为采取的主要处罚方式及处罚流程等；然后以罚款这一金融监管机构最常用的处罚方式为例，详细对比了中、美两国罚款制度之间的差异。研究发现，中、美两国在罚款的设定原则、罚款金额的计算以及罚款的调整机制等方面均存在明显不同。具体来说，在罚款的设定原则上，美国主要强调"不获益"原则，即罚款应使得银行无法从其违法违规行为中获得额外收益；而我国则更加重视"过罚相当"原则，即罚款的设定应与违法违规案件所造成的危害相符。在具体罚款金额的计算上，美国主要根据银行违法违规案件的持续时间和严重程度采取按天分级计算罚款金额的方式，而我国则是依据银行违法违规案件类型，采取分类确定案件罚款金额上下限的"数距式罚款"。在罚款的调整机制上，美国建立了罚款根据物价变动而变动的通货膨胀调整机制，而我国则缺少相应的机制。

第三，统计分析我国银行业违法违规处罚的现状。本部分首先分析了银保监会处罚违法违规案件的总体趋势；然后根据违法违规机构的类型以及违法违规案件的种类等因素对银保监会开出的罚单进行分类，全方位地探讨了银行业违法违规案件及相应处罚的分布特征；最后根据处罚对象的不同，详细讨论了银保监会对违法违规机构和当事人所采取的处罚方式。研究发现，2004—2020 年，银保监会实施行政处罚的数量与罚款金额总体呈波浪式上升趋势；在各类机构中，银保监会对农村信用合作社类机构的处罚次数最多，对全国性股份制银行类机构违法违规案件的罚款金额最高；此外，在所有类型的违法违规案件中，贷款类违法违规和内控类违法违规案件较多，同时各类案件在不同机构中的占比也有所不同；在处罚方式的使用上，银保监会对违法违规机构最常使用的处罚手段是罚款，很少对机构采取停业整顿和吊销金融许可证类的处罚；而对于违法违规的个人来说，银保监会最常使用警告类处罚手段。

第四，探讨影响银保监会对违法违规案件罚款定价的主要因素。本部分通过分析银行实施违法违规的动机、银行违法违规行为对社会其他主体所造成的损失以及监管处罚所需的成本，构建了监管处罚银行违法违规行为总损失的最小化模型，并基于银保监会的行政处罚数据，采取理论分析与实证检验相结合的方法探讨了银保监会罚款定价的主要影响因素。研究发现，银保监会对性质严重的违法违规案件罚款更高，同时相较于其他类型的违法违规案件，银保监会对内控类违法违规案件的罚款更高。此外，银保监会对不同机构违法违规案件的罚款存在明显的差异。银保监会对上市银行类机构违法违规案件的处罚更重，而对农村信用合作社及大型国有银行违法违规案件的处罚偏轻。

第五，实证分析银保监会对违法违规银行的监管处罚效应。本部分深入探讨了监管处罚导致的资本市场反应以及处罚对银行盈利能力和银行风险偏好的影响。研究发现，首先，银保监会的处罚会对违法违规银行股价产生显著的负面影响。在处罚公告引起的总价值损失中，罚款所造成的直接经济损失较小，声誉损失占主要部分，声誉机制是约束银行违法违规行为的主要因素。其次，监管处罚会对银行的盈利能力产生显著的负面影响。进一步分析发现，监管处罚对银行营业收入的影响并不明显，但是监管处罚会通过降低银行存款规模的方式来间接影响银行的盈利能力。最后，监管处罚能够降低银行的风险承担水平，且处罚对不同银行风险偏好的抑制效果存在显著差异。值得注意的是，资本充足率监管压力会削弱处罚对风险偏好的抑制作用。相对来说，没有资本充足率监管压力的银行对监管处罚的反应更加敏感。

本书的主要创新点如下：

第一，本书试图研究监管机构处罚银行违法违规行为法律依据背后的经济依据。通过对 Becker（1968）与 Polinsky 和 Shavell（2000）的模型进行修改，同时结合银行违法违规案件的特点构建了银行违法违规案件总损失最小化模型。本书从经济学理论层面探讨了影响银行违法违规案件罚款的主要因素，为监管部门处罚违法违规银行的执法行为提供了经济理论基础；同时本书结合银保监会行政处罚的微观数据，实证检验了我国监管部门对违法违规案件罚款时所考虑的主要因素，而既有相关文献大都以统计数据为依据分析监管机构处罚的趋势、特征以及研究银行违法违规的经典案例为主。本书为研究银行实施违法违规行为的动机，探索最优处罚策略提供了新的研究视角，对相关研究领域进行了有益的探索和补充。

第二，现有企业违法违规处罚的相关文献通常聚焦于一般上市公司，且相关研究往往会排除商业银行等金融机构，更鲜有研究探讨处罚对银行业绩表现的影响。本书利用银行层面的监管处罚的数据，以银行市场价值和经营绩效衡量银行的业绩表现，分别从长期和短期的角度检验了监管处罚对违法违规银行股票市场表现的影响，研究了监管处罚对银行盈利能力的影响机制，进一步拓展了公司违法违规领域的研究视野。同时本书发现，监管部门的处罚给银行造成的直接经济损失并不大，但是监管处罚会使银行声誉受损并遭受巨大的声誉损失。进一步研究发现，监管处罚可以通过声誉机制降低银行的存款规模从而间接影响银行的收益，因此声誉机制能够有效地约束银行的违法违规行为。本书深化了对金融监管部门处罚效果与声誉机制作用的认识，为金融监管部门评估和完善监管处罚措施提供了理论支持。

第三，银行强监管旨在防范和化解金融风险，维护金融体系的稳定。现有研究大都从规则层面探讨金融监管对银行风险偏好的影响。然而，如果监管机构不能有效地监督银行并对不符合要求的银行进行处罚，即使设计再合理的监管规则也无法达到监管目标。因此，本书从处罚的角度出发，利用银保监会的行政处罚数据，检验了监管处罚对银行风险偏好的影响，同时研究了资本充足率监管与处罚对银行风险偏好的联合效应，进一步丰富和扩展了金融监管对银行风险偏好的影响的研究成果。此外，本书利用网络爬虫方法抓取了银保监会机关、银保监局与银保监分局所披露的全部行政处罚公告，并利用统计软件从中整理计算出各银行所受监管处罚的微观数据，样本丰富且数据充足，克服了以往金融监管相关研究样本量偏少（张宗新，2007）、监管指标设计过于宏观（潘敏、魏海瑞，2015）而可能导致估计结果不够精确的问题。

本书是国家社会科学基金项目"金融监管部门处罚违法违规机构的方式选择与罚款定价研究"（19BJY251）的成果。项目主要完成人：张桥云、段利强、李恒清、范才颖、李佳颖、邓稚弋、陈虹宇、吴静、戴治勇、彭欢、李四光等。其中，第4章富国银行账户造假案和汇丰银行洗钱案主要由范才颖和李恒清完成写作。段利强博士承担了本书大部分研究工作。

张桥云

2023 年 6 月 28 日

# 目　录

# 1 绪论

## 1.1 研究的背景、问题的提出与研究的意义

### 1.1.1 研究的背景

2007 年美国次贷危机爆发，2008 年全球金融危机爆发，贝尔斯登、雷曼兄弟、华盛顿互惠银行等大型金融机构纷纷倒闭，整个金融市场近乎瘫痪。随着危机的不断蔓延和加重，全球金融体系遭受了巨大冲击，世界各国的实体经济也受到了严重影响。危机过后，各国监管机构与学者对此次金融危机发生的原因进行了深入的分析和思考，主流观点认为除了金融衍生产品滥用、货币政策失调等因素之外，过于宽松的金融环境以及监管不力导致的金融机构违法违规行为频现无疑是引发此次危机的重要原因。因此，以美国为首的发达国家进行了深层次、多方面的金融监管改革。美国不仅在原有的多头监管框架之上额外成立了金融稳定监督委员会，以期加强各个监管部门之间的信息沟通与配合协调，监控并处置系统性风险，还出台了一系列政策法规以强化对金融机构的监管，如美国联邦储备系统在 2009 年推出了《监管资本评估计划》，进一步提高了对银行的资本充足率要求；随后美国政府在 2010 年颁布了《多德—弗兰克华尔街改革和消费者保护法》，这项被称为 20 世纪大萧条以来力度最大的金融监管改革法案以防范系统性风险、打击金融机构违法违规经营活动和保护消费者的合法权益为核心，设立了包括规范金融衍生产品市场、限制金融机构自营业务、强化对具有系统重要性银行的监管、防止金融机构"大而不倒"等多项监管条款。

与强监管相对应的是严处罚。从 2008 年到 2018 年，包括美国联邦储

备系统、美国货币监理署以及美国证券交易委员会在内的多家监管机构对金融违法违规行为的处罚次数超过 500 次，罚款总额约为 2 546 亿美元。其中 10 亿美元以上的罚单达 37 张，50 亿美元以上的罚单达 14 张，而对银行业的罚款占比则高达 97%（罗璠 等，2019）。

近几年，我国监管机构也对银行业违法违规乱象进行了重点整治。2017 年初，原银监会组织开展了"三违反、三套利、四不当、十乱象"①金融违规行为专项治理行动，共计查出问题 5.97 万个，涉及金额高达 17.65 万亿元。2018 年初，原银监会下发了《关于进一步深化整治银行业市场乱象的通知》，随后又相继出台《商业银行股权管理暂行办法》《商业银行委托贷款管理办法》《商业银行理财子公司管理办法》等多个专项领域的监管文件，对银行股东行为、贷款以及理财等领域存在的问题进行了详细的监管规范。2019 年，原银保监会继续将整治银行业市场乱象的工作推向深水区，在《坚决打好防范化解金融风险攻坚战》公告中，原银保监会针对金融业暴露出的各类风险和突出问题，共提出 118 项制度以补齐监管短板。

在金融强监管的趋势下，我国原银保监会做出的行政处罚数量明显增多，巨额罚单也屡见不鲜。2017 年，原银监会共计开出罚单 3 400 多张，涉及机构近 1 900 家，处罚责任人员 1 500 余名，累计罚没金额高达 29.32 亿元。其中，原银监会对广发银行惠州分行员工与侨兴集团里勾外连、私刻公章、违规担保"侨兴债"的案件共计罚没 7.22 亿元，6 名涉案的银行员工被终身禁止从事银行业工作，时任广发银行惠州分行行长、副行长等高管被银监会给予取消 5 年高管任职资格、警告、罚款等处罚；2018 年，银保监会累计做出行政处罚 4 000 多次，涉案机构达 1 900 余家，2 044 名责任人员被处罚，罚没金额合计约 21.56 亿元。其中，PF 银行成都分行因违法向 1 493 个空壳企业授信以换取相关企业出资承担银行的巨额不良贷款（承债式收购）被罚 4.62 亿元，时任 PF 银行成都分行行长、副行长等高管被银保监会给予终身禁止从事银行业工作、取消高级管理人员任职资格、警告及罚款等处罚。2019 年，银保监会共计处罚金融机构 2 800 余家、

---

① "三违反"是指违反金融法律、违反监管规则、违反规章制度；"三套利"是指监管套利、空转套利、关联套利；"四不当"是指不当创新、不当交易、不当激励、不当收费；"十乱象"是指股权和对外投资、机构及高管、规章制度、业务、产品、人员行为、行业廉洁风险、监管履职、内外勾结违法、涉及非法金融活动十个方面的市场乱象。

处罚责任人员 3 496 人次，罚没金额合计约 14.5 亿元。2020 年银保监会严肃查处各类违法违规行为，全系统一共做出 6 581 件行政处罚决定，处罚银行保险机构 3 178 家次，处罚责任人员 4 554 人次，罚没金额合计 22.75亿元。2021 年，银保监会大幅提高违法违规成本，全年处罚银行保险机构 3 870 家次，处罚责任人员 6 005 人次，罚没金额合计 27 亿元。2022 年，银保监会处罚银行保险机构 4 620 家次，处罚责任人员 7 561 人次，罚没金额 28.99 亿元。

### 1.1.2　问题的提出

在后金融危机时代，强监管、防风险已成为国际金融业监管的新趋势。各国都高度重视并采取多种措施加强对金融机构的监管，处罚是金融监管的重要形式，也是保证监管有效性的重要手段。随着我国金融强监管的持续推进，金融乱象治理已取得初步成效，但在监管与处罚的过程中仍存在不少问题，值得我们进一步思考。

第一，在日常的监管处罚中，金融监管当局虽然有法可依，但法律法规并未明确规定各种违规行为具体的罚款金额，一些条款也只是笼统地规定了罚款的范围，因此监管机构在执法时拥有较大的自由裁量空间。例如，银保监会发布的行政处罚公告中只披露违法违规单位或个人、违法违规事实、行政处罚依据（相关的法律法规条款）、行政处罚决定（如罚款）、做出处罚决定的机关名称、处罚日期等，但并未披露罚款金额具体是如何确定的。伏军和王雅洁（2016）就指出"监管机构行使有关自由裁量权缺乏具体的标准或参照尺度"。在对具体的银行违法违规案件进行处罚时，监管部门的处罚是否有效？影响罚款金额的主要因素是什么？处罚过程中是否存在差异性处罚或选择性执法？

第二，近几年我国监管机构开出的罚单数量明显上升，巨额罚单也屡见不鲜。监管部门处罚公告的发布向公众释放了被处罚银行的负面信号，这可能会引起资本市场上银行股票价格的异常波动；同时高频率、高金额的罚款很有可能影响商业银行的日常经营活动，对银行的偿付能力和管理能力也是一种挑战（Köster、Pelster，2017；Delis 等，2017）。我国监管部门的处罚对违规银行的股价及日常经营活动有何影响？

第三，我国金融监管部门整治市场乱象、处罚违法违规行为的主要目的是促使银行回归本源，控制银行的过度杠杆，引导、改变银行的风险偏好，进而保证整个金融体系的稳定运行，守住不发生系统性金融风险的底线。然而有机构和学者担忧监管处罚不仅无法改变银行的风险偏好，银行违法违规案件曝光及相应的高额罚款反而有可能成为系统性金融风险的来源之一（European Systemic Risk Board，2015）。银保监会对违法违规银行的处罚能否降低银行的风险承担水平？

### 1.1.3　研究的意义

基于上述背景和问题，本书依托银保监会公布的行政处罚数据，详细统计分析了我国银行业违法违规案件的基本情况，探讨了监管机构对银行违法违规案件的处罚方式与罚款定价，同时深入研究了监管处罚对银行股价、盈利能力以及风险承担的影响。本书的研究意义主要体现在如下方面：

第一，丰富和完善了我国银行监管理论体系。处罚是金融监管的重要形式，也是监管制度得以有效运行的重要保障。如果监管部门不能有效地监督银行并对不符合要求的银行进行处罚，即使设计再合理的监管制度也无法达到监管目标。但是金融监管处罚的相关研究大都以欧美等较为成熟的金融市场环境为背景，鲜有研究涉及我国的金融监管处罚问题。而金融监管必须与本国的经济发展水平和具体的金融环境相适应，处罚亦是如此。我国的金融体系与西方国家存在着明显的不同，商业银行在整个金融市场中占据了非常重要的角色，它不仅是我国金融市场的主要参与者，也是财政政策和货币政策的重要传导渠道。同时，我国监管处罚的相关法律法规与国外也存在较大差异。因此，研究我国银行的违法违规处罚及处罚效应问题，有助于构建科学高效且符合我国国情的银行监管处罚制度框架，进一步丰富和完善我国金融监管理论体系。

第二，有助于深入了解银行业的违法违规行为及其后果。如何改善公司治理，减少公司违法违规行为，一直是学者们关注的热点问题。而商业银行作为资金运转的金融中介机构，其信息透明度普遍低于其他行业，与此同时，我国商业银行长期受到政府保护，具有明显的行业准入壁垒，这就导致银行的特许权价值偏高，加之银行股权结构中的国有股占比较高，存在较为严重的所有者缺位问题。因此，我国银行业的违法违规现象非常普遍，商业银行的内部治理有待进一步改善。除此之外，银行存在天然的内在脆弱性与风险传染性，其违法违规行为很可能形成严重的金融风险事件并引发金融市场动荡，威胁金融体系的稳定。因此，研究银行业的违法违规问题具有十分重要的理论意义和现实意义。本书对比总结了国内外银行违法违规的监管处罚制度，深入剖析了我国银行业的违规现状，同时探讨了改善银行公司治理、威慑银行违法违规行为的政策建议，进一步扩展了公司违法违规领域的研究视野，丰富了银行治理问题的研究成果。

第三，有利于优化完善我国金融监管处罚制度。本书系统研究了我国银行业违法违规案件的分布情况，详细统计了银行违法违规案件的类型与银保监会所采取的处罚方式，着重分析了影响银保监会罚款定价的主要因素及处罚对银行产生的影响。本书为我国金融监管部门制定科学、合理、有效的处罚制度提供了理论依据，同时在实践中为金融监管部门制定、完善处罚方案，评估处罚所造成的影响以及提高监管处罚的效率和效果提供了有力支持。

第四，为防范金融风险、维护金融稳定进行了有益探索。商业银行在我国金融体系与各项金融活动中均扮演着重要角色，同时银行巨大的资产规模很容易导致其成为汇聚金融风险的源头。有效的处罚手段不仅能够控制银行的违法违规行为，还能促使银行调整自身风险偏好，增强自身的风险承担能力，从而预防和化解金融风险。本书详细探讨了金融监管当局的处罚措施对银行风险偏好的影响，同时对优化监管处罚措施，降低银行风险承担水平提供了合理的政策建议，为监管当局防范金融风险、维持金融体系稳定进行了有益探索。

## 1.2　研究内容与研究方法

### 1.2.1　研究内容

本书以银保监会披露的处罚案件为研究对象，围绕银行违法违规处罚与处罚效应这一核心话题，首先从国内外银行业违法违规处罚的基本制度、我国银行业违法违规案件及罚单的分布情况以及银保监会对违法违规案件的处罚方式与罚款定价等方面分析了我国银行违法违规处罚的现状；然后从监管处罚引发的资本市场反应、处罚对银行盈利能力以及风险偏好的影响等方面研究了监管处罚的效应。

本书的主要内容可以分为四个部分：

第一部分为本书的第 1 章和第 2 章，是全书的研究基础。其中第 1 章主要阐述本书的研究背景、研究内容与研究意义，提出研究框架；第 2 章则厘定了银行违法违规以及监管处罚的相关概念，阐述了本书的理论基础并梳理了国内外的相关文献。

第二部分为本书的第 3 章和第 4 章，是对中美银行违法违规及监管处罚制度现状以及典型违法违规案例的分析。其中第 3 章对中美银行业违法违规的主要监管机构、法律法规、处罚方式以及处罚流程等进行了阐述和比较；第 4 章介绍了美国富国银行账户造假案、汇丰银行洗钱案和中国 PF银行成都分行违法发放贷款案等典型案例。

第三部分为本书的第 5 章至第 7 章，对我国银行业违法违规处罚定价及效应进行实证分析。其中第 5 章对我国银行业违法违规案件的分布情况包括违法违规案件的机构属性、案件类型以及银保监会对案件采取的处罚方式进行了统计分析；第 6 章通过理论和实证分析相结合的方式，研究了监管部门对银行违法违规案件进行罚款时主要考虑的因素。第 7 章是对银保监会监管处罚效应的研究，利用实证分析检验了监管部门的处罚对违法违规银行的影响，具体包括从监管处罚引起的资本市场反应、处罚对银行盈利能力以及对银行风险偏好的影响这三个角度对监管处罚的效应进行实证分析。

第四部分为第 8 章，是本研究的结论与政策建议。

本书每一章的主要内容如下：

第 1 章，绪论。本章首先阐述研究的背景，简要介绍了国内外银行业监管处罚的基本情况，提出要研究的问题，然后总结了研究的意义与研究的框架，同时提出了本书的主要创新点。

第 2 章，银行违法违规处罚的理论基础与文献综述。本章试图厘清银行违法违规及监管处罚的相关概念，界定了本书的研究范围，归纳了研究的相关理论；同时从企业（公司、银行）实施违法违规行为的动机、违法违规的处罚及其他约束机制、监管部门处罚选择与罚款金额的确定、违法违规处罚的效应、处罚的效果与效率等方面对国内外相关文献进行了梳理与评述。

第 3 章，中美银行业监管处罚制度比较。本章简要介绍我国与美国银行业的主要监管机构、相关法律法规以及处罚的制度和流程等，重点比较我国与美国罚款制度之间的差异并总结其中的经验及教训。

第 4 章，银行机构违法违规典型案例。本章比较全面地介绍和分析了富国银行账户造假案、汇丰银行洗钱案以及 PF 银行成都分行违法发放贷款案。

第 5 章，我国银行业违法违处罚方式选择与分布特征。本章多维度统计银行业违法违规案件及处罚的整体趋势，同时按照银行所有制属性、业务条线等进行分类统计分析。除此之外，本章还对银保监会采取的主要处罚方式进行了分析讨论。

第 6 章，我国银行业违法违规案件的罚款定价影响因素研究。本章主要通过理论分析和实证检验相结合的方法，探讨了银保监会对银行违法违规行为进行罚款定价的影响因素。首先运用福利经济学的思想，修改 Becker（1968）与 Polinsky 和 Shavell（2000）的模型，分析银行的违法违规动机，将银行违法违规行为对社会造成的损失分为对其他主体的损失再加上监管与执行处罚所需的成本，构建银行违法违规案件总损失最小化模型，分析影响银保监会罚款定价的主要因素。同时，利用银保监会披露的行政处罚数据，实证分析银保监会对违法违规案件罚款的主要影响因素，并检验监管部门对不同机构的罚款是否存在差异。

第 7 章，中国银保监会监管处罚效应研究。本章使用银保监会公布的行政处罚数据，深入研究了处罚对违法违规银行的影响。本章又分为以下三节：

（1）监管处罚对股价的影响。

本节首先利用固定效应模型和系统 GMM（高斯混合模型）方法检验银保监会罚款对我国上市银行股票收益率的影响；其次利用事件研究法，检验违法违规银行股价对银保监会处罚公告的市场反应，利用累积异常收益率计算银保监会的处罚对违法违规银行造成的价值损失；分析不同类型、不同特征银行的违法违规案件所造成的市场反应差异。

（2）监管处罚对银行盈利能力的影响。

本节主要检验了监管处罚对银行盈利能力的影响。首先，罚款直接造成银行的经济损失，增加了银行违法违规的成本；其次，监管处罚严重影响了违法违规银行的声誉，降低了公众对银行的信任，从而影响银行的经营业务（Sapienza、Zingales，2012）。同时，为应对监管当局的检查与处罚，银行管理层会消耗大量的时间与精力，干扰了其对银行日常经营的管理（Delis 等，2017）。另外，一些机构和专家也担忧处罚可能会对银行营业收入与利润造成负面影响（European Systemic Risk Board，2015）。因此，本节利用面板固定效应模型检验银保监会处罚对银行盈利能力的影响，同时还进一步分析了处罚对银行营业收入及存款规模的影响。

（3）监管处罚对银行风险偏好的影响。

本节主要研究我国银保监会罚款对违法违规银行风险偏好的影响，使用银行 Z 值（特征值与总体均值的差距）、资产收益率的波动等作为衡量银行风险承担水平的指标，利用系统 GMM 模型检验银保监会的处罚对违法违规银行自身风险承担水平的影响；同时进一步讨论监管处罚对银行风险偏好影响的异质性以及资本充足率监管与处罚对银行风险偏好的联合影响。

第 8 章，研究结论与政策建议。本章总结全书主要结论并对完善银行监管处罚提出若干改进建议。

### 1.2.2　研究方法

本书综合运用经济学、金融学、统计学、计量经济学、管理学等学科的相关理论知识，同时将定性研究与定量分析相结合，采用理论分析、实证分析、案例分析、比较分析等多种研究方法，构建了银行违法违规处罚与处罚效应的分析框架。

（1）理论分析方法。本书通过回顾国内外相关文献，分析银行监管处罚和企业（公司、银行）违法违规等领域的研究成果，归纳总结出本书的理论基础，同时运用福利经济学、信息经济学、成本收益论等相关理论，结合银行业的特点与具体情况，探讨了银行实施违法违规行为的动机、违法违规所造成的损失、监管部门的处罚以及影响罚款的主要因素。

（2）实证分析方法。本书基于银保监会的行政处罚数据，从多个维度统计分析了银行违法违规情况与银保监会处罚的特征，实证检验了影响银保监会罚款的主要因素，同时结合我国银行业的微观数据，使用事件研究法、面板固定效用模型、工具变量法、系统 GMM 模型等实证方法，详细检验了监管处罚对上市银行股价、盈利能力以及风险偏好等方面的影响。

（3）案例分析方法。本书选取中美银行业违法违规典型案例进行深入剖析，包括富国银行账户造假案、汇丰银行洗钱案和 PF 银行成都分行违法发放贷款案。

（4）比较分析方法。本书对中、美两国银行业的监管处罚制度、处罚流程以及处罚方式等方面进行了比较分析，同时还重点对比了中美银行监管罚款制度的差异，并试图归纳总结其中的经验与教训，为构建符合我国具体金融环境的监管处罚制度提供有益的借鉴和启示。

本书的研究框架如图1-1所示。

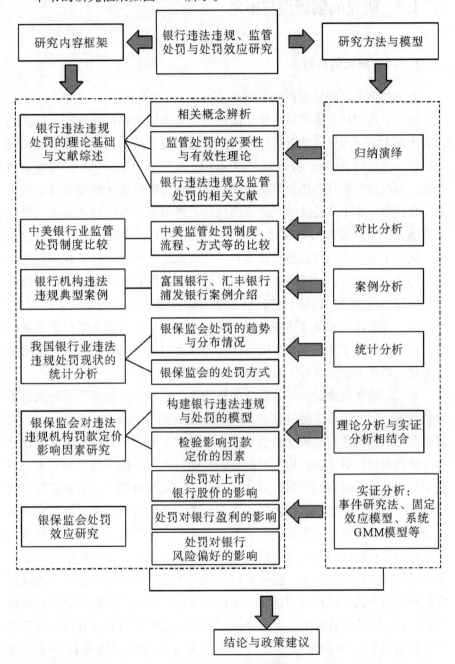

图1-1　本书的研究框架

## 1.3  研究的创新点与不足

### 1.3.1  研究的创新点

本书的创新之处体现在如下方面:

第一,现有研究大多从法律层面探讨监管部门对违法违规行为的处罚问题,而本书试图研究监管部门处罚银行违法违规行为法律依据背后的经济依据,通过对 Becker（1968）与 Polinsky 和 Shavell（2000）的模型进行修改,同时结合银行违法违规案件的特点构建了银行违法违规案件总损失最小化模型。本书从经济学理论层面探讨了影响银行违法违规罚款定价的主要因素,为监管部门处罚违法违规银行的执法行为提供了经济理论基础。同时本书结合银保监会行政处罚的微观数据,实证检验了我国监管部门对违法违规案件罚款时所考虑的主要因素,而既有相关文献大都以统计分析监管机构处罚的趋势、特征以及研究银行违法违规的经典案例为主。本书为研究银行实施违法违规行为的动机,探索最优处罚策略提供了新的研究视角,弥补了微观视角下银行违法违规处罚研究领域数据及方法层面的不足,对相关研究进行了有益的探索和补充。

第二,由于商业银行经营对象的特殊性,银行业存在着严重的信息不对称问题,因此银行业的违法违规现象非常普遍（Zingales,2015）。而现有企业违法违规处罚相关文献通常聚焦于一般上市公司,且相关研究往往会排除商业银行等金融机构,更鲜有研究探讨处罚对银行的影响。本书利用银行层面监管处罚的数据,分别从长期和短期的角度检验了监管部门罚款对违法违规银行股票市场表现的影响,进一步丰富和扩展了处罚对相关上市银行机构资本市场表现的影响的相关研究。同时本书发现,监管部门的处罚给银行造成的直接经济损失并不大,但是监管处罚会使银行声誉受损并遭受巨大的声誉损失。进一步研究发现,监管处罚可以通过声誉机制降低银行的存款规模从而间接影响银行的收益,因此声誉机制能够有效地约束银行的违法违规行为。本书深化了对金融监管部门处罚效果与声誉机制作用的认识,为金融监管部门评估和完善监管处罚措施提供了理论支持。

第三，金融监管旨在防范和化解金融风险，维护金融体系的稳定。商业银行作为我国金融体系的主要组成部分，其风险承担水平关乎整个金融体系的稳定。既有研究大都从资本充足率监管、信息披露等视角出发，研究金融监管规则对银行风险承担水平的影响（成洁，2014；杨新兰，2015）。然而，如果监管机构不能有效地监督银行并对不符合要求的银行进行处罚，即使设计再合理的监管规则也无法达到监管目标。因此本书从处罚的角度出发，利用银保监会的行政处罚数据，检验了监管处罚对银行风险偏好的影响，同时研究了资本充足率监管与处罚对银行风险偏好的联合效应，考察了在资本充足率监管压力下，处罚对不同资本充足率银行风险偏好的影响，进一步丰富和扩展了金融监管影响银行风险偏好的研究成果。此外，本书利用网络爬虫方法，使用 python 软件抓取了银保监会机关、银保监局与银保监分局所披露的全部行政处罚公告，并利用统计软件从中整理计算出各银行所受监管处罚的微观数据，样本丰富且数据充足，克服了以往金融监管相关研究样本量偏少（张宗新，2007），监管指标设计过于宏观（潘敏、魏海瑞，2015）而可能导致估计结果不够精确的问题。

### 1.3.2 研究的不足

受研究过程中各种主客观因素的影响，本书存在以下不足之处：

一是部分监管处罚信息以及银行经营数据无法获得，例如银保监会在确定罚款金额时可能考虑违法违规案件的影响范围和损失额等因素，但银保监会并未披露违法违规案件的涉案金额及损失额等相关数据，同时银行分支机构的各项数据也很难获得；此外，在银行风险偏好指标中，银行逾期违约概率能够有效反映出市场预期，并揭示银行违约风险的整体情况，具有良好的前瞻性，但是我国信用评级体系尚不完善，相关数据暂时无法获取。基于数据的可得性，本书对上述变量及指标进行了替换，因此在变量构建与指标选择中可能存在一定的主观性。

二是本书所研究的问题涉及多学科知识，具有较强的现实性和复杂性。如在对比分析中美银行监管处罚制度中涉及众多法律专业名词与法学理论，由于研究能力有限，本书未能对部分法律法规进行全面深入的剖析和论述；同时本书违法违规处罚理论模型的设计也不够精细。

三是在研究监管处罚效应时，银行违法违规案件的数量与监管处罚力度有直接关系，但违法违规案件的增多或减少并不意味着银行主动增加或减少了自身的违法违规行为，而取决于银保监会是否发现并处罚了这些违法违规行为。验证银保监会的处罚是否减少了银行的违法违规行为需要剥离监管处罚力度的影响，这在本书中尚未完全做到。笔者希望以后有机会进一步完善本研究。

# 2 银行违法违规处罚的理论基础 与文献综述

## 2.1 银行违法违规行为与监管处罚的理论基础

### 2.1.1 相关概念界定

#### 2.1.1.1 违法违规行为

违法违规行为可以分为广义违法违规和狭义违法违规两种。广义的违法违规行为泛指一切违反国家法律、行政规定以及相关管理办法等具有法律效力的规范性文件的行为，而狭义的违法违规行为则主要指特定规范性文件中所定义的违法违规行为。例如美国反虚假财务报告委员会下属的发起人委员会和注册舞弊审查师协会在 2016 年发布的《违规风险管理指南》中明确指出：违法违规行为是指那些以欺骗他人为目的，对受害人造成损失或者给违法违规者带来利益的任何故意或过失行为。

另外，违法违规行为也可以分为显性违法违规行为和隐性违法违规行为。隐性违法违规行为指相关主体未被发现或不可观测的违法违规行为，而显性违法违规行为指已被监管机构发现的违法违规行为。基于样本与数据的可得性，本书所关注的违法违规行为是指银行等机构因违反金融相关法律法规而受到银保监会行政处罚并公开披露的显性违法违规行为。

#### 2.1.1.2 监管处罚与执法主体

值得注意的是，本书中的监管处罚与金融监管的概念范围存在不同。金融监管不仅包含对银行类机构的监管，还涵盖了对券商、保险公司等其他金融机构的监管；从流程来看，金融监管包括了事前规则、政策等的制定，事中的现场检查和非现场检查以及事后的处罚等；从两者的关系来看，监管处罚是保证一切监管规则得以有效运行的必要手段，同时监管处罚也在一定程度上代表着现场检查和非现场检查的最终结果。因此监管处罚是金融监管不可或缺的重要部分，是金融监管的一种重要手段。

监管处罚主要指经济主体（例如公司）出现违反相关法律法规及其他具有法律性质的文件中明确规定的行为时，有关监管部门进行立案调查，并采取行政措施对其行为进行的处罚。

对商业银行具有监管处罚权力的执法主体包括中国人民银行及其派出机构、银保监会及其派出机构、市场监管总局等。本研究中的监管处罚①主要指银行类金融机构因违反《中华人民共和国商业银行法》《中华人民共和国银行业监督管理法》等法律法规时，银保监会对其行为进行的公开处罚。本书研究对象仅限于银保监会及其派出机构公开处罚的银行违法违规案件，并未涉及中国人民银行及其他监管机构公开处罚的银行违法违规案件。

### 2.1.1.3　处罚效应

处罚效应指监管处罚对违法违规行为主体产生的作用或影响。本研究中的处罚效应主要是指银保监会对银行违法违规行为进行的公开处罚措施所产生的影响，具体包括监管处罚所造成的资本市场反应以及处罚对银行盈利能力、经营业务和风险承担水平等方面的影响。

### 2.1.2　理论基础

#### 2.1.2.1　监管处罚的必要性

（1）公共利益理论

公共利益理论被广泛应用于政府对各个行业的监管领域，其核心思想是政府部门应该以公共利益为出发点，在一个行业出现负外部性、垄断以及信息不对称导致市场失灵现象时，迅速采取适当的措施对行业中的经济主体行为进行强制干预以维护社会公众的利益。

具体到金融领域，银行业存在着严重的信息不对称问题。商业银行的股东与银行的管理者、银行的客户与银行以及监管机构与银行之间都存在较为严重的信息不对称。例如，商业银行贷款业务的风险偏好可能受到多

---

① 后文中有时将监管处罚简称为处罚。

种因素的影响，且银行可以利用发新换旧、延长期限等方式轻易掩盖贷款的风险。因此，外部主体在较长一段时间内很难获得有关银行贷款质量与收益的确定性信息（Furfine，2001）。即使外部评级机构也很难在信息不对称、不透明的情况下对银行进行准确的评估。根据信息不对称理论，交易双方掌握的信息存在显著差别时就很可能引发逆向选择和道德风险问题。一方面，银行可能对外宣称稳健经营以吸引大量低成本的外部存款，之后又暗自投资于那些高收益但风险较高且极易违法违规的项目；另一方面，银行股东和经理人可能利用信息不对称相互勾结，通过各种违法违规活动转移银行的利润和资产，严重损害银行债权人和中小投资者的利益。

同时，信息不对称可能导致银行的信息具有公共物品的属性。Stiglitz（1993）认为信息同时具有非竞争性和非排他性的双重属性，所以信息的供给存在严重不足。因此银行提供的信息将明显低于社会最优数量，即银行披露的信息总是偏少的，这就导致银行业整体的信息透明度较低，其违法违规行为很难被外界发现。此外，在银行业整体信息透明度偏低的情况下，商业银行有强烈的动机和大量的机会去从事易违法违规的高风险经营活动，这将严重侵害其股东和债权人的利益（Arun、Turner，2004），加之银行的违法违规行为又极为隐蔽，这使得银行业的违法违规行为更加普遍。

此外，商业银行是整个经济中信用关系的经营者，是资金供给方与需求方的沟通桥梁，银行的稳健经营直接关系到金融体系和国民经济的健康运行。因此，一旦银行发生违法违规行为，势必会牵扯到多方的利益，其造成的社会成本远高于自身的违法违规成本，银行的违法违规行为具有很强的负外部性。而通过市场的方式使银行违法违规行为内部化的成本过高，因此需要监管部门对银行的违法违规行为采取干预、处罚等措施来解决这一市场失灵问题。

（2）银行脆弱性理论

商业银行的脆弱性主要源自银行体系内部所具有的独特属性，具体包括银行的高杠杆性、存贷款的期限错配和银行风险的易传染性。首先，商业银行作为沟通资金供需双方的中介机构，其资产结构具有高杠杆率的特性。与一般企业（公司）不同，银行自有资金占比极低，外部债务是银行的主要资金来源，通常银行的资产负债率会超过90%。而银行通过信用进行高负债经营的特点可能会激励银行过度冒险，从事易违法违规的高风险经营活动，这会严重损害银行客户的利益（Macey、O'Hara，2003）。其次，商业银行通过吸收存款集中经济中的闲置资金，然后向资金的需求方发放贷款来提高资金配置的效率。然而在此过程中，存款者更加注重资金的安全性和流动性，所以存款的期限通常较短，而借款者则需要长期稳定的资金以保证投资项目的顺利进行，因此银行可能经常面临短借长贷的资金期限错配问题，这会使银行的经营常常受到宏观经济以及资金流动性等因素的影响，从而提高银行业的整体风险承担水平。最后，银行风险具有极易传染的特性。其原因主要有以下两点：一是整个银行体系是基于信任形成的，一旦某家银行出现信任危机引发风险事件，整个银行业都可能受到牵连；二是银行同业业务来往频繁，各家银行之间的关系非常紧密，因此单个银行的偿付危机事件很可能在整个银行业内迅速发酵、传染（Aghion 等，1999）。因此，基于上述对银行脆弱性的分析，监管部门对银行进行干预或处罚是非常有必要的。

### 2.1.2.2 监管处罚的有效性

上一小节中我们探讨了监管处罚的必要性，而部分学者对此提出了不同的意见。例如监管经济理论认为政府并不关注公共利益，监管只是政府部门实现自身政治利益最大化的手段；另外，监管机构很可能逐渐被银行俘获，从而导致金融监管失灵（Stigler，1971；Posner，1975；Peltzman，1976）。虽然关于监管是否有必要的争论至今仍然存在，但是近年来，理论界将研究的重点转移至探索监管的有效性问题，即研究如何建立金融监管体系和设计监管措施（如书面协定、处罚等），从而达到银行体系稳健运行的目的。相关的理论主要有：

（1）激励监管理论

激励监管理论将激励机制引入金融监管之中。该理论认为，银行作为经济系统中的理性主体，有强烈的动机利用自身的行业信息优势与经验，寻求各种金融创新方式以突破监管的阻碍，实现自身收益的最大化；而作为社会公众代表的监管机构，其目标则是监测银行的资产质量，保证银行的流动性与偿付能力，同时阻止银行易违法违规的高风险经营活动，降低银行业的风险以维护金融体系的稳定，实现社会公众福利的最大化。在此过程中，银行与监管机构之间存在着目标和利益的冲突，因此金融监管本质上是一个委托代理问题，而作为委托人的监管机构应设计出合理的激励约束机制，使银行与社会公众的利益协调一致，从而达到激励相容，提高金融监管的效率与效果。在具体的激励约束机制方面，预先承诺机制（PCA）的应用最为广泛。该机制要求银行自行选择一个最低的资本量水平（或最大的损失值）并向监管当局进行承诺。如果在一定期限内银行的资本保持在该水平之上（或损失小于承诺值），监管机构就无须对银行进行干预，由银行自行对其风险承担水平进行管理和控制；若银行在此期间违背承诺，监管机构则会立即对其采取严厉的处罚措施。预先承诺机制符合激励相容的原理：考虑到违背承诺的处罚成本，银行不会低估自身风险和损失水平；而银行高估损失则意味着需要满足更高的资本充足率要求，因此银行会自动上报真实的风险或损失水平（Kupiec、O'Brien，1997；鲁志勇、于良春，2005；江曙霞、何建勇，2009；解川波、安丽娟，2010）。然而该监管设计中最为关键的因素是监管当局是否具有行之有效的监管处罚制度，如果缺少恰当的处罚措施，任何激励相容的约束机制都将成为一纸空谈。

（2）宏观审慎监管理论

"宏观审慎监管"一词最早于 20 世纪 70 年代由国际清算银行提出，但在 2008 年全球金融危机发生后才被世界各国广泛关注。宏观审慎监管是一种以整个金融体系作为监管对象，采用风险相关性分析同时加强对具有系统重要性金融机构的监管以防范系统性风险、保证金融体系稳健运行的金融监管模式（巴曙松 等，2010；何德旭，2010）。与微观审慎监管强调监管单个金融机构的行为与风险不同，宏观审慎监管认为在当前金融业普遍混业经营的情况下，金融机构通常兼营各个种类与行业的业务以分散风险，而羊群效应加剧了金融机构经营业务的同质化，这可能造成金融机构风险暴露的高度一致从而提高发生系统性风险的概率（Haldane、Alessandri，2009）。此外，单个金融机构的有限理性与市场行为的短期性进一步加剧了金融体系的顺周期性（黄亭亭，2010），而金融市场的过度创新激励了金融机构易进行违法违规的高风险经营活动，同时金融机构的内部关联程度明显增加，金融风险变得更加隐蔽且传播速度逐渐加快。而宏观审慎监管在时间维度上采取逆周期性监管政策，保证了金融体系的稳健运行。宏观审慎监管在横截面维度上通过加强对具有系统重要性机构的监管，采取差异化的监管策略（如附加资本充足率要求）、更加精确的风险计量方法以及额外的风险隔离措施等手段削弱了金融体系内部之间的关联度，从而有效地降低了发生系统性风险的概率，提高了金融体系的稳定性。而与各项监管策略相匹配的处罚措施是宏观审慎监管体系有效运行的重要保障。

（3）有效监管理论

有效监管理论的核心思想是以较少的监管资源获得最优的监管效果，即监管部门应综合考虑监管过程中的各项支出，合理控制监管成本，同时通过建立恰当的监管规则与处罚措施来保证监管目标的充分实现。在金融监管中，有效监管通常需要满足一定的条件。巴塞尔银行监管委员会在2006年发布的《有效银行监管核心原则》中提出，有效监管必须具备可持续稳健的宏观经济政策、完备的公共基础设施、有效的金融市场约束以及适当的公共安全网。而英国金融服务局（FSA）则认为有效金融监管应遵循以下原则：第一，金融监管机构须依法监管，在执行处罚等措施时必须遵循公正和透明原则；第二，监管当局应鼓励金融创新与公平竞争；第三，监管部门应在监管成本与收益方面取得平衡。而具体到监管处罚方面，有效监管理论认为，金融监管部门制定的处罚措施应该满足以下条件：

一是合理控制监管处罚的成本。在监管机构对银行等金融机构进行监管的过程中需要大量人力、物力以及其他资源的支持。例如监管机构的日常运营、金融监管相关法律法规的制定、处罚措施的实施等都需要耗费大量的资金、设备、人力成本等。监管部门所要考虑的不仅仅是自身机构运行的收支情况，还应综合考虑银行违法违规行为所造成的损害以及处罚违法违规银行所带来的成本。监管部门应科学地判断监管处罚的程度，努力使得银行违法违规行为及监管处罚所造成的社会总成本最小化或社会福利最大化。这就导致监管部门不可能彻底消除银行业的违法违规行为，需要对违法违规行为有一定的容忍度。

二是保证监管处罚的全面性与适度性。以银行为例，监管机构要将银行业各个领域、不同种类的违法违规案件均纳入监管范围，消除监管处罚的真空地带；同时在监管处罚的过程中应保持适度原则，如果监管机构对违法违规银行的处罚力度较小，银行就可能会无视监管处罚，因为其从违法违规行为中所获得的收益远高于罚款，此时监管处罚将无法达到应有的效果。相反，如果监管处罚强度太大、太过频繁，则会导致银行疲于应对，从而分散银行管理者的精力，对银行日常经营造成负面影响；此外，过于严厉的监管处罚会使银行变得更加保守，阻遏金融创新，进而影响整个银行业的发展。

（4）威慑理论

从行政处罚的角度来看，威慑理论被广泛应用于预防违法犯罪行为的研究之中。Becker（1968）首次从经济学的角度阐述了社会上为何会出现违法违规行为。他指出，违法违规者只有在其违法违规收益大于其违法违规成本时才可能会实施违法违规行为。而监管部门可以通过提高处罚的严厉程度并提高处罚的确定性来提高违法违规者的成本，从而达到改变违法违规者预期、威慑违法违规行为的目的。银行等金融机构选择实施违法违规行为更是权衡违法违规收益与违法违规成本后的理性选择。而在金融监管资源有限、银行业存在极强信息不对称的情况下，银行违法违规行为被发现的概率通常较低，即处罚的确定性较低，因此对银行业违法违规乱象治理效果的关键在于监管处罚应具有威慑性。监管处罚的主要目的并不只是处罚违法违规银行，更加重要的是通过对违法违规银行的处罚实现惩一儆百的效果。因此，只有在监管处罚力度足以超过违法违规收益的情况下，银行才会遵守相关法律法规，形成有效威慑。

随着监管理论的发展，越来越多的研究者指出，想要保证监管处罚的有效性，不应仅仅关注处罚的确定性和严厉性，还应考虑处罚的及时性。处罚的及时性可以有效防止违法违规行为重复发生。例如银行员工日常操作中的违法违规行为如果没有得到及时纠正，极有可能形成错误的习惯，同时假若这类行为没有受到处罚，会对其他员工形成错误的示范效应，员工会认为此类违法违规行为不会遭到处罚从而可能引起"破窗效应"（林润辉 等，2015），导致银行员工大面积违法违规。因此，有效的金融监管处罚需要政府部门兼顾处罚的确定性、处罚的严厉性及处罚的及时性。

## 2.2　文献综述

违法违规行为及相应的监管处罚一直是监管机构和理论界关注的重点问题，学者和专家对此进行了大量研究。本章从银行实施违法违规行为的动机、违法违规行为的处罚及其他约束机制、监管部门处罚选择与罚款金额的确定、违法违规处罚的效应、处罚的效果与效率等几个方面对国内外相关文献进行了梳理与评述①。

### 2.2.1 银行违法违规的主要种类

#### 2.2.1.1 财务舞弊

国际审计原则将舞弊定义为通过欺诈的手段来获取不法收益的行为。例如故意伪造或伪报财务、交易等信息，有意错用会计政策，甚至伪造财务报表等行为。

美国反虚假财务报告委员会下属的发起人委员会（The Committee of Sponsoring Organizations of the Treadway Commission，COSO）的一份研究发现（Beasley，2006），会计信息舞弊主要采取虚构收入、提前或递延确认收入的手段，进行利润调节。通过对存货、应收账款、货款和应收票据的高估而降低负债，从而达到降低资产负债率的目的。邱明（2000）将商业银行的财务舞弊手段总结为：一是收取利息不入账；二是为了套取资金伪造利息支出清单；三是利用"金融机构往来收入"科目偷逃国家税收；四是弄虚作假骗取上级核销呆账贷款指标。辛焕云（2012）指出，可以根据涉嫌舞弊的主体不同将财务舞弊分类为管理层舞弊和非管理层舞弊。管理层舞弊主要是进行财务信息造假；而非管理层舞弊就是指对原始凭证进行伪造，或利用制度系统的漏洞获取非法收益。

#### 2.2.1.2 市场操纵

《新帕尔格雷夫货币与金融学辞典》对市场操纵的表述为：市场操纵是指利用"非自然"的市场价格技术来达到改变金融证券价格的目的的行为，其惯用的方法是对不存在的交易行为的利用或是故意捏造不真实信息。商言（2012）认为，安达信会计师事务所为安然公司提供财务造假的服务，继而引发了整个华尔街对于会计师事务所的公信力的怀疑，不确定其他的公司是否也有类似的现象，也引起了监管机构对于财务造假事件的重视。范庆华（2014）指出，2008年全球金融危机发生之后，华尔街仍然存在"市场操纵"和"财务造假"事件，金融危机改变不了华尔街资本家们贪婪的本性。

---

① 由于专门研究银行业违法违规处罚问题的文献相对较少，因此具体到每一小节的文献梳理之中，我们可能会更多地涉及一般性的违法违规行为与处罚，以及企业（公司）层面的违法违规行为与处罚的相关研究。

### 2.2.1.3  金融诈骗

金融诈骗是指以非法占有为目的，采用虚构事实或者隐瞒事实真相的方法，骗取财物或者金融机构信用，破坏金融管理秩序的行为。Blundell-Wignall、Atkinson、Roulet（2013）的研究揭示，一些大型金融机构设计出复杂的金融衍生产品，利用其复杂的特点来诱骗投资者，最终使得投资者资产受损，加剧了金融行业的震荡，诱发了金融危机。McKinley-Floyd（2014）认为，2008 年全球金融危机产生的原因之一是抵押贷款风险评估缺失，使投资者对金融衍生产品丧失了信心。

### 2.2.1.4  帮助洗钱

洗钱的定义是将违法犯罪所获得的收益，以金融机构为媒介，通过转移、隐瞒、转换等手段来掩盖其非法资金性质的不法行为。Low Kim Cheng（2016）认为洗钱分为三步：第一步，入账，就是将非法资金通过某种方式转移至金融机构内部；第二步，分账，就是通过一些复杂的转账操作使进入金融机构的非法资金彻底与其来源分离；第三步，融合，即经过操作的被"洗净"的资金最终显示为合法的账款。MIYNAT、DURAMAZ（　　）认为在互联网如此发达的时代，洗钱变得越来越容易，因此银行等金融机构需要加强其内部控制，合规监管，防止洗钱行为的发生。冯雅丽（2009）认为，洗钱就是犯罪所得的收益通过某种手段转换成合法资金的行为。洗钱的方式有转移、转换、交易等，通常通过金融机构大量的资金流动和转移来完成。

## 2.2.2  企业（公司、银行）实施违法违规行为的动机

### 2.2.2.1  违法违规行为产生的原因

### （1）追求违法违规利益

在一般性的违法违规层面，最早关于违法行为产生原因的分析可以追溯到贝卡里亚（2005）对于犯罪的论述，他认为人们在实施违法行为时可以得到欢乐、获取更多好处，这种欢乐和好处推动了犯罪，是违法者实施违法行为的主要动机。而 Becker（1968）首次从经济学的观点阐述了违法违规行为产生的原因，他指出违法违规行为本质上是一种负外部性行为，违法者在实施违法违规行为之前会进行权衡取舍，只有当其从中获得的收益大于所受到的处罚时，违法违规行为才会被实施。具体到公司层面，相关研究普遍认为公司参与违法违规行为是基于违法违规收益和成本比较后

的理性选择。Paternoster 和 Simpson（1996）构建了公司实施违法违规行为的理性选择模型，指出公司违法违规行为与一般性违法违规行为类似，而且公司的管理者对自身行为所获得的收益和付出的成本更加敏感，因此公司选择是否实施违法违规行为是出于理性的决策，是对违法违规收益与违法违规风险（包括违法违规行为造成的名誉受损、羞耻感等）以及监管机制健全与否的权衡结果。另外，学者们也从不同角度探讨了公司违法违规行为产生的原因，发现公司的制度、行业环境、文化等是引发公司违法违规行为的重要因素。例如，有学者指出，不合理的薪酬激励制度是公司与银行业违法违规现象频出的重要原因之一（Bénabou、Tirole，2016）。Burns 等（2006）研究发现，公司在薪酬合同中给予高管过多的股票期权会大幅提升公司财务报表造假的概率。同时，公司向普通员工发放股票期权也会激励公司的财务报表造假行为，且此类造假行为更加难以被监管部门发现（Call 等，2016）。另外，Sakalauskaite（2018）的研究发现，在经济快速增长时期，高管的奖金与银行违法违规行为的强度存在显著的正相关关系。其指出，在经济高涨时，不合理的薪酬制度往往会激励银行的管理者选择回报很高但风险巨大的项目，这往往会引发银行的违法违规案件。此外，也有学者提出，银行业的违法违规行为是源自行业自身的"文化失败"，银行业的违法违规行为可能已成为一种行业习惯，相关从业人员道德的缺失、有问题的企业文化等是引发违法违规行为的重要因素（Zingales，2015）。

（2）公司治理与内控缺陷

Salehi、Mousavi Shiri、Ehsanpour（2016）研究发现，如果一个公司建立起了良好的内部控制制度，就可以防止舞弊行为和金融欺诈的发生，并降低错误的发生率。徐建胜（2005）从建立有效的公司治理结构、建立健全风险管理体系、建立调动全员的风险管理制度三个方面提出了构想。唐爱军（2004）认为，尽管近年来股份制改革使商业银行内部控制制度有了一定的改善，采取了一系列的措施，也发挥了一定的作用，但仍存在着控制体系不完善、控制机制不健全、控制时效滞后以及在实际运行中的"形同虚设"等问题，内部控制适应性不足、整体性不够、权威性不强，制度缺陷是银行存在风险的主要原因。王箭（2008）的文章描述了商业银行的风险控制架构，结合银行风险控制理论，在大量的信贷业务风险控制实践基础上，就商业银行的信贷业务风险控制给出了建议：①建立和完善风险评估系统；②建立和完善业务活动风险控制系统；③建立和完善业务风险事后监督和处理系统；④建立和完善业务环境控制系统。陆姝（2012）对强化金融机构内部控制提出建议：①建设内控合规文化；②重视内部审计的自我监督作用；③增强内控制度的系统性和可操作性；④进一步完善约束和激励系统；⑤加强薄弱环节的制度完善。

（3）监管制度漏洞与监管政策失效

张晓红（2016）指出，由于美国经济对全球经济走势有着不可估量的影响，美国次贷危机演变为席卷全球的金融危机，危机向全球蔓延，破坏了世界金融秩序，造成全球金融市场动荡，全球经济遭受沉重打击。这次金融危机的爆发反映了美国金融市场的混乱，究其原因，主要是美国的金融监管体系存在着先天的制度漏洞和过度宽松的金融政策。对于这次波及全球的金融动荡及其所造成的危害，我们要深刻反思。我国的金融市场还不成熟，金融监管的法规体系还须进一步完善，更好地起到维护金融市场稳定的作用。孙连山（2011）提到，为了促进金融业的快速发展，提高美国金融机构的经营效率，克林顿政府通过了《金融服务现代化法案》，在法律层面放宽了金融业务的范围限制，放松了对金融业的管制。美国金融机构脱离了分业经营的局限和监管的制约，开始了集团化、多样化的经营模式。金融控股公司也可以进入商业银行、证券公司、保险公司的业务领域，集约化、规模化经营协同效应的发挥，大大提高了金融业务的经营效率。但是金融控股公司本身的组织结构较为复杂，大量交易存在着内部关联，各子公司之间的关联增大了内幕交易和利益冲突的风险。金融控股公司占用的金融资源体量大，系统性风险危害更大。

#### 2.2.2.2　违法违规行为的收益与损失

（1）企业（公司、银行）违法违规行为的收益

企业（公司、银行）违法违规行为所带来的高额收益是违法违规行为频现的重要因素。在公司层面，相关研究主要从提升高管的私人收益、吸引外部融资、缓解财务困境等视角对公司违法违规行为的收益进行了分析。

首先，由于许多公司高管的薪酬与股价高度相关，因此他们往往采取夸大公司收益、粉饰财务报表等违规手段来提振公司股价，增加自身收入。大量实证研究发现，当高管持有大量公司期权、非限售股等与公司股价相关的薪酬激励工具时，公司发生违法违规行为的概率会显著上升

（Denis 等，2006；Johnson 等，2009）。另外，高管可以通过违规进行股票内幕交易来获得大量的私人收益。Beneish（1999）使用股票内部净卖出额与是否行使看涨期权这两个指标测算了公司股票的内幕交易数量，发现股票内幕交易数量在公司发生违法违规行为时期明显增多。Peng 和 Röell（2008）的研究也发现，在公司因违法违规行为遭受集体诉讼的年份，其股票的内幕交易卖出数量明显上升。

其次，部分研究认为公司能够通过违规行为在外部融资中占据有利地位。例如，公司会利用财务造假虚增收益来获得较高的股票发行价，有的公司甚至会违规掩盖出现财务困境的事实以获得新的资本注入。部分实证研究发现，公司在增发新的股票或债券时往往会发生违法违规行为（Dechow 等，1996；Efendi 等，2007；Dechow 等，2011）。与此同时，具有较高的负债水平和市场预期的公司往往有着更强烈的违法违规动机，在这种情况下，公司的违法违规行为不仅可以获得较低成本的外部融资，还能够满足持续的利润增长要求以迎合市场预期（Richardson 等，2002）。

（2）企业（公司、银行）违法违规行为的损失

企业（公司、银行）违法违规行为的损失主要包括经济损失和声誉损失两个方面。其中，经济损失主要指公司因违法违规行为被发现和遭受处罚而产生的相关成本，包括罚款、赔偿以及聘请法律顾问、进行外部咨询等所需要的费用（Murphy 等，2009）。声誉损失则主要指公司的客户、供应商、金融资本的提供者以及其他利益关联方对公司的信心丧失，致使公司交易条件恶化而造成的损失。例如公司客户因公司的违法违规行为而减少对其产品的购买从而导致公司销售额下滑；供应商因公司的违法违规行为而停止供货或追加其他对公司不利的交易条件；投资者因公司的违法违规行为而失去对公司的信任，抛售公司股票从而造成公司价值损失等。此外，公司声誉受损造成的信任丧失可能使公司日常经营的风险上升，进而导致公司获得外部资金的难度相应提高（Jarrell 等，1985；Murphy 等，2009；European Systemic Risk Board，2015；朱沛华，2020）。

此外，对于公司高管而言，违法违规行为可能严重损害其职业前途。现有文献分析了公司违法违规行为对高管职位的影响。部分研究认为，违法违规行为会使公司高管失去工作（Desai 等，2006；Arthaud-Day 等，2006；瞿旭 等，2012；Agrawal、Cooper，2017）。但是 Agrawal 等（1999）认为，虽然从理论上来说，违法案件被揭露后公司有更换管理层以弥补公

司声誉、改善内部治理的动机，但其通过实证研究发现，公司违法违规案件与高管的离职没有显著的关系。这可能是因为即使再高质量的管理者也无法完全消除公司发生违法违规行为的可能，违法违规案件并不能改变公司高管在管理职位上的比较优势。Karpoff 等（2008）则指出，Agrawal 等（1999）的研究可能存在严重的选择性偏误，其研究样本选择的时点是公司违法违规行为被正式披露之时，而真实的违法违规行为可能早在被正式披露之前就已经被发现了，此时公司高管可能早已因此而离职，选取正式披露日作为时间点会使研究结论发生严重的偏误。随后其通过研究美国证券交易委员会（SEC）处罚违规公司的历史纪录后发现，大约有九成的公司经理因参与违法违规行为而被迫离职。之后一些研究也指出，公司内部治理机制能够有效惩戒参与违法违规行为的高管。Hazarika 等（2012）发现，尽管公司高管操纵公司利润的行为可能并未遭到监管部门的处罚，但那些涉嫌违法违规的高管被迫离职的可能性明显更大。另外，有相当比例的公司高管还会面临刑事诉讼甚至锒铛入狱。

虽然违法违规行为会给公司高管造成沉重的打击，严重影响高管的职业生涯，但违法违规行为对公司董事的影响并不大。Agrawal 等（1999）发现，在公司的违法违规行为被曝光后，公司董事的离职率并不会发生明显变化。Helland（2006）发现，公司的违法违规行为也不会影响董事在其他公司董事会任职。Cai 等（2009）从董事选举的角度考察了违法违规行为对董事的影响，其发现当公司因违法违规遭到起诉时，董事在下届选举中的支持度可能会变低，但这种影响非常轻微，对董事的再次选举和薪酬几乎没有影响。此外，虽然独立董事经常被卷入公司的违法违规案件当中（Brochet、Srinivasan，2014），但是 Black 等（2006）的研究表明，独立董事很少会对公司违法案件的诉讼承担责任，且独立董事并不会担心违法违规行为造成的直接经济损失，相反他们更在意案件持续时间以及严重程度会加剧对其声誉产生的不良影响。Fich 和 Shivdasani（2007）以违法违规行为而遭受集体诉讼的公司为研究样本，发现公司独立董事的离职率并没有发生显著的变化，但他们失去了在其他公司董事会的席位。也有学者对此提出了不同意见，Brochet 和 Srinivasan（2014）就发现，因违法违规行为而被指控的独立董事在公司的董事会选举中会得到了更多的负面投票，而且更可能被迫离开公司。

### 2.2.3　监管处罚与其他违法违规行为的约束机制

#### 2.2.3.1　对违法违规行为的处罚

首先，在一般违法违规的处罚层面，Becker（1968）通过构建理论模型研究了处罚违法违规行为的最优策略并提出了威慑效应，认为恰当的处罚能够调节社会主体的预期，从而达到威慑潜在违法违规者并减少违法违规行为的目的。而监管机构则应尽其所能选择具有低执法成本和强威慑能力的处罚措施，例如罚款等。之后众多学者进一步完善并发展了 Becker（1968）所提出的理论。Stigler（1970）认为，在处罚违法违规行为时运用边际效应的思想具有非常重要的意义，如果对轻微的违法违规行为就施以重罚，那么处罚对严重犯罪行为的威慑作用就会很小。因此，他提出了边际威慑理论，即随着违法违规行为所造成的边际损害的增加，处罚也应该随之加强。Polinsky 和 Shavell（1992、2000）从社会福利最大化的角度分析了监管部门处罚违法违规行为的最优策略，其将监管部门的处罚手段简化为罚款和监禁两种，并提出了最优执行理论，认为监管部门在处罚违法违规行为时应考虑处罚所造成的收益和成本，处罚的有效与否取决于其造成的社会净福利损失是否大于零。Nagin（2013）总结相关文献后提出了支撑威慑效应的三个关键因素，即处罚的确定性、处罚的严厉性和处罚的及时性。处罚的确定性即为违法违规行为被处罚的概率，处罚的严厉性指处罚的轻重，而处罚的及时性则指违法违规行为发生到被处罚之间的时间长短。虽然 Becker（1968）指出提高处罚的确定性与严厉性能够大幅增加违法违规者的成本，进而有效威慑违法违规者并减少犯罪行为，但是相关的理论研究无法确切证明处罚的确定性和严厉性中的哪一个具有更强的威慑能力。因此，许多实证研究从处罚的确定性与处罚的严厉性两个角度检验了威慑理论。实证结果发现，提高处罚的确定性往往更加具有威慑力（Ehrlich，1973；Cornwell、Trumbull，1994）。此外，部分研究还发现处罚的确定性效应使得某些"非正式处罚"也具有威慑能力，害怕失去金钱、朋友与家庭的指责以及经济和社会地位的丧失等都可能成为违法违规者的违法违规成本，而这些成本往往与处罚的严厉性无关。即非正式处罚的威慑作用来自违法违规者"害怕受到处罚"而并非处罚的严厉程度（Williams、Hawkins，1986）。

#### 2.2.3.2　违法违规行为的其他约束机制

非正式处罚类的违法违规约束机制被广泛应用于公司层面的研究之

中。具体来说，声誉机制、公司治理、媒体监督等都可以有效地约束公司的违法违规行为。

（1）声誉机制

首先，对公司而言，声誉是一种非常重要的无形资产。Klein 和 Leffler（1981）发现，声誉机制能够鼓励好的行为，约束坏的行为。在其构建的模型中，公司通过诚信交易不断培养、积累声誉，进而帮助公司在与客户、员工、供应商以及投资者签订合约时获得更加优惠的条件。例如在金融交易方面，研究发现，声誉对投资银行具有重要价值。Fang（2005）认为，声誉较好的投资银行在承销债券时有着更加严格的标准，声誉较好的投资银行能够择优选择债券进行发行，而且可以从中获得高额的经济租金，收取更高的服务费用。此外，声誉机制可以使投资银行利用自身的专业能力去帮助上市公司改善公司治理，降低公司的代理成本；而声誉良好的投资银行能够承销更加优质的公司并明显降低承销公司的 IPO（首次上市）发行折价。反过来，这会进一步增加投资银行事后的市场占有率，同时获得更多、更加优质上市公司的认可（徐浩萍、罗炜，2007）。其次，大量研究表明，声誉机制的存在会使违法违规的公司遭受巨大损失，从而约束公司的违法违规行为。Alexander 和 Cindy（1999）发现，公司的违法违规行为会遭受严厉的声誉处罚，公司的价值会大幅下降，公司与客户的关系会严重恶化甚至终止，而且公司的管理者和员工也会被解雇。Karpoff 和 Martin（2008）以 1978—2002 年美国证券交易委员会（SEC）处罚的 585 家违法违规上市公司作为研究样本，估算了 SEC 处罚给公司造成的价值损失，发现公司声誉损失约为罚款的 7.5 倍，声誉机制对违法违规公司施加了严厉的处罚。醋卫华和夏云峰（2012）分析了声誉机制对我国公司违法违规行为的作用。其以 1994—2008 年受到证监会处罚的 147 家上市公司作为研究样本，计算了证监会处罚对违法违规公司造成的市场价值损失，发现其中声誉损失占股东总价值损失的 52.92%，声誉机制对我国上市公司的违法违规行为具有显著的约束作用。Armour 等（2017）和 Kirat、Rezaee（2019）也得出了相似的结论。他们分别研究了英国和法国政府机构对违法违规公司实施的监管处罚，发现违法违规公司遭受的声誉损失远高于罚款，声誉机制在抑制违法违规行为方面效果显著。

（2）公司治理

除了声誉机制之外，有效的公司治理同样可以约束违法违规行为。

Dechow 等（1996）详细检验了公司违法违规行为与董事会结构的关系，发现公司董事会中审计委员会的存在有利于约束公司的违法违规行为。然而 Beasley（1996）使用逻辑回归的方法分析了 75 家财务报告造假的公司和 75 家没有进行财务报告造假的公司，发现公司是否有审计委员会与财务报告是否造假没有明显关系。虽然对公司审计委员会是否对违法违规行为具有约束能力仍存在争论，但是越来越多的研究发现审计委员会在约束公司违法违规方面具有重要意义（Beasley 等，2000；Agrawal、Chadha，2005）。如今，美国证券交易委员会（SEC）已经规定所有上市公司必须设立审计委员会。另外，Beasley（1996）发现外部董事比例的提升以及较长的外部董事的任期可以有效提高董事会对公司违法违规行为的监督管理能力，因此合理的董事会构成对违法违规行为具有较强的约束力。Uzun 等（2004）深入分析了公司违法违规行为和董事会构成之间的关系，认为违法违规行为一旦被揭露，违法违规公司就会遭受巨大的声誉损失。出于对自身声誉的担忧，外部董事会主动监督公司的违法违规行为。此外，考虑到一些外部董事可能与公司有生意及亲属方面的关联，监督公司违法违规行为的动机不足，因此他们特别研究了外部董事中独立董事的比例对公司违法违规行为的影响。其通过对 133 家违法违规公司和 133 家没有违法违规的公司按照行业和规模进行匹配，使用 logit 模型实证研究后发现，董事会中独立董事比例越高的公司，发生违法违规行为的概率越低。我国部分学者也发现，独立董事能够在约束公司违法违规行为方面起到显著作用（冯旭南、陈工孟，2011；高明华 等，2014）。然而也有部分研究对独立董事的作用提出了质疑。郑春美和李文耀（2011）认为独立董事对公司违法违规行为的约束作用十分有限。其指出，虽然独立董事具有监督公司违法违规行为的作用，但是我国的独立董事在董事会中仅仅只有实际意义不大的建议权和没有强制性保证的上市公司"应当赋予"的"特别职权"，并没有真正意义上的否决权，因此独立董事无力阻止上市公司的违法违规活动。蔡竞等（2015）通过实证研究也发现，我国独立董事虽然能够监督关联交易，但对违法违规行为的抑制作用并不明显。另外，部分研究认为股权结构也是制约公司违法违规行为的重要因素。Alexander 等（1999）通过理论模型和实证分析检验了高管持股比例与公司违法违规行为之间的关系，发现公司高管持股比例越高，公司违规的频率就越低，其认为监管处罚行为会使公司股东的权益受损，从而威慑了公司高管的潜在违法违规行为。陈国进、林辉和王磊（2005）探讨了约束公司违法违规行为的主要因素，认为公司违法违规行为是对违法违规成本与收益的权衡。其构建了公司经理人违法违规行为收益最大化模型，分析了大股东持股比例和声誉机制对公司违法违规行为的影响。其研究发现，大股东持股比例提高能够约束公司的违法违规行为。但是我国市场竞争尚不充分，上市公司的生存发展环境受到了政府很多干预，声誉机制对公司违法违规的约束作用非常有限。陆瑶和胡江燕（2016）发现，当公司股权集中度较高时，大股东不仅会在公司经营管理中占据主导地位，而且在 CEO（首席行政官）的任职和其他重大决策中也会产生较大影响。这在一定程度上会削弱公司高管与董事会的裙带关系，有助于约束公司高管的违法违规行为。

除此之外，部分研究认为公司高管的特征也会对违法违规行为起到一定约束作用。路军（2015）检验了女性高管与公司违法违规行为的关系，发现女性高管对公司的违法违规行为起到了明显的约束作用。他认为女性高管具有较低的风险偏好，她们会在公司的日常管理中不断警示风险以引起其他高管的注意，进而约束公司的违法违规行为；同时，女性高管的低风险偏好导致其更加关注对公司信息的收集与分析，这使得女性高管更容易发现公司经营中存在的问题。此外，由于公司管理团队中女性高管的比例偏少，当公司发生违法违规事件时，女性高管会因缺乏辩护能力而面临更高的失业风险。这将会损害女性高管的声誉，影响她们未来的职业发展。因此，女性高管更有动机去维护多数股东的利益，监管公司的违法违规行为。陆瑶和李茶（2016）指出，由公司 CEO 参与提名并选择的独立董事更加倾向于配合 CEO 的行动，当公司发生违法违规行为后，独立董事可能对此进行协助或包庇。公司违法违规行为被揭露后，CEO 与公司董事之间的裙带关系使得 CEO 被解雇的风险变小，从而减少了 CEO 违法违规的潜在损失，增强了 CEO 的违法违规倾向。因此，CEO 对公司的影响力能够显著影响公司发生违法违规行为的概率。同时，陆瑶和胡江燕（2016）也发现，CEO 与公司董事之间的老乡关系会降低违法违规行为的成本从而提高公司发生违法违规行为的概率。其认为 CEO 与董事的老乡关系会增强董事会对管理层的信任度，强化 CEO 的权力，进而弱化了董事会对管理者的监管能力，为公司的违法违规行为提供了宽松的环境；另外，CEO 与董事的老乡关系会使高管与董事会之间的关系更加亲密，在违法违规行为发生后，两者可能相互包庇，掩盖违法违规事实，致使监管部门发现违法违规行为的难度大幅上升。

（3）媒体监督

外部媒体监督同样可以减少公司的违法违规行为。Miller（2006）形象地将媒体比作公司违法违规行为的"看门狗"，指出媒体往往会更加关注上市公司有误导性的公告并且有强烈的意愿向公众揭露公司的违法违规行为。Dyck 等（2010）的研究发现，美国证券交易委员发现的公司违法违规行为占比仅有7%左右，10%左右的违法违规案件是被审计人员发现的；而媒体则发现了13%左右的公司违法违规行为，是美国公司违法违规行为的重要监督者。而关于媒体对公司违法违规行为的约束机制，相关文献主要从声誉和媒体关注导致的行政干预两个方面进行阐述。从声誉机制的角度来说，媒体对公司违法违规行为的负面新闻报道可能会被公司未来的潜在客户或者投资者得知，从而迫使公司承担高额的声誉成本；同时，媒体对违法违规行为的报道会使公司高管颜面扫地，并损害其个人声誉，从而对公司高管的职业生涯产生负面影响。另外，媒体关注很可能影响特权阶级的利益，同时也会对外国企业家的国家声誉造成负面影响。因此，媒体监督引发的声誉效应能够有效地约束公司的违法违规行为（Dyck 等，2008）。李培功和沈艺峰（2010）则认为，在我国，媒体声誉机制的传导渠道并不通畅，其原因在于目前我国公司的所有权结构中国有股占比较高，公司高管的聘任机制尚不完善，尤其是国有企业中高管具有较大的行政权力和较高的在职消费，而且他们一般都不会因公司违法违规经营等问题而被降低级别或待遇，被解雇的风险极低，其缺乏失业的压力，因此声誉机制很难起到应有的作用；而对于民营企业来说，公司创业者与经理人互相转化的成本较低，职业经理人市场尚不成熟，声誉机制也很难对民营企业高管起到约束作用。其认为媒体可以弥补我国企业公司治理中的某些缺陷，媒体关注引发的行政机构介入机制在我国更加有效。首先，由于国有企业资产规模十分庞大，经营决策复杂且决策链条较长，加之企业与监管部门之间存在严重的信息不对称，监管机构很难监督公司的经营决策，企业往往会向监管机构提供伪造的信息来掩盖违法违规行为。而媒体可能通过曝光企业违法违规行为的相关信息，缓解两者之间的信息不对称问题，从而提高违法违规行为被发现的概率。其次，公司还可能通过寻租行为收买下级行政监管机构，导致行政监督链条断裂。媒体可以通过向公众曝光制造舆论压力，引起更高级别的行政机构介入调查，从而保证行政治理机制的效力。因此，媒体关注的行政介入机制可以有效约束公司的违法违规行为。周开国、应千伟和钟畅（2016）认为，媒体监督和行政监管在本质上具有一致性，两种监督方式都是通过增加公司的违法违规成本来约束公司的违法违规行为。而我国国有企业与政府的政治关联紧密，公司往往会受到政府的庇护和信用支持，负面消息与声誉冲击对国有公司的影响相对较小，加之国有企业高管大多拥有行政级别，不易失业，声誉机制的约束作用十分有限。相反，行政介入机制在我国的作用比较明显，一旦媒体曝光公司的违法违规行为引发行政机构介入，国有企业高管的前途将会受到很大影响；而对于民营企业而言，其自身的生存与发展离不开政府的支持，媒体关注引发的行政机构介入会损害公司与政府之间的关系进而影响公司未来的发展，因此媒体关注能够在约束公司的违法违规行为方面发挥相当积极的作用。另外，媒体报道会影响公众及执法者的情绪，从而加重监管部门对违法违规行为的处罚，进一步提高了公司违法违规行为的潜在成本（Dyck 等，2008）。

### 2.2.4　监管部门处罚方式选择与罚款金额的确定

处罚的本质是改变经济主体的预期，威慑潜在的违法违规者，从而减少违法违规行为。而处罚违法违规者也会消耗执法资源，同时对社会上其他主体的福利产生一定影响，因此监管部门应尽其所能选择执法成本低和威慑能力强的处罚方式（Becker，1968）。Becker（1968）认为与其他处罚手段相比，罚款具有非常明显的优势。罚款不仅能在处罚违法违规者的同时最大限度地保存执法资源，而且大大简化了执法的流程，因此罚款在监管执法中是最重要且最普遍的处罚方式之一。Polinsky 和 Shavell（1992、2000）将监管机构的处罚措施简化为罚款和监禁，在社会福利最大化的基础上探讨了监管机构的最优处罚策略，进一步发展了 Becker（1968）的思想。Shavell（1991）则提出应将违法违规案件分为一般的违法违规案件与特定的违法违规案件，具体案件具体分析，对特定的案件应采取具有极强针对性的处罚方式。

而关于罚款金额的确定，早期的相关研究主要集中于污染、垄断等领域。按照传统"庇古税"的思想，若监管机构能够没有成本地观测违法违规行为，则罚款金额只需使违法违规者的私人成本与其违法违规行为所造成的社会外部成本相等即可。然而确定最优罚款金额需要精确掌握违法违规者的边际收益与成本以及执法成本，这使得罚款金额的确定存在较大难度。同时作为对其违法违规行为受害者的补偿，最优的罚款金额应该能够完全补偿受害者的损失，并让受害者达到之前的福利水平（Becker，1968）。但是在大部分情况下，违法违规行为的侦测成本很高，被发现的概率极低，这就会导致理论上的罚款金额往往偏高。Polinsky 和 Shavell（1979）指出，理论罚款金额偏高的原因之一是忽略了违法违规者的风险偏好，其认为当违法违规者是风险厌恶者，且监管部门侦测违法违规行为的成本极低时，则违法违规行为被发现的概率接近于一，最优罚款金额应等于违法违规者从其违法违规行为中获得的私人收益；若监管部门不惜代价去侦测违法违规行为，罚款金额最多也不应超过其违法违规行为所造成的外部成本。另外，人们参与违法违规行为的概率与违法违规者从其违法违规行为中所获得的私人收益的分布情况并不会影响最优罚款的数量。Polinsky 和 Shavell（1990）认为，违法违规者财富的不同也会对最优罚款金额产生影响。对于大部分违法违规行为来说，由于监管执法机构的侦测成本不可能随着违法违规者财富的多少而变动，因此违法违规行为被发现的概率将完全独立于违法违规者的财富水平。如果在这种情况下对违法违规者进行高额罚款，那么对于无法支付罚款的违法违规者来说，处罚将不再具有威慑效力，因此最优的罚款数量应该远低于违法违规者的财富水平。Bebchuk 和 Kaplow（1992）分析了非完全信息下的最优处罚策略，指出人们通常并不能完全观测到违法违规行为被发现的概率，而只能对此概率进行大概的估计，但是这种估计会存在一定偏差，此时最优罚款金额将低于理论上的最优水平。Bebchuk 和 Kaplow（1993）则进一步指出，在监管执法部门花费大量精力侦测、逮捕违法违规者之前，违法违规者被发现的难易程度信息很难被执法部门获得，因此，在选择执法强度时，监管执法部门只能大致了解某类违法违规行为被发现的平均概率，所以很难预先确定有效的执法强度，此时最优罚款金额会远小于违法违规者的财富总和。Polinsky 和 Shavell（1992）将执法成本分为固定执法成本与可变执法成本。固定执法成本指那些不会随违法违规行为数量变化而改变的成本，可变执法成本则会随违法违规行为数量的增加而改变。他们认为，固定执法成本是监管部门把违法违规行为的概率维持在某一水平所需的成本，而可变执法成本则是对违法违规行为进行处罚所需的成本。因此，最优的罚款金额就等于违法违规行为所造成的损失加上执行成本的预期增加值。而固定执法成本并不会直接影响最优罚款金额，因为固定执法成本是处罚措施执行前就已经花费的成本，属于沉没成本。但是固定执法成本会通过影响违法违规行为被发现的概率来影响违法违规行为所造成的损失，进而影响最优罚款金额。Andreoni（2008）指出，传统的经济学模型都假设发现违法违规行为的概率和罚款是独立的，而他认为当司法制度是建立在"合理怀疑"的基础上时，这一假设将不再成立。如果违法违规者的风险厌恶程度高于监管部门，且监管处罚要保持一定的威慑力，此时监管执法的放松就意味着罚款金额的增加。其进一步构建理论模型分析了违法违规行为被发现的概率与罚款不再独立时的最优罚款金额，发现监管部门为了保证处罚具有最大的威慑能力，最优罚款金额会随违法违规行为严重性的上升而增加，且罚款金额最终将与违法违规者的罪行相匹配。

具体到公司违法违规行为的处罚层面，Karpoff 等（2014）分析了美国证券交易委员会（SEC）和美国司法部（DOJ）对财务造假的处罚情况，发现监管部门对违法违规公司的罚款具有高度的系统性，罚款的金额与违法违规行为严重程度及损害程度高度相关，同时罚款的金额会随违法违规公司支付能力的上升而增加，即监管部门会对财力雄厚的违法违规公司处以更高额的罚款。有学者认为，高额的罚款会强迫无辜的公司将宝贵的资源错误地分配在不重要的报告和预防成本之中，行政处罚很可能和公司的有害行为无关，有些处罚仅仅是基于政治上的考虑且罚款金额的设定非常武断（Romano，1991；Lehn，2006）。

我国部分学者从法律层面探讨了罚款金额的设定问题。许传玺（2003）指出，我国监管部门在确定违法违规行为的行政处罚金额时，一般采用"过罚相当"的原则，即罚款应与违法违规行为造成的损害程度相当。但是这一原则主要被应用于违法违规行为发生的事后赔偿上，而罚款的目的是为了在事前威慑潜在违法者，从而减少违法违规行为的发生。因此"过罚相当"原则与处罚的最初目的存在明显偏差。另外，行政处罚的法律法规中并未明确规定罚款的金额，罚款范围的广度较大，可能会导致监管机构拥有较大的自由裁量空间，降低罚款的准确性。因此，他借鉴美国罚款设定的经验，提出具体的罚款金额应通过监管成本、违法概率以及违法损失来确定。徐向华和郭清梅（2007）认为，罚款是行政处罚中威慑能力较强的一种处罚措施，而罚款的可行性和有效性取决于罚款金额设定方式的选择与组合。其发现我国行政处罚中罚款金额的设定方式主要有两大类八小种，一类是没有规定罚款金额或计算方法的概括式方式，另一类则是对此有明确规定的非概括式方式。之后，其通过分析法律法规中的罚款金额设定后指出，罚款金额的设定应尽量减少主观因素，充分考虑公正性、灵活性及威慑性等方面的平衡；另外，其认为概括式罚款的缺点十分明显，监管部门应对倍率式、数值数距式等多种罚款方式进行组合以取长补短，在保证准确性的前提下使得罚款具有能随违法违规行为的危害程度和物价变化而调整的灵活性。陈太清（2012）探讨了美国的行政处罚制度，指出罚款是美国行政处罚中最常用的手段之一，其主要形式是采用以具体数额作为罚款的最高上限的数值封顶式，另外监管部门为防止罚款僵化而采取了两种弹性措施：一是将通货膨胀率与罚款上限挂钩，保证罚款能随货币购买力的波动而变化，起到有效的威慑作用；二是设置特殊例外的情形，如果违法违规行为所得利益大于罚款上限，则采用违法违规所得作为罚款数额。同时，美国罚款制度还采用了按日计算罚款的策略，罚款会随违法违规行为持续时间的增加而增加。他认为我国的罚款制度应该增加浮动弹性机制，使罚款数额能根据物价水平的变化而变动，从而增强威慑效应。苏苗罕（2012）认为恢复受害者的原本状况与威慑违法违规者是行政罚款的主要功能，在罚款金额的确定上，首先，应根据违法违规行为的收益或者造成的损失水平确定罚款的基数。其次，为了更好地发挥罚款的威慑作用，监管部门应在罚款基数之上对金额进行调整，并关注违法违规行为造成损失的严重程度、违法违规行为的持续时间、发生次数以及之前的违法违规记录等因素。最后，监管机构还应该考虑具体违法违规案件的特殊性，在违法违规者支付能力的基础上对罚款金额进行一定程度的调整，保证罚款的灵活性。

### 2.2.5 监管处罚的效应

#### 2.2.5.1 资本市场的反应

国内外许多研究发现，上市公司的违法违规行为被发现和遭到处罚后，上市公司的市场价值会大幅下降。其主要原因可以从两个方面来分析：首先，遭受处罚后上市公司需要支付罚金、赔偿金等相关费用，这会导致上市公司的未来现金流下降；其次，处罚所带来的经济损失、声誉损失使上市公司变得更加脆弱，这会增加上市公司的经营难度与破产风险，从而使公司未来现金流的风险调整贴现率显著提高。这两点导致了上市公司违法违规处罚信息被披露时资本市场的负向反应。Haslem（2005）发现，美国上市公司的违法违规行为一旦被揭露，投资者会预期到上市公司违法违规后遭受的包括罚款、法律成本、声誉损失等一系列潜在损失，因此上市公司的股价会迅速做出负向的反应。Tanimura 和 Okamoto（2013）则以日本上市公司的违法违规案件为样本，研究同样发现违法违规案件披露会引发明显的负向市场反应，且日本上市公司的股价负向反应超过了美国上市公司。杨玉凤等（2008）研究了我国上市公司披露违法违规类行为信息所引发的市场反应，其发现违法违规上市公司的累积异常收益率显著为负。另外，违法违规案件的种类不同、性质不同等均可能导致不同的市场反应。Karpoff 和 Lott（1993）利用132件上市公司违法违规案例，实证研究了不同类型违法违规案件披露后上市公司的股价反应。其发现，上市公司违反政府法律法规的案件被披露时，上市公司股票的市场价值平均缩水约5.5%，而上市公司对私有团体欺诈的案件上市披露时，上市公司股票的市场价值平均缩水约1.34%。伍利娜和高强（2002）指出，不同种类的违法违规行为可能导致完全不同的资本市场反应。其将上市公司的违法违规行为分为两类，一类是借助资金优势的违法违规行为，另一类是依靠信息优势的违法违规行为。其研究发现，投资者对于凭借资金优势的违法违规行为深恶痛绝，资本市场此类违法违规的处罚公告会产生显著的负向反应；但是资本市场会对依靠信息优势的违法违规行为做出正向反应。另外，也有研究提出了不同的观点。杨忠莲和谢香兵（2008）以证监会与财政部处罚公告为样本，检验了不同种类财务造假案件引起的市场反应。其发现在处罚公告发布前后三个交易日的事件窗口期内，资本市场对处罚公告的反应显著为负，但是市场对不同种类的财务造假行为的反应并无明显差异。即不论上市公司进行何种类型的财务造假行为，只要监管部门发现并处罚了这种违法违规行为，资本市场均会产生明显的负向反应，且不同种类财务造假行为的市场反应并没有差异。

部分研究还发现，违法违规行为的对象不同、受害方不同、处罚力度不同，也会导致不同的市场反应。Murphy 等（2009）发现，公司对关联方进行的违法违规行为与公司对第三方进行的违法违规行为所造成的市场反应存在差异，公司对关联方的违法违规行为的负向累积异常收益率要远高于公司对第三方进行违法违规行为的累积异常收益率。冯素玲和杨杨（2013）使用1994—2010年的违规上市公司数据，将违法违规案件按处罚信息的不同特征进行分类，运用事件研究法检验了不同处罚力度、不同处罚对象等所造成的资本市场反应差异。其认为处罚力度是监管部门对公司违法违规行为严重性及对其他主体损害程度的界定，是反映违法违规信息的重要特征，处罚力度越强，投资者对公司未来的前景、经营风险等的疑虑越强，市场的负向反应就越强。另外，投资者和资本市场对公司主体与高管的违法违规行为会给予不同的关注，因为公司高管的违法违规行为往往是个体事件，一旦被监管机构发现并处罚后就将立即终止，而公司的违法违规行为则体现了整个管理团队的经营理念与运营能力，具有长期的延续性与操作惯性，因此公司的违法违规行为会造成更强的负向市场反应。

另外，部分研究认为应将公司的违法违规行为作为一个整体事件组来看，不同时间点上不同的事件所造成的市场反应存在着明显不同。Beneish（1999）研究发现，在证券交易委员会（SEC）、公司公告以及新闻媒体披露公司的违法违规事件后，公司股票价值在三天的事件窗口期内累计损失超过20%。Burns 和 Kedia（2006）的研究也发现，发布财务违法违规公告的上市公司，其三天内股票价格的平均异常收益率高达-8.8%。此外，由于监管机构对违法违规事件的调查是一个漫长的过程，例如在处罚公告发布前，市场可能已经对违法违规行为提前做出了反应（伍利娜、高强，2002）。Gande 和 Lewis（2009）选择了 472 家公司 605 例起诉案件作为研究样本，其将公司被起诉当天作为事件日，利用事件研究法测算了起诉案件造成的市场反应，发现公司遭受起诉后会产生明显的负向市场反应，且投资者对公司的违法事件已提前做出了预期，公司股票三天事件期内的累积异常收益率为-0.34%，而在事件日前两周公司股票的累积异常收益率为-1.03%。而在调查过程结束时，处罚结果的公布意味着违法违规案件的事实已经被调查清楚，公司的违法违规行为与处罚事件已经尘埃落定，监管机构、上市公司以及受害者三方结束了争端，这会减少公司未来经营的不确定性从而打消了投资者的疑虑，而且案件的结束也终止了媒体负面报道所造成的社会成本，因此市场会对违法违规公司的价值进行重估，这可能会产生正向的市场反应（伍利娜、高强，2002；Haslem，2005）。另外，违法违规案件与处罚也可能使上市公司董事会更加警觉，解雇参与违法违规行为的公司高管和监督不力的外部董事，努力改善公司内部治理，从而会导致正向的市场反应（Fich、Shivdasani，2007）。

除此之外，有学者发现，由于违规处罚力度不够、执法效率低下、威慑效应不足等原因，公司的违法违规行为甚至可能引发正向的资本市场反应。曾力等（2008）分析了2001—2005年因信息披露违法违规被处罚的A股上市公司，发现因违法违规行为而受到证监会处罚的上市公司在处罚公告日前后股价有显著的正向反应。其指出，这可能是由于与证券监管相关的法律法规对违规公司的处罚力度较小，对公司高管的处理尤其宽松，同时独立董事制度也并不能够约束公司的违法违规行为，无法发挥有效的治理作用，处罚的威慑力明显不足。Köster 和 Pelster（2017）也指出，实施违法违规行为的银行的经营活动领域一般处于监管之外的灰色地带，这可能给银行带来超额收益，监管处罚所带来的损失远低于银行从其违法违规行为中获得的收益，因此违法违规行为会引起正向的资本市场反应。

2.2.5.2　监管处罚对公司及银行日常经营及风险承担水平的影响

监管处罚的目的是威慑潜在的违法违规者，遏制公司及银行的违法违规行为。然而不少学者担忧大量、高额的监管处罚会干扰公司及银行的日常经营活动，严重影响公司与银行的利润水平。Karpoff 等（2007）指出，监管处罚的过度威慑很可能会抑制公司的创新与合理的竞争行为，使守法的公司受挫，从而对实体经济造成严重的损害。Bai 等（2010）深入分析了诉讼对违法违规公司的影响，发现在案件悬而未决期间，相较于其他同类未发生违法违规行为的公司，违法违规公司的各项运营效率指标（包括息税前利润占总资产的比重、流动比率、Altman-Z 值与市值账面价值比等）均受到了明显的负面冲击。而随着案件的结束，遭受处罚的违法违规公司的销量并不会明显下滑，但是会遭遇显著的流动性问题（包括公司的流动性指标日益恶化等）。同时，处罚加速了公司财务状况的恶化，使公司的抗风险能力进一步下降。其认为监管机构对违法违规公司的处罚并不仅仅是一个单纯的零和博弈问题。在其研究的480例违法违规案件中，有43家违法违规公司在诉讼开始至处罚裁决的三年内破产倒闭了。而具体到银行层面，Peek 和 Rosengren（1995）以1989年第一季度至1992年第二季度的68家新英格兰银行为样本，检验了监管执法措施与银行贷款之间的关系。其研究发现，监管执法措施与银行的贷款组合及信贷规模呈现出显著的负向关系，而银行信贷缩水的真正原因来自对监管处罚的担忧。同时，他们进一步指出，在新英格兰地区，监管部门对银行的处罚非常普遍。当地中小企业贷款几乎全部来自本地银行，而监管处罚引起信贷规模的严重收缩会导致以前依靠银行贷款融资的企业很难找到新的融资渠道。

因此其认为，监管处罚与信息不对称严重阻碍了银行资本和信贷资金在各个地区之间的转移，新英格兰地区遭受了监管处罚引发的信贷危机。Berger 等（2016）分析了监管处罚等措施对银行流动性创造的影响，发现监管部门的干预和处罚显著降低了银行的流动性创造能力，而且资本支持政策并不能够增强银行的流动性创造，监管干预与处罚对资本比率低于中位数的银行有重要意义，而对于资本比率较高的银行则没有明显作用。同时其认为，监管处罚与干预行为会促使银行调整自身的资本结构，减少风险较高的借贷活动，这可能导致银行的流动性创造能力下降。为了更好地分析银行流动性创造能力下降的驱动机制，其将银行的流动性创造分解为资产侧、负债侧和资产负债表外的流动性创造。其研究发现，监管部门的处罚与干预行为降低了银行负债端和资产负债表外的流动性创造能力，对于资产端的流动性创造能力并无明显影响。Delis 等（2020）研究了监管处罚对银团贷款的影响，其指出牵头银行在整个银团贷款的价格设定决策与贷款监督中扮演着重要角色，然而牵头银行与其他参与银行之间存在着严重的信息不对称。由于银团贷款的成功取决于项目本身的成功潜力与牵头银行对项目的监督工作，参与项目的银行希望牵头银行尽最大的努力进行监督以提高贷款项目成功的可能性，但是由于其无法观测牵头银行的监督情况，因此牵头银行的声誉就变得至关重要。研究发现，监管机构的处罚会对牵头银行的声誉产生严重的负面影响，其必须通过增加在银团贷款中的份额来维持其他参与银行的信任。此外，牵头银行在贷款合同中加入担保、绩效定价条款和保证契约条款能够缓解监管处罚对其声誉造成的负面影响。Fiordelisi 等（2014）研究了监管处罚措施对银行行为与文化的影响，其认为良好的银行业文化对整个金融体系的稳定起到了重要作用，但银行的文化会受到外部监管环境的影响。外部导向型银行会对监管处罚（或监管处罚的威胁）产生反应，从而调整自身的企业文化。相反，内部导向型银行因监管处罚而改变企业文化的动机不足，监管部门的处罚措施更有可能使内部导向型银行愈加注重其内部控制。随后其通过实证研究发现，银行违法违规处罚增加了银行的流动性资产，降低了银行的信贷规模并改变了银行的文化；另外，也有研究发现，这种机制对未遭受处罚的银行具有一定的溢出效应，但是这种溢出效应较弱，无法对银行的经营活动与冒险行为产生大的影响。

在监管处罚对银行风险偏好的影响方面，许多研究都指出监管可以有效地提高银行的稳定性，降低银行的风险承担水平。然而相关研究大都是在监管规则层面阐述对银行高风险偏好的影响。例如在银行资本充足率监管方面，Repullo（2004）通过构建银行非完全竞争的动态理论模型验证了资本充足率监管的作用，其发现资本充足率要求能够有效避免银行承担过多的风险。在信息披露要求方面，监管部门的信息披露要求能够提高银行的信息透明度，从而能够加强市场约束，减少银行的高风险行为，提高银行经营的稳定性（Wu、Bowe，2010；Delis、Kouretas，2011；杨新兰，2015）。在监管规则制定方面，Harris 和 Raviv（2014）探讨了降低银行风险承担水平的最优监管规则，指出监管部门可以在银行陷入财务困境时允许银行向股东支付红利，同时限制银行的未来投资项目，这种"胡萝卜加大棒"的监管规则能够有效降低银行的风险承担水平。但是，也有部分研究发现，严格的监管规则并不会降低银行的风险承担水平，甚至会使银行的风险承担水平进一步上升。Delis 和 Kouretas（2011）利用 1998—2008 年 17 个国家的银行数据进行实证检验后发现，资本充足率监管对银行的风险偏好并没有显著的影响。许友传（2011）使用联立方程模型实证检验了资本充足率监管对我国 57 家商业银行资本调整和风险承担水平的影响，发现在资本充足率监管的压力下，我国银行并不一定会通过调整资产结构，减少风险资本的规模来满足监管的要求[①]。因此，资本充足率监管无法对我国商业银行的风险承担水平产生显著影响。成洁（2014）的研究也发现，资本充足率监管并不能改变银行的风险偏好，银行更倾向于通过资本市场发行股票和债券来补充自身资本以满足资本充足率监管要求。刘生福和韩雍（2020）进一步指出，严格的资本充足率监管会引发银行进行资产转换的监管套利行为，银行会通过将信贷资产转化为表外资产来规避监管，从而会导致银行资产组合与综合风险承担水平上升。另外，较高的透明度也可能会引发资本市场的过度反应，对银行形成短期的冲击并提高银行的风险承担水平（Tadesse，2006）。而在监管处罚等执行措施对银行风险偏好的影响方面，由于大部分监管措施（包括监管者对银行的建议、现场检查报告、非现场分析等）与处罚数据并未公开（Caiazza 等，2018），导致只有少量研究从监管执行及处罚的角度分析监管措施对银行风险偏好的影响。Delis 和 Staikouras（2011）探讨了监管部门的管制措施在控制银行风

---

① 更常用的办法是额外增加资本，如定向增发、利润留存、发行二级资本债券等。

险方面的作用。其使用现场审计和处罚执行措施作为管制的代理指标，发现监管部门的管制行为的确对银行风险偏好具有一定的抑制作用，但监管部门现场审计的频率与银行的风险承担水平呈倒 U 形关系，即监管部门的执法强度超过一定界限时，随着执法强度的进一步提升，银行的风险承担水平会显著下降。同时，银行的风险承担水平与信息披露要求也存在着负相关关系，披露要求越严格，银行风险水平越低。而资本充足率等资本监管要求对银行风险承担水平没有显著的影响。虽然资本充足率要求能够对刚刚达到标准的银行起到一定作用，但是银行对实际监管处罚威胁的担忧才是驱动银行遵照资本充足率要求降低自身风险承担水平的决定性因素。总之，Delis 和 Staikouras（2011）认为，监管部门的管制即现场审计和执行处罚等措施才是阻止银行承担超额风险的关键因素，对资本充足率的持久性监管并不是非常必要的，调整监管政策，加强信息披露要求才是银行监管的重中之重。Caiazza 等（2014）利用意大利银行业 2005—2012 年 302 起违法违规处罚案件的数据，分析了银行遭受监管处罚的原因，发现具有高风险（尤其是信用风险）和低资产收益率（ROA）的银行会遭受更多的处罚。另外，在遭受处罚后的一年以内，违法违规银行并不会改变之前的经营行为，其风险承担水平及稳定性也并未发生明显的改变，而只有在处罚执行两年以后，银行的稳定性才有可能逐渐得到改善。Delis 等（2017）研究了监管处罚措施对银行风险偏好的影响，认为监管处罚措施可以从三个方面影响银行的风险偏好：第一，监管部门可能掌握银行内部经营、财务等情况的私有信息，处罚措施的发布向公众释放了银行的负面信号，因此监管处罚措施可能会增强市场约束能力从而改变违法违规银行的风险偏好。第二，监管处罚措施能够影响银行的管理成本，处罚会使银行及其高管的声誉受损，从而对银行高层管理决策能力形成一定的限制。另外，处罚措施可能会使银行在之后的一段时期内受到更多的内部调查与监督，银行的管理团队可能需要减少运营管理的时间来处理（应对）可能的监管调查等。第三，监管部门的强制执行措施会使违法违规银行受到严厉的处罚，这对银行来说可能是一个深刻的教训，有助于银行主动改变自身的风险偏好。同时在随后的实证研究中，Delis 等（2017）利用 2000—2010 年的监管处罚数据，详细分析了监管处罚措施对银行资本、风险承担水平等方面的影响。其研究发现，在处罚措施执行一年后，违法违规银行的风险加权资产与不良贷款率均显著下降，监管处罚措施显著降低了银行的风险承担水平。Sakalauskaite（2018）从银行 CEO 薪酬这一角度解释了处罚对抑制银行高风险行为的作用。其认为不恰当的薪酬制度，使银行 CEO 为了获得更高的奖金而参与短期回报较高的风险项目，增大了银行违法违规的概率，同时也提高了银行的风险承担水平。之后其通过构建理论模型解释了银行 CEO 的薪酬制度对银行违法违规行为和风险承担水平的影响，发现银行 CEO 的薪酬和违法违规行为具有顺周期性，即当经济高速增长时，银行 CEO 的薪酬快速增加，违法违规行为也随之变多，另外，当银行的杠杆率越高时，CEO 薪酬与违法违规行为的关系也变得越强。因此，监管部门在经济增长时期的监管处罚措施具有更加显著的风险抑制作用。也有学者指出监管部门对违法违规行为的处罚并不会改变银行的风险偏好。Köster 和 Pelster（2017）认为，银行从其违法违规行为中获得的收益可能高于其违法违规行为所受到的罚款，因此监管处罚并不能改变违法违规银行的风险偏好。其通过实证研究也发现，监管处罚与银行的风险资产占比和在险价值（VaR）之间并无明显关系。

### 2.2.6 监管处罚的效果与效率

国内外相关文献从多个角度研究了监管处罚在约束公司违法违规行为方面的效果和效率。其中，国外有大量文献对私人诉讼和行政处罚等政府监管执行措施的有效性进行了比较。前美国证券交易委员会委员 Joseph Grundfest 指出，证券市场上的私人诉讼行为会对资本形成造成严重的负面影响，其刺激的仅仅是律师行业的膨胀（1995）。与之相对应，Rose（2008）则指出美国证券交易委员会虽然在增加监管执法预算方面非常积极，但是在批准针对上市公司证券违法违规行为的集体诉讼方面却毫无作为。Bratton 和 Wachter（2011）也表示，美国证券交易委员会的监管执法预算增长过快，但是其效率并不尽如人意。同时在实证研究方面，Cox 等（2003）发现，只有大约 15% 的违法违规案件是通过美国证券交易委员会的监管执法行动解决的，而投资者在不通过证券交易委员会的监管执法行动时（采取私人诉讼等解决方式时）更容易获得补偿。此外，相对于私人诉讼而言，证券交易委员会往往更加针对规模较小的公司，而被证券交易委员会处罚的公司更有可能遭受陷入财务困境的风险。Choi 和 Pritchard（2016）研究认为，私人诉讼比美国证券交易委员会的监管执法更加有效。其以证券交易委员会对违法违规案件的调查为切入点，通过对市场信息不对称的度量，发现相较于证券交易委员会的监管执法，私人诉讼更容易发现信息披露类型的违法违规案件，而且就案件的结果来看，私人诉讼更可能导致违法违规公司高管离职，比单纯证券交易委员会的行政处罚更具有效率。然而，他们也指出，由于衡量标准未考虑所有的违法违规案件，而证券交易委员会调查、处罚上市公司的违法违规案件对于投资者保护具有非常重要的意义，因此证券交易委员会的监管处罚可能仍是目前的最优选择。

此外，也有部分学者肯定了证券交易委员会监管处罚的作用，指出部分研究并未考虑证券交易委员会监管执法行动的威慑能力（Choi、Pritchard，2016），因此可能低估了监管执法的重要性，夸大了私人诉讼的效率。Cox和 Thomas（2004）以 118 例证券违法违规行为的集体诉讼和解案件为样本，研究了机构投资者是否能够在诉讼中获得其想要得到的补偿。他们发现只有约 28% 的机构获得了想要的补偿，而投资者无法获得的补偿金额高达数百万美元。因此，证券交易委员会强制处罚措施的存在非常有必要。La Porta 等（2006）研究了 49 个国家证券法律法规的效果，指出证券监管部门监管执法行为（强制性的信息披露要求、处罚、补偿投资者损失标准等）对大型金融市场的发展起到了重要作用，但是有关部门的监管措施通常以投资者的损失为代价，并不具有很强的效率，但是目前仅仅依靠纯粹私人的解决方案也无法增强对投资者利益的保护。因此监管部门的首要工作是利用监管处罚等措施调节外部投资者与公司股东之间的矛盾与冲突。

国内学者也对我国监管处罚的效果与效率进行了研究。张宗新和朱伟骅（2007）利用我国上市公司的违法违规数据，对我国证券监管处罚的效果进行了实证检验，发现虽然我国证券监管部门的处罚能够向市场传递公司的负面信息，但是处罚多以事后处罚为主，牺牲了投资者的利益，且监管处罚往往具有较长的时滞性，对上市公司违法违规行为的威慑能力明显不足，无法有效达到惩戒、教育违法违规公司的目的。另外，其通过对监管效率的国际比较，发现我国证券监管效率处于平均水平之下，且政府效率指标与法律效率指标都明显低于国际平均水平，公司治理指标较低也反映出我国对中小投资者的保护较差，证券监管体系还需要进一步完善。黎文靖（2007）选取会计稳健性作为会计信息质量的标准，运用股票收益和盈余持续性模型分析了上海证券交易所与深圳证券交易所诚信档案制度的有效性并探讨了政府监管部门会计监管措施的效果。其发现诚信档案制度能够在一定程度上改善会计信息的质量，但从股票收益模型的结果来看效果并不明显。而政府监管部门的监管措施则能够缓解会计信息的失真情况，弥补了市场机制的不足，因此以政府部门监管为主的监管体系仍是目前我国金融市场监管较为合适的选择。宋云玲等（2011）认为我国强制性业绩预告制度有利于判断上市公司是否违法违规。其通过实证分析检验监管处罚的效果，研究发现，对于业绩预期较好的上市公司来说，监管部门的处罚反而提高了上市公司业绩预告违法违规的概率，而对于业绩预期较差的上市公司来说，监管部门的处罚对公司业绩预告违法违规的概率没有明显影响。其研究指出，监管部门对上市公司违法违规的态度决定了整体监管处罚的效果。然而在实际监管处罚中的选择性处罚行为，受处罚公司可能获得事后补偿、再融资优惠等潜规则以及较弱的处罚力度等问题，使得证监会的监管处罚效果并不理想。

### 2.2.7 文献评述

（1）国内相关文献对违法违规行为的研究大都聚焦于一般上市公司，研究问题主要集中于违法违规动机的影响因素如声誉（醋卫华、夏云峰，2012；陈国进、林辉，2005）、内部治理（陆瑶、李茶，2016）、内部治理及媒体监督（李培功、沈艺峰，2010；周开国 等，2016），研究我国商业银行违法违规问题的文献普遍为介绍性、统计性研究，鲜有研究从处罚的视角分析我国银保监会对违法违规银行罚款的影响因素以及差异性问题。在处罚效应研究方面，相关研究集中探讨了监管部门的处罚力度与处罚效率，但样本量偏少（张宗新、朱伟骅，2007；宋云玲 等，2011），鲜有研究分析监管处罚对上市银行股价、日常业务经营、风险偏好等的影响。

（2）国外虽然有文献分析了监管处罚对上市银行股价、经营业绩等的影响，但国内外金融体制及与处罚相关的法律法规不同，违法违规案件罚款金额也有较大差别，其相关机制及结论很难适用于我国的实际情况。例如 Köster 和 Pelster（2017）的研究中指出，由于一些金融处罚类目在美国法律法规中可以抵扣一定的税额，因此处罚对违法违规银行业绩的影响不大。而在我国，所有行政处罚均不能抵扣税额；此外，虽然国外部分文献检验了处罚与银行风险偏好的关系，但得出的结论大相径庭（Delis 等，2016；Köster、Pelster，2017）。因此，以我国具体的金融环境和监管制度为基础，探讨银行违法违规行为与监管处罚的效应十分有必要。

# 3　中美银行业监管处罚制度比较

　　在改革开放以前，我国的金融监管制度以行政控制管理为主，而随着经济全球化和金融市场的快速发展，金融风险不断暴露，我国金融监管尤其是银行业监管的重心也在不断发生改变：从之前单纯的行政监管转向依法监管，从合规性监管转向风险监管，在此过程中以风险管理为核心，微观审慎监管与宏观审慎监管相结合的监管制度理念逐渐形成。然而由于我国金融监管起步较晚，在短短几十年间，我们虽然在借鉴和吸收发达国家金融监管经验的基础上和在不断改进探索的过程中形成了符合我国自身金融发展水平的监管制度，但是与欧美发达国家历经数百年才得以逐渐完善的金融监管制度相比仍存在不小的差距，尤其是在银行业的监管处罚方面，我国相关的监管制度及法律法规亟须进一步完善。美国作为西方发达国家的代表，有着全球最为发达的金融市场与较为完善的金融监管制度，但在 2008 年的全球金融危机中，其监管制度也暴露出很多问题与缺陷。我国之所以未在全球金融危机中遭受巨大损失，并非我国的金融监管体系已经十分完善，而是由于我国金融市场发展较为缓慢，金融开放明显不足。虽然我国与美国之间的金融结构与发展程度存在一定的差异，但是金融监管的理论和制度是相通的，美国金融监管部门对银行违法违规行为的处罚办法以及相关监管制度和法律法规设计中体现出的逻辑与理念，都对完善我国金融监管处罚制度有着重要的借鉴意义。因此，本章试图对中、美两国的金融监管处罚制度进行比较，以期从中获取经验及教训，从而为改进我国的金融监管处罚政策工具与制度体系提供有益的探索。

## 3.1 美国金融监管处罚基本制度与框架

### 3.1.1 银行违法违规主要类型

财务舞弊、操纵市场、金融诈骗和帮助洗钱是银行业违法违规的主要类型。从美国货币监理署（OCC）官方公开的银行处罚案件可以发现，银行业违法违规主要有以下情形：

3.1.1.1 诈骗/不当交易

美国一些银行的抵押贷款业务存在诈骗或不当交易，比如在销售抵押贷款时向购买者提供有误导性的虚假信息来诱骗消费者购买，或是销售劣质的抵押贷款给消费者，这些均构成诈骗行为。

3.1.1.2 违反反恐/反洗钱的相关要求

当下世界恐怖主义和贩毒活动仍然猖獗，美国监管机构对此十分重视，并对本土金融机构提出了更多更严格的反恐/反洗钱监管要求，当金融机构触犯了相关条款时，会使其受到监管机构的严厉处罚。

3.1.1.3 银行的内部控制机制缺失

当一个银行出现某些问题时，可以肯定的是该银行内控系统做得不够到位。在 2008 年全球金融危机过后，监管机构也逐渐对银行的内部控制提出了要求。一个银行拥有优秀的内控体系对于其稳定经营、扩展业务来说都是必要的，可以防止违法违规行为的发生。

3.1.1.4 操纵利率

如今全球的经济紧密结合，利率对于全球各种金融产品的影响是巨大的，特别是金融衍生产品。有些大型银行就会暗中操纵利率来从中套利，获取巨额财富。如像巴克莱银行在 2005—2009 年期间大肆操纵利率，被美国监管机构处以 2 亿美元罚金。

3.1.1.5 操纵汇率

一些大型银行机构的交易员，利用自己的职位优势，相互勾结，操纵汇率，影响外汇衍生产品的价格，以从中牟利。2014 年，摩根大通银行（JP Morgan Chase）被美国监管机构指控操纵伦敦同业拆借利率（Libor），被处以 3.1 亿美元的罚金。

### 3.1.1.6 向被美国制裁的国家转移资金

2012 年，渣打银行被控与苏丹、伊朗、利比亚等被美国制裁的国家开展 2 500 亿美元的敏感交易，被处以 6.7 亿美元罚金。

### 3.1.1.7 协助违规用户偷税漏税

银行都有帮助高净值客户进行资产管理的业务，为了维持和客户的关系，银行有时候会进行不当操作以帮助客户偷税漏税，监管机构发现后会对银行进行严厉处罚。

### 3.1.1.8 银行疏忽造成资金流向不明

由于银行疏于管理或与个别客户合谋导致客户资金去向不清楚，这种情况可能隐藏着巨大的走私贩毒风险。

针对以上违法违规行为，监管机构如美国联邦储备系统（FED）、货币监理署（OCC）及联邦存款保险公司（FDIC）常用的处罚形式包括停止违法违规行为、和解、没收、罚款等。在这些处罚手段的运用上，监管机构通常会先做出停止违法违规行为的决定，如有违法违规收益再进行没收，然后根据案件性质及严重程度处以罚款。有时还会根据具体情况要求违法违规银行给予受害者补偿。

## 3.1.2 主要监管机构

### 3.1.2.1 监管领导机构

2003 年，美国成立了金融犯罪执行网络局（The Financial Crimes Enforcement Network，FinCEN）办公室，由美国财政部副部长助理担任负责人。该办公室负责金融犯罪执行网络局的运作，以及制定反洗钱法规和指南，分析金融机构提交的货币交易报告和可疑活动报告，并负责与当地、州、联邦、国际执法机构以及全球其他金融情报部门的沟通。此外，美国财政部还是外国资产控制办公室（OFAC）的监督者。

尽管美国财政部金融犯罪执行网络局是美国联邦反洗钱法律法规的管理者，但它不直接检查银行，而是将任务分配给联邦银行监管机构，由后者负责通过其检查程序来监督银行对反洗钱法的遵守情况。监管机构发现的任何反洗钱违法违规行为都需要报告给金融犯罪执行网络局。

联邦金融机构检查委员会（Federal Financial Institutions Examination Council，FFIEC）是一个跨部门机构，负责协调美国联邦储备系统、货币监理署、联邦存款保险公司等监管机构反洗钱工作。2005 年 6 月，联邦金融机构检查委员会（FFIEC）发布了《反洗钱手册》。该手册是联邦银行监管机构、金融机构的检查员进行反洗钱检查的程序和指南。监管机构的反洗钱检查之一是对所监督的金融机构进行基于《反洗钱手册》的检查。

### 3.1.2.2　监管执行机构

美国的银行监管体系具有双轨注册制（联邦和州层级）和多层多头监管的特点。除联邦储备系统、货币监理署及联邦存款保险公司外，在联邦政府层面还有金融消费者保护局（CFPB）、联邦住房金融管理局（FHA）、期货交易委员会（CFTC）及司法部，这些机构都有对银行的监管权。在州层级还有州行政主管机构来负责银行的监管。

美国《联邦存款保险法》赋予了联邦储备系统、货币监理署及联邦存款保险公司拥有对参保银行及其关联机构的监管权，当银行或其关联机构出现违法违规行为时，这三个机构可以各自对其实施监管权，并且根据相应权限进行处罚。当一家机构违规行为较为严重时，可能同时引来三个机构的处罚。除了这三个机构外，其他机构不能直接对银行采取经济制裁，需要通过联邦法院提起诉讼来解决。

（1）货币监理署（Office of Comptroller of Currency，OCC）

货币监理署隶属于美国财政部，1863 年出台的《国家货币法》赋予了货币监理署管理联邦注册银行的权力。货币监理署主要负责国民银行执照的发放和监管。

货币监理署监管着近 1 800 家国民银行。货币监理署将国民银行监管分为三类：大型银行、中型银行、社区银行。其任命了三位高级副署长，第一位负责大型银行的监管，第二位负责中型银行和社区银行的监管，最后一位是首席国民银行检察官，负责银行监管政策的制定。

货币监理署的监管职能主要有三点：第一，对受监管国民银行开设分支机构或资本变更进行审核；第二，对国民银行的日常经营进行监管，并对违法违规银行进行处罚；第三，完成国民银行的注册（任何一家机构只要符合资质都可以注册成为国民银行）。

在日常监管中，货币监理署通常会有以下四个特点：第一，明确自身的风险偏好，清楚地让被监管机构知道自己需要注意什么，避免违法违规行为的发生；第二，设立首席风险官和首席风险专家，保证了监管的专业性，尽可能在风险发生前解决问题；第三，使用骆驼评级风险评估系统，提升了风险评估的前瞻性；第四，重视对检查人员相关监管知识的培训。

（2）美国联邦储备系统（The Federal Reserve System）

美国联邦储备系统负责履行美国中央银行的职责。这个系统是根据《联邦储备法》（*Federal Reserve Act*）于 1913 年 12 月 23 日成立的。美国联邦储备系统的核心管理机构是美国联邦储备委员会。

美国联邦储备系统由位于华盛顿特区的美国联邦储备委员会和 12 家位于主要城市的联邦储备银行组成。美国联邦储备系统是美国的中央银行，其职责是制定货币政策，监管美国金融机构，统一发放银行券。美国联邦储备系统要求所有国民银行都要加入其体系成为联邦储蓄系统成员银行，但对于州立银行没有硬性要求。

（3）联邦存款保险公司（FDIC）

1993 年出台的《银行法》批准设立了联邦存款保险公司，负责对银行的存款提供保险，主要保障小额存款人的利益。联邦储蓄系统成员银行自动成为联邦存款保险公司的保险对象，州立银行则需要申请才能加入。

美国银行业主要通过以上三家机构进行金融监管。为了避免监管重复，联邦存款保险公司（FDIC）主要负责监管在州注册、投保的非联邦储蓄系统成员银行的成员。而在上述三个监管机构监管之外的州立银行，则由州银行监管部门负责监管。

具体来看，2010 年，美国有超过 7 600 家参加了联邦保险的商业银行和储蓄机构。此外，美国还有 7 300 多家参加联邦保险的信用合作社。在联邦层面，这些金融机构被四类政府机构监管：美国联邦储备系统监管在州注册的联邦储蓄系统成员银行和部分金融控股公司；联邦存款保险公司监管在州注册的非联邦储蓄系统成员投保银行；货币监理署监管在联邦注册的商业银行和储蓄协会，以及部分外国银行在美国的附属机构；全国信用合作社管理局（NCUA）监管在联邦和州注册的信用合作社。而州银行监管部门则监督和检查在州注册的金融机构。

### 3.1.3 美国银行监管体系的特征

美国的银行监管体系具有典型的"双重多头"特征。"双重"是指美国联邦政府和各州的州政府均具有对银行的监管职权。而所谓"多头"则是指由多家监管机构共同承担对美国银行业的审慎监管。在联邦政府层面，监管机构不仅包括美国联邦储备系统（FED）、美国货币监理署（OCC）和联邦存款保险公司（FDIC），而且司法部（DOJ）、金融消费者保护局（CFPB）等机构也有权对银行进行管辖。在多头监管体系之下，不同监管机构的监管对象不同，例如美国联邦储备系统的监管对象主要包括外国银行在美国的分支机构、美国银行的海外分支机构、金融控股公司、美国联邦储备系统成员银行以及其他被认定为具有系统重要性的金融机构，除此此外，美国联邦储备系统还有权监管可能引发系统性风险、影响金融体系稳定的金融机构；货币监理署的监管范围主要包括 1 800 余家联邦特许银行和外国银行的联邦特许分支机构；而联邦存款保险公司则主要负责监管其他在各州注册的银行。另外，在 2008 年全球金融危机爆发之后，美国政府成立了由财政部、美国联邦储备系统以及七家其他金融监管机构和一家具有保险专业知识的独立成员所组成的金融稳定监管委员会（FSOC），其主席由美国财政部部长担任，每半个月组织一场副部长级联席会议，交流金融监管方面信息，讨论监管中发现的问题并进行各个监管部门之间的统筹协调。

虽然美国银行监管机构较多，但是根据《美国联邦存款保险法》第三条（q）和第八条（b）中的规定，仅有美国联邦储备系统、联邦存款保险公司和货币监理署三个机构有权对其管辖银行及相关机构直接实施行政处罚。当银行及其他相关机构发生违法违规事件时，美国联邦储备系统、联邦存款保险公司和货币监理署均可依据自身的监管权限同时对该违法违规机构进行处罚，即一起银行违法违规案件可能受到多家监管机构的联合处罚。而除了这三家监管机构之外，其余银行监管部门在一般情况下无权直接向违法违规银行实施罚款等行政处罚手段，这些监管部门通常需要向法院提起民事诉讼来实施处罚。

美国监管部门对银行进行监管并实施处罚所依据的法律法规主要有《联邦存款保险法》和《银行保密法》等。而美国监管部门对违法违规银行的处罚主要分为非正式处罚和正式处罚。其中正式处罚措施主要包括停止违法违规行为令（Cease and desist order）、正式书面协定（Formal written agreements）和罚款（Civil money penalty）。下面我们对每一种处罚手段进行简要的介绍。

停止违法违规行为令是美国监管部门要求银行改正不当行为的常用监管手段之一。根据《联邦存款保险法》——美国法典第十二卷 1818（b）条的规定，监管机构可以在以下情况出现时对银行、关联机构以及个人发布违法违规停止令：一、违反相关的法律、规则、条例或任何联邦银行机构规定的书面要求时；二、在银行等机构发生任何不稳健、不安全的行为，包括违反适当开展业务的基本原则、违反信托义务的相关标准等。相关机构收到停止令后，银行或其他金融机构必须立即停止违法违规或者违反稳健营业原则的行为，同时还需采取改正措施对违法违规行为造成的后果进行补救。常见的停止违法违规行为令内容包括提高管理质量、加强内部控制、处理问题资产以及更换相关员工或管理人员等。若违法违规银行未在期限内改正其行为，将会受到监管部门的进一步处罚，甚至会遭到起诉。

正式书面协定与停止违规行为令类似，美国监管部门可以自行决定是对银行发布停止违规行为令还是与其签订具有相似内容的正式书面协定。两者的不同之处在于，正式书面协定是一种合约的形式，协议内容需要银行同意，一旦协定签署，若银行违反了协定中的任何监管要求，监管部门都可以对其进一步实施诸如罚款等处罚手段；而违法违规停止令则是一种行政命令，监管部门可以进行强制执行。

罚款是监管当局最常使用的处罚手段之一。监管部门根据银行违规行为的性质和严重程度，将罚款分为了三个层级。第一级罚款适用于较为轻微的违法违规行为，包括违反《联邦存款保险法》——美国法典第十二卷第 1818（b）（c）（e）（g）条规定的任何法律、法规、命令或《联邦存款保险法》——美国法典第十二卷第 1831（o）条规定的任何命令以及违反联邦监管机构书面协定的任何条件的行为。在违法违规行为持续期间，银行将被处以每天不超过 5 000 美元的罚款。第二级罚款适用于较为严重的违法违规行为，包括违反第一层级中的规定、从事不稳健或不安全的经营活动、违反信托责任以及对相关机构（个人）造成超过一定限度的损失或者使不法行为人获得收益等行为，监管部门将会对违法违规银行处以每天5 000至 25 000 美元的罚款。第三级罚款适用于非常严重的违法违规行为，包括故意违反第一级中的规定，故意进行不稳健或不安全的经营活动，故意违反信托责任以及给机构造成大量损失或使不法行为人获得大量收益等行为。监管部门可以对违法违规银行处以每天不超过 100 万美元或银行资产总额的 1% 的罚款（通常取两者中的较小值）。

值得关注的是，在第二级和第三级罚款中，相关法律规定只要银行违反审慎经营原则或者信托责任时均会遭到监管机构的罚款，而银行是否违反这些规定则需要监管部门在对违法违规案件的调查中自行确认，这就会给予银行监管部门相当大的自由裁量权。同时，监管部门还有权更改或者取消对银行的罚款。监管机构可以根据银行的规模与财务状况、声誉与诚信程度以及之前的违法违规记录等因素酌情减少罚款金额。另外，监管部门往往会对长期的违法违规行为实施严厉的处罚并处以较高的罚款（Götz、Tröger，2017）。

除了正式处罚措施之外，监管部门还可以对违法违规银行施加非正式的处罚。非正式处罚通常适用于评级在三级以上且运营状况良好的银行，具体的处罚手段主要包括董事会建议和谅解备忘录等。董事会建议指监管部门向银行提出改正意见，银行决定是否进行董事会决议，明确问题相关负责人，采取合理的举措改正问题。谅解备忘录则是在银行未采取董事会决议时，监管部门要求银行停止违法违规行为并进行改正。谅解备忘录通常不具备法律效力，若银行未按照监管部门的要求采取改进措施，则会进一步引发监管机构的正式处罚。

## 3.2 我国银行监管处罚制度与流程·

### 3.2.1 处罚执行机构

自 2003 年 4 月原银监会成立以来，我国一直延续着"一行三会"的"多头分业"金融监管格局，即由中国人民银行、中国银行业监督管理委员会、中国证券监督管理委员会以及中国保险监督管理委员会分别对银行、证券和保险领域进行监管。其中原银监会承担了绝大部分银行业监管的职能，中国人民银行只具有反洗钱、支付结算等部分监管职能。此后，"一行三会"的金融监管格局一直持续了十几年，直到 2017 年国务院成立了金融稳定发展委员会。这一举措旨在加强各金融监管部门的监管职责，同时强化中国人民银行宏观审慎管理和系统性风险防范职能，确保金融安全与稳定发展并发挥统筹与协调的作用。随后国务院又在 2018 年将中国银行业监督管理委员会与中国保险监督管理委员会进行合并，成立中国银行保险监督管理委员会。自此我国确立了"一委一行两会"的金融监管新格局。这次金融监管改革明确了中国人民银行进行宏观审慎监管的职责，同时将监管的立法权与执行权相分离，中国人民银行承接了原银监会与保监会监管相关法律法规与具体制度的制定权，而银保监会则负责具体的微观审慎监管。具体到银行的监管处罚层面，我国能够对银行直接进行处罚的机构主要是银保监会和中国人民银行①。

### 3.2.2 处罚流程

根据最新修订的《中国银保监会行政处罚办法》②，监管部门在对银行下发正式的处罚通知书时，一般需经历立案调查、取证、审理、审议、权利告知与听证、决定与执行等程序。其具体流程如下：

#### 3.2.2.1 立案调查

当银保监会发现银行机构或个人涉嫌违反法律法规及相关监管规定时，应当及时予以立案。在立案调查部门负责人批准后，调查人员应秉持全面、客观、公正的原则对违法违规案件具体情况进行调查并在 90 天之内完成调查工作。在调查结束后，调查人员应当立刻制作调查报告，载明案件的来源、当事人的基本情况、案件调查的过程、相关机构与责任人员的违法违规事实以及在调查过程中收集到的证据，同时应注明违法违规行为造成的损失、风险、违法违规所得和行政处罚的时效，陈述案件中是否具有从重或从轻的情形，最终给出行政处罚的建议并附上理由和依据。

#### 3.2.2.2 审理与审议

根据查审分离的原则，调查部门应在立案调查结束后将现场检查通知、案件调查报告、当事人反馈材料、证据与相关说明等材料移交给行政处罚委员会办公室，同时调查部门要确保材料的真实与准确，保证执法事实、证据及程序的合法性。而行政处罚委员会则须以调查报告中银行机构的违法违规事实为基础，从调查程序、机构违法违规事实与违法违规行为认定以及处罚的时效、种类与幅度等方面进行审理。审理期限通常为 90 天，行政处罚委员会办公室应在此期限内完成对案件的审理，并将审理报告交由行政处罚委员会进行审议。审议会议须由主任委员主持，且每次参会人数应大于委员总数的 2/3。审议内容主要包括违规事实是否清楚，证据是否确凿，处罚的依据是否正确，处罚种类与幅度是否适当、程序是否合法等。办法中规定参会委员应以事实为准绳，坚持专业判断，出具独立客观公正的审议意见。最后

---

① 由于中国人民银行实施处罚的案例相对较少，因此在本研究中，主要基于银保监会的处罚数据开展研究。

② 中国人民银行实施的相关处罚制度参见 2022 年 2 月发布的《中国人民银行行政处罚程序规定》《中国人民银行执法检查程序规定》。

参会委员对审议意见进行表决并做出最终的审议决议。

### 3.2.2.3 权利告知与听证

在发布正式的行政处罚公告前，银保监会应发出行政处罚事先告知书，将处罚的事实、理由、依据以及处罚的种类与幅度告知当事机构（个人），当事机构（个人）有权对拟做出的处罚决定进行陈述和申辩。而需要陈述和申辩的当事机构须在收到告知书的十个工作日之内向银保监会或其派出机构提交书面材料。另外，对于数额巨大的罚款、责令停业整顿、吊销金融许可证、取消（撤消）任职资格、禁止从事银行业等处罚，当事机构（个人）有权向银保监会提出听证申请。银保监会在收到申请后，应依法进行审查，并向符合条件的申请人通知听证的时间与地点。听证过程一般应对外公开，由处罚委员会办公室组建三人以上的听证组，并指定专人作为记录员。案件的调查人员应当出席听证并提出当事机构（个人）的违法违规事实、证据和处罚建议，当事机构（个人）及其代理人需对此进行辩护，并可以当场出示能够减轻或免除处罚的证据材料，与调查人员进行质证。记录员则须制作听证笔录并交由当事人确认签章。银保监会将对当事机构（个人）的陈述、申辩或听证意见进行研究和调查，若采纳其意见并拟对行政处罚做出重大调整时，会重新对当事机构（个人）发出行政处罚事先告知书。

### 3.2.2.4 执行与决定

在进行正式处罚前，银保监会或其派出机构会根据案件审理、当事机构（个人）陈述、申辩以及听证的情况制定行政处罚决定书，其中包括当事机构（个人）的基本情况、违法违规事实、处罚依据、种类与幅度、处罚的履行方式与期限以及做出处罚的机构名称和日期等。银保监会在做出行政处罚决定后，应在其官方网站上公开披露行政处罚的相关信息；而对于做出停业整顿或者吊销金融许可证的案件，银保监会应在其官方网站或具有较大影响力的全国性媒体上公告违法违规银行机构（个人）的名称、地址以及相应的处罚决定、理由和法律依据等。同时，银保监会的立案调查部门还须负责处罚决定的监督执行工作。对于逾期未缴纳罚款的机构（个人），银保监会将每日加收原有金额3%的罚款。如果违法违规案件当事机构（个人）对行政处罚决定不服，可以申请行政复议或直接向当地人民法院提起行政诉讼。

### 3.2.3　主要法律依据

监管部门对违法违规银行（个人）进行处罚所依据的法律法规主要有《中华人民共和国行政处罚法》《中华人民共和国商业银行法》《中华人民共和国银行业监督管理法》《中国银保监会行政处罚办法》《中国人民银行行政处罚程序规定》等。我国监管部门对银行（个人）违法违规行为的处罚方式主要包括警告、罚款、没收违法所得、责令停业整顿、吊销金融许可证、取消或撤消任职资格、禁止从事银行业工作等。

## 3.3　中美金融监管罚款制度对比

基于上述分析可以发现，中美银行监管处罚制度存在较大不同。如美国金融混业经营模式的现实情况造就了其监管的"双重多头"特征，银行监管机构数量较多，每个机构在监管范围内对各自管辖的银行进行审慎监管；而我国银行监管机构较为单一，银保监会承担了对各银行机构的微观审慎监管职责，中国人民银行则承担了政策制定与宏观审慎监管职责。此外，在处罚方式上，美国监管机构对银行违法违规案件的处罚方式更为丰富，除违法违规停止令、罚款等正式处罚手段之外，非正式处罚手段亦能发挥相当重要的作用。相比之下，我国则缺少这种丰富且监管成本较低的非正式处罚手段。在本节中我们聚焦于罚款这一监管机构最常用的处罚手段，进一步深入探讨中美银行业罚款制度之间存在的差异。

第一，罚款确定原则存在差异。美国在对银行违法违规案件进行罚款时的一个重要原则就是不能使银行从其违法违规行为中获益，如果银行从其违法违规行为中获得的收益大于罚款的上限，监管部门有权对罚款金额进行调整，使罚款金额大于其违法违规收益。例如汇丰银行在洗钱并违法违规向受制裁国家转移资产的案件中被罚 19.21 亿美元，远高于《联邦存款保险法》中所规定的罚款上限。因为美国货币监理署认为罚款的金额应当高于汇丰银行在其违法违规行为中所获得的收益，即监管部门可以根据银行违法违规收益情况打破法律规定中罚款的最高上限，从而符合"不获益"的原则。而我国罚款制定的重要原则是"过罚相当"。《中华人民共和国行政处罚法》第五条明确规定："行政处罚必须以事实为依据，与违法行为的事实、性质、情节以及社会危害程度相当。"而"过罚相当"原则的重要缺陷在于只能适用于违法违规行为已经发生且造成了损失的情况，而对于未发生实际损失的违法违规行为，监管部门很难确定具体的罚款金额；同时，"过罚相当"原则对于罚款功能的理解存在偏差，即罚款的主要目的应该是实现违法违规行为发生前的威慑，而"过罚相当"原则主要看重事后的处罚或赔偿，法律中规定的罚款金额可能无法起到事前遏制违法违规行为的作用。

第二，在设定具体的罚款金额方面存在差异。美国对银行违法违规案件的罚款是按天计算的，即在银行的持续性违法违规案件中，监管部门会对银行每一天的违法违规行为独立计算罚款，最后根据违法违规行为持续的天数确定罚款总额。此外，虽然美国法律中明确规定了对银行违法违规行为罚款的最高限额，但是在实际的处罚中，罚款的区间范围较大，监管机构拥有相当大的自由裁量权。例如，美国监管机构可以根据《联邦存款保险法》第八条（i）（2）款，对违法违规银行处以最低 5 000 美元、最高上百万美元的罚款。而我国对银行违法违规案件一般采取分类整体计算罚款，在罚款金额设定方面多采用数值数距式，即法律法规中明确规定了对不同违法违规行为罚款金额的上限和下限，监管机构根据违法违规案件的具体情况计算罚款总额。例如《中华人民共和国银行业监督管理法》第四十六条中就明确规定："若银行机构有提供虚假报表、拒绝或者阻碍非现场监管或者现场检查等情形的，由监管机构责令改正并处二十万元以上五十万元以下罚款。"

第三，罚款的调整机制存在差异。美国《联邦行政罚款通货膨胀调整法》规定，监管部门至少每四年要根据消费者物价指数对罚款上下限进行审查并决定是否进行调整。这样可以有效地保证罚款对违法违规行为的威慑不会因为物价上涨而失去原有的效力。例如，Götz 和 Tröger（2017）指出，由于物价上涨，美国监管机构对银行违法违规案件的处罚已经上升至最初罚款金额的约 1.92 倍，具体每一等级的罚款分别调整为：第一级罚款每天不超过 9 623 美元，第二级罚款为 9 623 美元至 48 114 美元，第三级罚款则为 48 115 美元至 1 924 589 美元。此外，美国监管部门还可以根据实际情况调整甚至取消罚款。而我国对银行违法违规案件罚款的调整需要由当事机构（个人）进行申请且相关流程较为复杂。如银保监会的相关办法规定，在正式处罚决定下达之前，违法违规机构（个人）有权提出申辩或者申请听证，听证时当事机构（个人）可以就违法违规事实、证据、行政处罚的依据和建议进行申辩，同时可以出示减轻、免除处罚的证据材料并与调查人员进行质证。银保监会将对当事机构（个人）的陈述、申辩或听证意见进行研究调查，然后决定是否采纳其意见并对处罚进行调整。

综上所述，美国对违法违规银行的罚款制度对于我国的启示是：

首先，在罚款确定原则方面，抑制银行等金融机构的违法违规行为，同时威慑潜在的违法违规机构，应是罚款确定中考虑的首要因素。银行作为理性的经济主体，其选择是否实施违法违规行为更是对违法违规收益与成本的权衡取舍。而我国罚款确定中的"过罚相当"原则片面强调对违法违规案件的事后处罚，忽略了行政罚款最为重要的威慑作用，因此也造成了金融机构的违法违规成本较低、处罚偏轻的情况。相比之下，美国罚款制度中的"不获益"原则能使金融监管部门的处罚更加具有威慑力。因此，我国金融监管部门应对"过罚相当"原则的内涵进行适当延伸或调整，一个可行的思路是以"过罚相当"原则所确定的罚款作为基数，同时根据银行违法违规收益、违法违规的监管成本等具体因素对罚款进行调整，从而达到有效威慑银行违法违规行为的目的。

其次，在具体的罚款金额设定方面，我国对银行违法违规案件采取"分类计罚"的方式。这虽然在一定程度上有助于保证罚款的准确性，但也可能使监管部门在面对创新式违法违规行为时无法可依。相比之下，美国根据银行违法违规案件的严重程度进行"分级计罚"的制度设计则更为灵活，有助于保证罚款的全面性。

再次，在调整机制方面，美国罚款金额随物价变化而进行调整的机制的确使罚款更加具有前瞻性和威慑性。随着我国经济的快速发展，物价水平也在持续提升，而最初法律法规中设定的对银行违法违规行为的罚款金额早已无法适应当今的经济、金融环境，罚款对银行违法违规行为的威慑力也被大幅削弱。然而，调整法律法规并重新设定罚款金额的成本较高，耗费的时间也较长。因此，通过建立罚款的通货膨胀调整机制以节约立法修法成本、增加罚款的灵活性与威慑力是一个值得借鉴的好方法。

最后，虽然美国在违法违规银行罚款制度的设计中有诸多值得我们借鉴的地方，但其制度也并未尽善尽美。例如美国分级计罚制度以及调整取消机制给予了监管机构很大的自由裁量权，这可能导致罚款的任意性，引发处罚执法的不公问题；此外，按日计算罚款也会大幅提高监管处罚的成本，加重监管机构的负担。因此，我们不能一味照搬美国的监管处罚制度，而是应该吸收和借鉴其中的长处，同时结合我国具体金融环境来完善银行的监管处罚制度。

## 3.4　本章小结

美国拥有全球最为发达的金融市场与较为完备的金融监管制度。虽然我国的金融环境与美国有所不同，但借鉴美国金融监管中对银行违法违规案件处罚的规则设计和监管理念有助于完善我国金融监管处罚制度，提升监管处罚的效率。本章从监管机构、相关法律法规、处罚方式等多个方面分析了我国和美国银行监管处罚制度，然后以罚款这一监管部门最为常用的处罚方式为例，详细对比了我国和美国罚款制度的差异。研究发现，美国银行业监管呈现典型的"双重多头"特征，而我国为中国人民银行和银保监会双重监管模式；在处罚方式上，我国有警告、罚款、责令停业整顿、吊销金融许可证等处罚手段。而美国除了有停止违法违规行为令、罚款等正式处罚手段之外，还有董事会建议等非正式处罚手段；此外，在罚款制度方面，中、美两国罚款的原则、罚款金额的计算以及罚款的调整机制均存在明显不同。首先，美国对违法违规银行罚款的首要原则为"不获益"原则，即罚款必须使得银行无法从其违法违规行为中获得收益；我国则主要强调罚款需与银行违法违规行为所造成的危害相一致的"过罚相当"原则；其次，在罚款金额设定与计算方面，美国主要根据银行违法违规案件的持续时间和严重程度采取"按天分级"计算罚款金额的方式，而我国依据银行违法违规案件类型，采取分类确定案件罚款金额上下限的"数距式罚款"；最后，美国监管机构可以根据物价变化的情况对银行违法违规案件的罚款金额进行调整，而我国则缺乏相应的调整机制。

# 4 银行机构违法违规典型案例

从全球范围来看，银行业都是被非常严格监管的行业。但是，即便如此，部分银行仍然会因种种目的不惜铤而走险。其中，本章列举的三个案例是这方面的典型代表，包括富国银行账户造假案、汇丰银行洗钱案和 PF 银行成都分行违法发放贷款案。我们期望通过对这些案例的分析，为我国商业银行内控、考核、激励机制、反洗钱管理等提供借鉴和思考，避免重蹈覆辙。

## 4.1 富国银行账户造假案

作为曾摆脱过次级抵押贷款危机的标杆公司，富国银行以其稳定的业绩和独特的社区银行业务而受到客户的青睐，是全球银行业中的"优等生"。然而，2016 年 9 月，美国消费者金融保护局（CFPB）披露了富国银行长达五年的账户造假历史，富国银行跌下神坛。那么，到底是什么使富国银行从"金融模范生"变成了"欺诈狂魔"呢？

### 4.1.1 富国银行概况

富国银行（Wells Fargo）是美国一家著名的国际金融公司，提供多种金融产品及服务，是富国公司（Wells Fargo Company）旗下十分重要的子公司。富国公司于 1852 年成立于旧金山，历经一个半世纪的风雨，富国公司成为有名的国际公司。其曾在国际著名杂志《财富》的美国最大公司排行榜中排第 25 名，旗下的富国银行是美国唯一一个 AAA 级银行。2017 年，富国银行资产达 1.95 万亿美元，其净收入高达 221.8 亿美元，占富国公司净收入的 51.1%。富国银行的业务遍及美国的每一个角落，至少有 1/3 的美国人使用过富国银行所提供的服务。其员工团队也十分庞大，有

226.3万名员工。

在 2008 年以前，美国许多大银行专注于投资银行业务。在 2008 年全球金融危机爆发时，花旗银行以及其他美国大型银行由于业务过于集中，其公司内部的财务状况以及经营情况受到了严重的影响。但是，此时的富国银行由于专注于零售业务，业务的服务范围较广，收入来源较为分散，所以其业绩没有受到过多的影响，而这也成了富国银行"弯道超车"的机会。经过次贷危机和全球金融危机的洗礼，美国银行业经历了一次大洗牌，富国银行迅猛发展，成为美国的标杆企业。

4.1.1.1 富国银行的主要业务类型

富国银行主攻的三大业务分别是社区银行（community banking）、批发银行（wholesale banking）以及财富和投资管理（wealth and investment management），具体见表4-1所示。

表4-1 富国银行主要业务板块及其对营业收入的贡献

单位：亿美元

| 业务类型 | 营业额 | | | 净收入 | | |
|---|---|---|---|---|---|---|
| | 2017 年 | 2016 年 | 2015 年 | 2017 年 | 2016 年 | 2015 年 |
| 社区银行 | 487 | 489 | 493 | 121 | 124 | 134 |
| 批发银行 | 282 | 285 | 259 | 87 | 82 | 82 |
| 财富和投资管理 | 169 | 159 | 158 | 27 | 24 | 23 |

数据来源：《富国银行年报（2017 年）》

（1）社区银行业务

社区银行业务指的是在社区内设立银行网点，主要为社区的居民以及小微企业提供金融服务或金融产品，如信贷业务等。富国银行是美国最大的为小微企业提供贷款的银行。从表4-1的数据中可以看出，社区银行业务为银行提供的利润占比最大，富国银行也在不断优化这一业务。富国银行对市场进行深入的研究，通过对市场进行细分，选择贷款可以获利的行业，并将流程不断标准化，形成规模效应后节约成本，控制风险。

富国银行在全美有 9 000 多家分支机构，可以提供 80 多种金融服务。社区银行业务是富国银行发展的基石，为其带来了大量的利润。宽广的覆盖面为银行开展业务减少了很多不必要的开支，也更有利于开展新业务。

2015—2017 年，社区银行业务的收入分别为 493 亿美元、489 亿美元、487 亿美元，分别占富国银行总营业收入的 54.2%、52.4%以及 51.9%。2015—2017 年，社区银行业务的净收入分别为 134 亿美元、124 亿美元、121 亿美元，分别占富国银行总净收入的 56.1%、53.9%以及 51.5%。

（2）批发银行业务

批发银行业务主要是为中大型公司提供投资银行业务。富国银行主要为石油以及天然气行业提供这一业务。从总体来看，富国银行在这一市场上的占比相对较小。

（3）财富和投资管理业务

财富和投资管理业务主要是为客户提供全面的财务咨询及管理服务，例如养老业务、房地产业务等。

4.1.1.2 富国银行的核心竞争力——交叉销售

交叉销售是富国银行最主要的营销模式和盈利法宝。交叉销售是指针对客户的多种需求，销售相关的产品或服务的一种营销模式。1999 年《金融现代化法案》的颁布，允许商业银行及其他金融企业进行混业经营，富国银行为此提出了交叉销售这一可以大幅提高银行利润的方法。

首先，交叉销售这一模式可以大幅提升客户黏性。有调查显示，如果客户持有某家企业 4 种以上的产品，客户流失率可下降至 1%以内。其次，交叉销售可以大幅增加银行利润。富国银行曾进行过详细的分析：当客户持有 1~5 个产品时，银行平均年收入可增加 170 万美元；当客户持有 6~10 个产品时，银行平均年收入可增加 240 万美元；当客户持有 11~15 个产品时，银行平均年收入可增加 530 万美元；当客户持有多于 25 个产品时，银行平均年收入可增加 5 255 万美元。我们从这组调查数据可以发现，随着客户所持有产品数目的增多，银行所增加的利润是指数型上涨的，这也是富国银行大力推行交叉销售这种经营方式的原因。

根据公开资料，到 2016 年富国银行丑闻爆出前，富国银行的客户平均每人持有 6.29 种富国银行的产品。交叉销售这种营销方式在该银行内大力推广，是富国银行利润来源的重要组成部分。这种营销方式使得富国银行的利润来源分散化，规避了不少集中的风险。

### 4.1.2 违法事实

富国银行首席执行官 John Stumpf 最著名的一句话就是"八是伟大的"

（"eight is great"）。它的含义就是，富国银行的交叉销售要使得每个客户手中至少持有八个富国银行的产品或者服务。确实，交叉销售会给银行带来指数型增长的收益，并且有利于提高客户黏性。但是在富国银行具体的经营过程中，相关指标过于苛刻，没有充分考虑银行内部的实际情况。

为了促进交叉销售，富国银行每天都会对基层员工进行指标考核，如果员工没有达到要求，轻则会被处罚，重则会被辞退。但是其相关指标设置过高，每天的客流量不足以满足这一要求，员工无法通过正常的销售手段达到指标要求，这导致员工采取了一些非正常的手段。

员工利用自己的职务之便，可以掌握客户的信息，因此，很多员工在客户不知情的情况下，擅自利用客户信息开立存款账户或者信用卡账户，这样他们就可以达到当天的指标要求了。据调查，从2001年起，就不断有类似的事件发生，在2016年丑闻爆出前，富国银行所开设的虚假账户多达200万个。

员工是如何开设虚假账户的？首先，银行员工利用客户的信息在未经授权的情况下擅自开立存款账户或者信用卡账户。由于开立新账户会对客户进行邮件或者电话通知，所以员工会填写虚假的电子邮件地址，例如1234@wellsfargo.com、noname@wellsfargo.com或none@wellsfargo.com，并将PIN码设置为0000。由于要保证新账户的活跃性，员工会私自把老账户的资金转移到新账户中，然后在一段时间后再转回去。有些客户并不会仔细查看资金的流动情况，这让富国银行的基层员工钻了空子。更恶劣的是，有时老账户的资金不足或者出现透支，会收取客户相关费用，而客户本不必支付这些费用。

2016年9月8日，美国货币监理署（OCC）以及美国消费者金融保护局（CFPB）经过调查，确认富国银行存在未经客户授权擅自开立账户的违法行为，并对其进行处罚。其违法行为如下：

一是在未经客户同意的情况下擅自开立账户，并进行转账。调查发现，富国银行在客户不知情的情况下开设了153万个存款账户，并擅自转移客户资金，导致客户因自己原先开设的账户资金不足甚至透支而缴纳管理费用。大约有8.5万名客户缴纳过此费用，费用合计200万美元。

二是在客户不知道的情况下开设信用卡账户。调查发现，富国银行在客户不知情的情况下，擅自开设了大约56.5万个信用卡账户，这些客户需向富国银行缴纳管理费以及其他费用。大约有1.4万个信用卡账户产生了

40.3 万美元的管理费用。

三是未经客户同意擅自激活信用卡，并由富国银行员工私自设置 PIN 码。

四是创建虚假电子邮件地址，以便向客户隐瞒创建账户的事实。富国银行员工在未经客户同意的情况下创建了非消费者的电子邮件地址，以允许他们顺利地创建虚假账户。

富国银行违法操作的手段及后果如表 4-2 所示。

表 4-2　富国银行违法操作的手段及后果

| 序号 | 业务类型 | 违法手段 | 后果 |
|---|---|---|---|
| 1 | 转账业务 | 未经客户同意，开立存款账户，并进行转账 | 富国银行在客户不知情的情况下开设了 153 万个存款账户，并擅自转移客户资金，导致客户因自己原先开设的账户资金不足甚至透支而缴纳管理费用。大约有 8.5 万名客户缴纳过此费用，费用合计 200 万美元 |
| 2 | 信用卡业务 | 未经客户同意，开设信用卡账户 | 擅自开设了大约 56.5 万个信用卡账户，这些客户需向富国银行缴纳管理费以及其他费用。大约有 1.4 万个信用卡账户产生了 40.3 万美元的管理费用 |
| 3 | 借记卡业务 | 未经客户同意，擅自激活信用卡 | 未经客户同意，擅自激活信用卡，并由富国银行员工私自设置 PIN 码 |
| 4 | 网上银行业务 | 创建虚假电子邮件地址 | 富国银行员工在未经客户同意的情况下创建了非消费者的电子邮件地址，以允许他们顺利地创建虚假账户 |

数据来源：笔者根据公开资料整理。

### 4.1.3　处罚决定及其影响

由于富国银行未经客户同意，利用职务之便盗用客户信息，擅自开设存款账户以及信用卡账户，并私自转移客户资金，导致账户余额不足，客户缴纳了不必要的费用，2016 年 9 月 8 日，美国消费者金融保护局（CFPB）根据《消费者金融保护法》对富国银行处以 1 亿美元罚款，禁止富国银行从事侵犯消费者权益的活动。

由于富国银行没有完善的内部控制体系，未能及时发现员工违法违规行为，没能控制住事态的发展，2016 年 9 月 8 日，美国货币监理署（OCC）决定对富国银行罚款 3 500 万美元。其参考的法律法规主要包括2007 年 9 月颁布的《银行监管程序》、2010 年 1 月颁布的《大型银行监管手册》以及 1996 年 8 月颁布的《消费者合规管理》。

由于富国银行基层员工擅自开设账户，转移客户资金，2016 年 9 月 9日，洛杉矶检察院根据《加利福尼亚州反不正当竞争法》，决定对富国银行罚款 5 000 万美元。

富国银行账户造假案对富国银行产生了重要影响：

一是缴纳巨额罚款。合计罚款 1.85 亿美元。对于富国银行来说，缴纳罚款的损失并不大，更多的损失是事件发酵所产生的后续影响，包括股价暴跌、辞退员工的赔偿、客户的补偿以及客户流失问题。这些问题相对于罚款来说更为严重。

二是股价暴跌。2016 年 9 月 8 日，即三家机构要求富国银行缴纳罚款之后，富国银行的股价暴跌。截至 2016 年 9 月底，富国银行的股价跌幅超过10%。具体参见图 4-1。自 2013 年起，富国银行一直是全球市值最大的银行。富国银行最大的股东——巴菲特，也受到其严重影响。巴菲特的投资控股公司伯克希尔·哈撒韦也因该事件出现了股价大幅下跌的情况，跌幅超过 2%。富国银行丑闻导致其股价大幅下跌，普通的股票投资者有权向司法部门投诉。如果大量的普通股票投资者进行投诉，这笔赔偿费用将是一个不小的数字。

图 4-1　富国银行股价走势

数据来源：笔者搜集公开数据绘制。

2016 年 10 月 4 日，国际评级机构惠誉也将富国公司的评级由"稳定"调整至"负面"。

三是业务损失。富国银行丑闻爆出后，对公司产生的最为严重的影响就是声誉损失，客户对富国银行失去信任，这是银行业最大的信任危机。客户认为被爆出的账户造假只是冰山一角，富国银行可能会有更多不为人知的操作，客户不愿再信任它。很多高净值客户将存款从富国银行取出转至其他银行，这导致大量的客户流失。与此同时，一些地方政府也终止了与富国银行的合作。加利福尼亚州政府终止了与富国银行的所有业务合作，并设定了一年的期限，其中包含提供经纪人服务业务以及投资银行业务。加利福尼亚州政府也拒绝购买富国银行的股票及债券。伊利诺伊州政府停止了与富国银行的交易，西雅图市政府也终止了与其合作的债券承销业务。

四是业绩下滑。受富国银行丑闻的影响，大量客户流失，并裁掉了很多在零售业务线上的基层员工，业绩下滑是不可避免的。首先，对于富国银行而言，零售业务收入占据其总收入的半壁江山。作为富国银行的主要业务，零售业务的萎靡会使其净利润大幅降低。其次，裁掉的大部分员工是零售业务线上的基层员工，很难在短时间内再大规模开展零售业务。

### 4.1.4 富国银行案的反思

本书从两个方面对富国银行账户造假案进行分析，分别是富国银行考核以及激励机制的问题以及富国银行内部控制的缺陷。银行的内部控制机制对激励机制有一定的约束作用。研究发现，银行激励机制存在诸多弊端，而内部控制可以通过监督管理、风险调控等方式对激励机制进行有效的约束，从而减少银行内部的违法违规行为。激励机制以及内部控制机制就像一辆汽车的油门和刹车，二者相辅相成，缺一不可。

4.1.4.1 富国银行考核以及激励机制存在的问题

（1）以考核指标替代企业战略

考核以及激励机制在行业中具有普遍性，因为只有量化成果才能更准确地预测战略目标的实施进度。如果没有明确的指标，战略目标会过于抽象而失去其效用。但是，考核指标不能替代战略目标。

富国银行曾在 2016 年第三季度的财务报告中提出，将尝试"使交叉销售的指标与银行业务的长期战略目标保持一致，并高度相关"。富国银行的长期战略目标是建立长期客户关系。换句话说,富国银行的管理层希望可以通过交叉销售指标来预测战略实施进度,以此实现与客户建立长期关系的目的。具有讽刺意味的是,由于富国银行过度专注于考核指标,反而破坏了许多重要的长期关系。

富国银行丑闻发生的直接原因也在于这一业绩指标不合理。银行会每日跟踪每个员工的指标完成情况,因此员工一直在努力提高产品的销售额。为了更快推进交叉销售的战略目标,银行内部会对员工进行财务激励,同时纵容不当行为的出现,如非法开设账户的情况,最终导致富国银行深陷丑闻当中。对于员工来说,他们并未理解考核指标本身与战略目标之间的差异,并且由于考核指标会引导员工的行为,使得二者之间的偏差越来越大,最终导致银行陷入危机之中。

(2) 过度的指标压力

交叉销售是富国银行的成功利器,引入交叉销售这一业务模式使得富国银行在美国银行业脱颖而出,并帮助其渡过了 2008 年的全球金融危机难关。交叉销售的衡量指标主要是平均每个客户手中所持有的产品数量,它直接反映了富国银行的产品渗透程度。交叉销售的营销模式是尽可能地满足客户的所有金融需求,深度挖掘客户价值,对比盲目开发新客户的方式,这种营销模式更为高效。但是随着外部金融环境的变化以及消费者需求的变化,如果不能及时进行产品创新,可能会导致交叉销售的模式出现边际效应下降的现象,即客户再购买一件产品时,对客户效用的提升并不大。如果公司无法随着时间的推移识别出这些重要的变化,并制定合理的指标要求,那么就会出现严重的问题。

2014 年,富国银行通过交叉销售方式,客户人均持有产品数量已达到 6.29 个,在零售市场逐渐饱和的情况下,这个数字很难再继续增加。但富国银行每天都会为员工设定产品的销售指标,如果未能达到指标,轻则会受到处罚,重则会被解雇。据调查,在富国银行丑闻爆出前,基层员工被要求每天销售至少 8.5 个产品。由于交叉销售目标设置过高,员工在高压情况下,不得不另辟蹊径,在客户未授权的情况下擅自为客户开立账户。

(3) 薪酬激励机制不合理

首先,巨大的薪酬差距会使得员工心理不平衡,进而会影响其工作的积极性。在 2008 年全球金融危机爆发后,富国银行为了保证利润持续增长,不断压低基层员工的工资,与此同时不断提高绩效指标要求。在富国银行丑闻爆出前，基层员工每天需要销售至少 8.5 个产品。如果当天的业绩无法完成，则推到第二天，导致指标不断积压，员工销售压力非常大。而此时富国银行高管的薪酬并没有因此而受影响，社区银行部的高管 Carrie Tolstedt 在因丑闻离职时，富国银行还为其发放了价值 1.24 亿美元的股票。富国银行前首席执行官 John Stumpf 每年的薪酬更是高得让人瞠目结舌。这种巨大的薪酬差距必然会影响员工的职业道德感。

其次，不合理的薪酬激励机制可能会导致高管的短视行为，过度关注短期绩效，忽视银行的长期稳定发展。薪酬激励机制越激进，越会导致高层的短视行为，向基层员工施加的业绩压力越大。薪酬激励本来的目的是解决公司内部的委托代理问题，使得公司的高管和股东利益一致。但是如果业绩指标和薪酬激励紧紧绑定，会导致高管过度关注自身的利益，为获得更多的激励而采取一些欺诈行为。

（4）企业文化扭曲

文化对于一家企业来说是一种非常强大的力量，它无形地指导着人的行为。只有建立了企业文化，做事情才会有章可循。富国银行的图腾是几匹马拉着马车的图案，他们曾向客户保证过，永远不会把马车放在马前面。即他们将根据客户的需求而销售产品，而不是为了销售产品而不顾客户需求。但是这次富国银行账户造假丑闻的发生，说明富国银行已经忘记初心，将马车放到马前面了。

许多企业对外宣传的文化是"以客户为中心，一切为了客户"，但是在企业内部却是另一种文化氛围：利润至上，业绩指标至上。银行业亦是如此，基层员工为了完成考核指标而竭尽全力，有时甚至会使用一些不寻常的方法，而这种现象并不少见。根据美国消费者金融保护局的数据，自 2011 年以来，消费者就开设、关闭、监管银行账户和未经授权的信用卡等问题，提出了约 3.8 万宗投诉。

富国银行的零售人员都有其业绩指标，如果完成指标，将获得相应奖励。但是，如果未能达到目标，则将受到处罚，更有甚者将失去工作。在业绩考核的重压下，欺诈的现象便发生了。在极端情况下，甚至会出现上下级勾结，以分享更多的利益。这样的企业文化，如何能帮助企业走得更远？富国银行出现账户造假的丑闻，并不是偶然事件，扭曲的企业文化会使企业陷入不可预知的风险当中。

#### 4.1.4.2  富国银行内部控制存在缺陷

（1）违法操作得到默许

富国银行丑闻曝光之后，有一位管理人员说，此事是基层员工所为，高层管理人员并不知晓。如果这是实话，这意味着富国银行的内部控制存在着很大的问题，但是更大的可能是他在撒谎。这种大规模的欺诈行为可能得到了高层的默许，是上下级勾结的结果，而出现问题时就让基层员工背锅顶罪。

Carrie Tolstedt 曾担任富国银行社区银行部的高管，也是富国银行账户造假丑闻的核心人物，她主要管理的是零售银行业务以及信用卡业务。在 2011 年之后，富国银行大力推行交叉销售的营销模式，这也使得富国银行成为业界翘楚，Carrie Tolstedt 的贡献也是不可磨灭的。富国银行前首席执行官 John Stumpf 曾在公开场合赞扬 Carrie Tolstedt 在其 27 年的职业生涯中，拥有了十分成功的工作业绩。

2014 年，富国银行曾披露 Carrie Tolstedt 拿高薪的原因，即是其提出的交叉销售这一业务模式为富国银行的发展做出了巨大的贡献。在 2016 年 7 月 Carrie Tolstedt 即将退休之际，也受到了大量的赞扬，富国银行的丑闻并没有对其产生影响，并且富国银行还向其发放了价值 1.24 亿美元的股票。

2016 年 5 月，美国洛杉矶检察方就富国银行丑闻一案对银行的高层进行调查，指控 Carrie Tolstedt 强迫客户购买并不需要的高风险产品。富国银行在当年的股权委托书中，特地避开了向 Carrie Tolstedt 发放高薪的原因，闭口不谈交叉销售策略。

以上种种情况表明，Carrie Tolstedt 推行过激的交叉销售概念，是受到了富国银行高层默许的。显而易见，即使银行内部的监管部门了解这一事实，为了保住银行的短期业绩增长，也会选择性视而不见。

并且据富国银行前员工透露，如果银行内部要进行检查，员工一般提前 24 个小时便得知消息，这使得员工有足够的时间去隐藏自己违法违规的事实，包括开设虚假账户。巨大的利益诱惑，会导致企业内部的风气不正，风险控制部门与基层员工勾结，银行的内部控制系统完全失效，这样的内部监管部门形同虚设，不会起到任何作用。

（2）高层漠视危机

从 2013 年起，媒体就在不断报道有客户发现自己的名下多出许多从未申请过的账户，认为这是不合理的绩效指标以及激励机制所导致的后果。

过度的激励机制会导致员工为了自身利益最大化而从事一些违法违规的活动，例如开设虚假账户。

2011—2015 年，富国银行收到客户的投诉，便将涉案的基层员工解雇，以此作为解决问题的办法。但是这并没有真正解决问题。不从根本上找寻制度的不合理之处，而是将相关人员开除，这会使得问题不断累积，最终导致富国银行账户造假丑闻发生。

（3）公司组织结构不合理

富国银行的决策权非常集中，公司内部的各方权力不够均衡。在富国银行丑闻爆出之前，John Stumpf 同时担任董事长和首席执行官，并且企业内部的董事成员人数相对于其他企业来说也较少，这使得企业内部的权力过于集中，各方力量不能相互制约。董事会更关注短期利益的增长，忽视了银行的长期稳健发展，盲目追求业绩增长而漠视内部控制体系的建设和完善。

富国银行丑闻的本质问题是委托代理问题。股东将决策权交到董事会手中时，应该制定相应的制衡机制，防止董事过度追求自身利益而做出有损于银行长期发展的行为。

### 4.1.4.3 美国的银行监管体系不完善

在富国银行丑闻曝光后，媒体对其前职员进行采访。有前职员说，银行的销售目标无法完成，不得不虚开账户以达到销售目标。富国银行的零售管理者对于员工的这种不道德行为选择性视而不见。但是，富国银行员工如此猖狂的违法行为，是如何躲过外部监管的呢？

实际上，美国的监管部门对金融市场的监管能力是有限的，大多数情况下，它只能对已经显现的金融危机事件进行警告或处罚，而对于金融机构内部十分隐蔽的问题则很难对其进行监测。花旗集团的首席经济学家 Kermit Schoenholtz 曾说，自 2008 年全球金融危机发生之后，美国银行的监管体系更多地依靠银行内部的自我监管。外部的监管部门无法获得和银行内部相同的信息量，银行的内部永远可以获得更多的信息。Kermit Schoenholtz 指出，在外部监管并不完善的条件下，金融机构隐藏自己的违法行为也更加容易。

富国银行大量的账户造假，其违法行为可谓简单粗暴，涉及大规模的基层员工违法行为。对于监管机构来说，直接监管基层员工的难度很大。所以 Kermit Schoenholtz 建议提高处罚金额，让商业银行的管理层有更大的动力进行银行的内部监管。

#### 4.1.4.4 对国内银行及银行监管的启示

我们从对富国银行账户造假案的分析可以看出，考核、激励机制以及内部控制机制对商业银行防控操作风险起着重要作用。富国银行账户造假案的启示具有普遍适用性，对我国的商业银行以及银行监管也有一定的启示，我们需要以此为戒，不断完善我国商业银行的管理体系以及监管机制。

（1）制定科学合理的考核标准

随着我国市场经济的快速发展，富国银行的交叉销售模式被更广泛地运用，银行各部门之间进行信息共享，业务流程无缝对接，客户有了更好的服务体验。与此同时，银行内部不断进行产品创新，以满足客户的各种服务需求，提升自身竞争力。交叉销售可以深层次拓展客户，发掘客户的最大价值，并大幅提高客户忠诚度。但是，如果过分激进拓展市场，对银行基层员工设立过高的考核指标，迫使员工向消费者出售尽可能多的产品，只可能会产生适得其反的效果。这样的交叉销售已经和原始目的相差甚远，久而久之会失去客户信任，既不能及时满足客户的需求，又会对银行的长远发展产生不良的影响。银行高层在设置考核指标时，需要站在客户的角度，结合当前的经济环境，提供客户需要的金融产品。基层员工在完成指标的过程中，也要结合客户的个人经济情况，充分考虑客户的承受能力，不能为了完成指标而强行向客户推销产品，甚至误导、欺诈客户。

在当今的信息社会中，信息的流通速度越来越快、信息的传播方式更加广泛，消费者也更懂得如何保护自己的权益和利益，并且知道如何进行维护和抗争。金融机构必须建立起尊重消费者的良性关系，并通过为客户创造价值来获得更多的客户，否则，失去客户的信任就等于失去了客户，这样的企业最终将退出经济竞争的舞台。尊重客户、互利共赢才是成功的关键。了解客户的真实需求，站在客户的角度，以客户需求为导向，解决客户问题，提供更加有效的服务，不再一味为了销售而销售，才能赢得更多的客户，使银行更加稳定健康地发展。

（2）合理运用交叉销售模式

富国银行丑闻发生的原因不能完全归咎于交叉销售模式的不合理。每一种营销模式都是一把"双刃剑"，会有其优点和缺点。模式本身没有问题，重要的是人们是否能合理地使用它。

近年来，无论是银行业还是国内的其他行业，都在积极运用绩效考核体系，但是，与此同时，对绩效考核体系的诟病也一直层出不穷。绩效考核体系是西方传过来的方法，在当代大企业内部，分工明确，责任清晰，企业、部门以及个人的业绩都可以被精确衡量，绩效考核体系确实十分有用。但是随着行业内的竞争不断加剧，基层员工的绩效指标也随之不断加码。评估指标的制定如果不遵循客观规律，有可能会像富国银行一样，产生欺诈等违法现象。

目前，很多国内银行滥用交叉销售策略，交叉销售变成了全员销售，无论是前台人员还是后台人员，都有着或多或少的销售指标，造成过度销售。全员销售使得销售人员的水平参差不齐，有些人甚至自己都还没有深度了解产品，就盲目地推销给客户。不少员工为了完成指标，不得不求助于自己的亲戚朋友来帮助完成指标，例如求亲友开立新的账户。但是这种账户是无效账户，亲友只是为了帮助员工完成指标而开通，并不是由于需要而开通，所以很多人开通了账户也不会使用，反而会造成银行的成本增加。理想的交叉销售是深度挖掘客户需求，以客户为中心，在客户有多余闲钱的情况下，为其推荐理财产品；在客户想买房子的时候，推荐住房贷款；在客户想留学的时候，提供留学贷款。

对于我国商业银行而言，需要谨慎使用交叉销售的营销模式。如果忽视客户需求，盲目制定严苛的指标，最终也可能会导致为了寻求过高利益，出现铤而走险的违法违规操作。

（3）着力完善内部控制制度

一是董事会和管理层应有效制衡。公司治理机制是根据企业产权关系而建立起来的一种制衡机制。企业的决策力、管理力与监督力三个方面相互配合相互制约是企业管理的核心。首先是首席执行官需要与董事会分离，从结构上为首席执行官独立决策提供便利，明确了双方职责。其次是董事会需要对股东负责，对首席执行官进行严格监督，防止其过分关注短期利益，降低首席执行官过分关注短期利益的风险。最后是董事会以及高级管理层需要对企业的战略发展管理负责任，监事会需要对企业内部进行严格的监督，保护股东以及公司的权益。二是完善内部控制体系。对于富国银行来说，虽然设有内部控制体系，但是流于形式，没有对业务流程进行有效的监管。因此，需要明确监督责任，切实提高监督能力。

## 4.2 汇丰银行洗钱案

汇丰银行是全球最大的金融机构之一,拥有超过 2.5 万亿美元的资产和 8 900 万客户,其 2011 年的利润接近 220 亿美元(2019 年的利润为 133.5 亿美元)。其母公司汇丰控股有限公司(通常又被称为"汇丰集团")总部位于伦敦。汇丰银行在北美、欧洲、亚洲、拉丁美洲、中东和非洲等 80 多个国家/地区拥有约 300 000 名员工和 7 200 个分行(办事处)。

汇丰银行洗钱案涉及的汇丰银行所属机构主要有汇丰美国(汇丰银行美国分行,HBUS),汇丰墨西哥(汇丰银行墨西哥分行,HBMX),此外还包括汇丰中东(汇丰银行中东分行,HBME)和汇丰欧洲(汇丰银行欧洲分行,HBEU)。

2012 年 12 月 11 日,美国司法部宣布汇丰银行违反《银行保密法》(*Bank Secrecy Act*,BSA)、《国际紧急经济权利法》(*International Emergency Economic Powers Act*,IEEPA)以及《敌对贸易法》(*Trading with the Enemy Act*,TWEA)三部法律,参与洗钱而被美国政府严厉处罚,支付罚金和赔偿金共计 19.21 亿美元。

处罚对汇丰银行产生了重大影响:第一,直接的经济损失。被美国监管当局罚款 19.21 亿美元,创下了美国对金融机构罚款的单笔最高记录。即使汇丰银行是一家大型金融机构,其代价也是非常沉重的。第二,业务受到影响。因为无法满足美国的监管要求,汇丰美国被迫停止与 326 家银行的代理关系,并且关闭了 1.4 万个账户。汇丰银行作为一家资产和业务网络遍布全球各地,竞争力很强的银行,业务量急剧收缩,这对其的打击是巨大的。第三,信誉损失。对于银行来说,信用和名声是非常重要的。汇丰银行洗钱案曝光后,其信用价值受损,也是对汇丰银行打击最大的一点。第四,高管辞职。汇丰银行的合规部负责人大卫·巴格利因为汇丰银行的洗钱行为而被迫引咎辞职。

### 4.2.1 处罚决定与依据

#### 4.2.1.1 处罚决定
美国司法部宣布处罚决定后,汇丰银行和美国司法部最终达成和解,双方签订暂缓起诉协议（*Deferred Prosecution Agreement*，DPA），汇丰支付 12.56 亿美元罚金，其中美国司法部 8.81 亿美元、美国财政部外国资产控制办公室（Office of Foreign Assets Control，OFAC）3.75 亿美元；汇丰银行同时支付 6.65 亿美元的民事赔偿，分别是美国货币监理署及金融犯罪执行网络局 5 亿美元和美国联邦储备系统 1.65 亿美元。

暂缓起诉协议（DPA）要求汇丰银行承诺在五年期限内全面整改反洗钱合规体系，同时汇丰银行还同意聘请监督员，全方位监督其整改状况。

### 4.2.1.2 判罚金额的依据

汇丰银行董事会于 2012 年 12 月 11 日签署了《关于签发民事货币罚款评估的同意令》（*Stipulation and Consent to the Issuance of a Consent Order for the Assessment of a Civil Money Penalty*），同意美国司法部、外国资产控制办公室、货币监理署、美国联邦储备系统对其民事罚款额度进行评估，同意支付共计 19.21 亿美元的罚金和民事赔偿款。

从民事赔偿金额决定来看，美国银行监管机构进行民事罚款评估的主要依据是《美国法典》（U. S. C）第 12 篇第 1818（i）（2）F 条。该法将罚款分为三级：第一级适用于较为轻微的违法违规行为，罚款数额每日最多为 5 000 美元；第二级适用于在第一级上加重的违法违规行为，例如银行存在不当行为，造成或可能造成存款机构非重大损失的行为，或是从事能够获利的违法行为，罚款数额为每日 5 000 至 25 000 美元；第三级的罚款额度针对第二级中的违法行为设定最高每日罚款额度，为每日 100 万美元或是违法违规银行资产总额的 1% 两者之中较小的一个值。

汇丰美国的行为符合第二级的罚款要求，其在第一级罚款基础上，造成了不安全或是不稳健的行为，该级别的民事处罚是在持续违法行为的每天支付不超 25 000 美元的罚款。货币监理署记录显示，其违法行为从 2007 年开始，直至 2010 年，实际持续时间达 3 年多。按照第二级的罚款要求，三年时间最高罚款 2 737.5 万美元。这和最后民事罚款判罚的支付货币监理署的 5 亿美元和美国联邦储备系统的 1.65 亿美元有很大的差距。货币监理署对此的解释是罚款金额必须要超过汇丰银行通过其违法违规行为获得的收益额，并且根据《美国法典》第 12 篇第 1818（i）（2）F 条，任何适合的联邦监管机构均可修改或免除该机构根据（A）（B）项评估的罚款，也就是说监管机构对于罚款额度的评估受到较大主观因素的影响，监管机构有较大的自由裁量权，对于一些情节较为严重的违法行为，25 000 美元

/每天的罚款额度并不能成为一个严格的限制。

2001—2007年，通过汇丰美国发送的涉及外国资产控制办公室敏感交易的资金超过28 000笔，涉及金额197亿美元。在这28 000笔交易中，近25 000笔交易涉及伊朗，而另3 000笔交易涉及其他违禁国家或人员。违反美国制裁要求和外国资产控制办公室规定的罚款可能很高，各种事项上的民事罚款从25万美元或每项基础交易金额的两倍到每次违法107.5万美元不等。而在汇丰银行这一案件中，外国资产控制办公室对其处以3.75亿元罚款，也是远远超过了上面所提到的每次违法107.5万美元的罚款额度，这和货币监理署的罚款有着相同之处，即同样存在很强的主观性。

结合前文对于汇丰银行洗钱案件的描述，参与洗钱的机构涉及汇丰美国、汇丰墨西哥、汇丰欧洲、汇丰中东，影响的范围涉及美国、墨西哥、欧洲、中东等地区，从最早的一批洗钱案件开始，案件持续时间近10年之久。2006—2010年，汇丰美国未能监控来自墨西哥汇丰的6 700亿美元电汇和94亿美元现金。2001—2007年的7年时间里，通过汇丰美国发送的涉及外国资产控制办公室敏感交易的资金超过28 000笔，涉及金额197亿美元，其中涉及伊朗的交易有25 000笔，金额为190亿美元，其中85%的交易被隐瞒。2006—2009年，除非客户本身是高风险客户，汇丰美国原则上对所有来自"标准"或"中等"风险国家的交易都不进行监控。在此期间，汇丰美国处理了1亿次交易，总金额300万亿美元，这些交易中有2/3来自"标准或中等风险"国家，也就是说，近200万亿美元的交易完全没有任何的审查和监控。

美国政府最终认定汇丰银行帮助墨西哥和哥伦比亚的贩毒集团洗钱的金额高达8.8亿美元，同时在2000年到2006年期间，违反了美国关于制裁和禁运的法规，为古巴、伊朗、利比亚、苏丹及缅甸的被制裁对象提供金融服务，完成了超过6.6亿美元的业务。最终的罚款金额19.21亿美元完全覆盖了汇丰银行帮助毒贩洗钱及处理被制裁国家的业务之和15.4亿美元。案件的涉及范围广、持续时间长，同时汇丰银行在此期间的反洗钱控制和合规控制表现不如人意等，都是在确定最终罚款金额时需要考虑的重要因素。

### 4.2.2　违法事实与法律依据

#### 4.2.2.1　违法事实

汇丰银行被处罚主要是因为其违反了美国反洗钱法。监管者指控汇丰美国在案件中存在下列违法行为：

第一，反洗钱不力问题长期存在。汇丰美国为存在严重反洗钱缺陷的外国金融机构运营其代理账户，自身反洗钱人员不足，未严格执行对不合格客户的风险评估等。

第二，选择高风险客户。汇丰美国在为汇丰银行分支机构开设代理账户①（correspondent account）之前未能评估与汇丰银行分支机构相关的反洗钱风险，未能识别高风险分支机构。

第三，规避美国财政部外国资产控制办公室禁令，允许汇丰的非美国分支机构避开外国资产控制办公室的"过滤器"进行交易。

第四，无视与恐怖分子的交易，在有证据显示其与恐怖分子有联系的情况下，汇丰美国仍然提供其代理账户给外国银行客户。

第五，清算大量分散的可疑旅行支票。

第六，提供不记名的股票账户。

### 4.2.2.2　汇丰美国违反的相关法律

美国司法部（DOJ）调查汇丰控股有限公司有关通过汇丰美国进行资金转移的犯罪行为，包括受《国际紧急经济权利法》及《敌对贸易法》约束或制裁的实体和个人，这两个法案均由美国财政部外国资产控制办公室负责执行。2010年10月4日，汇丰银行母公司接到美国联邦储备系统理事会对汇丰美国发出的停止令。

第一，汇丰美国承认其故意违反或试图违反《敌对贸易法》，包括限制与古巴交易的法规。同时也承认其故意违反或试图违反《国际紧急经济权利法》，包括限制与伊朗、利比亚、苏丹和缅甸的交易。

第二，汇丰美国承认其故意不建立和维持有效的反洗钱计划，并故意不对外国代理账户进行尽职调查而违反了《银行保密法》。

货币监理署还指出汇丰美国违反了《美国法典》第12篇第1818（s）条的《银行保密法》反洗钱合规计划及其实施法规；《美国联邦法规》第12卷第21.21节《银行保密法合规计划》；此外，汇丰美国违反了《美国联邦法规》第12卷第21.11条《可疑活动报告归档》和《美国法典》第31篇第5318（i）条及其实施细则。

---

① 代理账户是指开户银行为其合作银行在自己银行开设的账户，合作银行可以通过代理账户在开户行进行交易。本书中在汇丰美国开设的代理账户可以提供清算美元电汇、兑现美元支票、买卖美元现金等服务，使这些分支机构能够进入美国金融系统。

《美国法典》第 12 篇第 1818（s）条和《美国联邦法规》第 12 卷第 21.21 节这两条法规都规定反洗钱计划需要遵循下面四点：①制定有效的内部控制程序和政策，以确保持续合规；②指定合规管理官；③制订员工培训计划；④由国家银行或储蓄协会的人员进行合规测试或由外部机构提供具有独立审核功能的测试程序。

汇丰美国在几年的时间里出现了大量的合规问题，足以证明其并没有建立一个有效的内部控制体系，对于存在的反洗钱缺陷没有实施有效的处理措施；反洗钱计划需要有独立审核功能的测试程序更无从谈起；其反洗钱部门的前合规管理官并没有相应的反洗钱知识。这些问题互相影响，不断放大，造成了严重的后果。

《美国法典》第 31 篇第 5 318（i）条规定，"每个在美国为非美国人（包括访问美国的外国个人或非美国代表）建立、维持、管理或运作私人银行账户或代理账户的金融机构，应建立适当的、特定的、必要时增强的尽职调查政策、程序和控制措施，以检测和报告通过这些账户进行的洗钱活动"。汇丰美国在处理汇丰墨西哥、汇丰中东、汇丰欧洲等海外关联机构的代理账户时，在清楚地知道这些账户可能涉及高风险业务的情况下，例如汇丰墨西哥的开曼群岛账户、普埃布拉公司账户，汇丰中东和汇丰欧洲存在涉及伊朗等恐怖主义国家的业务往来等，并没有进行尽职调查，而只是提醒了关联银行之后就不再跟踪这些高风险问题。

《美国联邦法规》第 12 卷第 21.11 条中的（c）（1）项规定，"每当国民银行发现针对银行的任何已知或可疑的联邦刑事违法行为或犯罪行为，涉及银行的交易或通过银行进行的交易时，如果该银行认为这是实际的或潜在的刑事违法行为或者该银行被用来协助进行犯罪交易，并且该银行具有确定其董事、高级职员、雇员、代理商或其他机构关联方之一实施或协助实施犯罪行为的重要依据，无论违法行为涉及多少金额都应按照货币监理署规定的指示，向相应的联邦执法机构和美国财政部提交可疑活动报告（SAR）。"其（4）项规定，"涉及潜在洗钱或违反《银行保密法》的交易总额达到或超过 5 000 美元，如果银行知道、怀疑或有理由怀疑达到 5 000 美元或以上的资金或其他资产交易涉及非法活动的资金，或旨在隐藏或掩盖来自非法活动的资金或资产，以及违反或逃避任何法律或法规的任何交易，都要提交可疑活动报告（SAR）"。

2007 年 9 月，汇丰美国合规管理人员承认，汇丰美国提交的可疑活动报告（SAR）比其竞争对手少得多。汇丰美国每月在代理银行领域提交 3~4个可疑活动报告（SAR），而其同行则每月提交 30~75 个。几年间，它的反洗钱问题列表包括了 17 000 多个可能的可疑活动未审核警报，以及未能根据这些警报及时提交数百个可疑活动报告（SAR），这表明汇丰美国没有遵守对于可疑活动情况及时上报的要求。

### 4.2.3　汇丰银行的违法动机

银行主动实施违法行为，大部分时候都是因为其违法行为能够带来利润。通常而言，通过银行账户来进行违法操作的客户是涉案银行的合作伙伴。大部分银行为了维持长期客户关系，会选择帮助客户隐瞒交易中的违法信息。即使是银行在对客户做出警告时，有些客户也会以其他业务的合作来威胁银行。从银行内部来讲，银行违法行为实际上是业务部门与合规部门抗衡与博弈的结果。

在汇丰银行洗钱案中，汇丰美国的支付和现金管理（payment and cash management，PCM）部门、个人金融服务（personal financial services，PFS）部门、商业银行（commercial banking，CMB）部门、商业和机构银行（commercial and institutional banking，CIB）部门、跨货币支付业务（multicurrency payments department，MPD）部门、国际私人银行业务部门、全球债券（the global bank notes department，GBN）部门等，接触的客户数量大、范围广，而对于那些能带来不菲利润的客户，这些业务部门并没有过多地调查其信息，甚至在知道客户触犯美国法律的时候，还会帮助客户隐藏、删除甚至修改交易信息，通过规避掉敏感词汇来避开外国资产控制办公室的"过滤器"监控并完成交易。

比如，2007 年，汇丰墨西哥的合规部门在处理墨西哥普埃布拉（Puebla）公司涉及洗钱问题的时候，提议应该关闭 Puebla 公司在汇丰墨西哥的账户，但是遭到汇丰墨西哥业务部门的阻止。汇丰墨西哥首席执行官保罗·瑟斯顿（Paul Thurston）最终于 2007 年 7 月决定关闭 Puebla 公司的账户，但是汇丰墨西哥的业务部门并没有按照指令关闭或冻结其 Puebla 账户，而是仍然允许 Puebla 公司继续使用汇丰墨西哥在汇丰美国的代理账户。

又如美国西格公司参与洗钱犯罪案。2008 年，汇丰银行合规负责人大卫·巴格利建议关闭西格公司的账户，并指出其存在严重的系统性违法行为，但是遭到汇丰墨西哥商业银行部门（CMB）的反对，该部门希望保持该账户。

外国资产控制办公室禁止持美国银行牌照、在美国本土经营的银行与伊朗的国民或法人进行直接的资本或贸易往来。汇丰中东和汇丰欧洲多次进行了涉及伊朗的掉头交易（U-turn transaction）①，但其中许多交易信息都没有按照规定透露给其交易伙伴——汇丰美国，尽管它们知道汇丰美国不能处理这些掉头交易。

从这些例子能够看出，汇丰银行的合规部门也提出了反洗钱、反恐怖主义的相关要求，对于这些问题表现出了很强的重视程度。但是业务部门直接对接客户，更加清楚放弃这些客户将带来巨大损失。在利润的驱使下，汇丰银行境外分支机构高管在遇到这种两难情况时也会偏向于业务部门，最终造成长期持续的违法行为。

### 4.2.4　参与洗钱犯罪的主要金融机构

汇丰银行是全球最大的金融机构之一，其分支机构之间形成了巨大的关系网络，几乎覆盖了全球的每一个角落，其庞大的资金流动能够给犯罪分子洗钱提供很好的掩护，使汇丰银行成了犯罪分子的帮手。

参与汇丰银行洗钱案的金融机构不仅仅是汇丰美国，还有汇丰墨西哥、汇丰中东、汇丰欧洲等。本小节介绍这些机构的所作所为，以及与汇丰美国的联系，阐述它们作为金融中介是如何参与到汇丰银行洗钱案中来的。

#### 4.2.4.1　汇丰美国

汇丰美国是汇丰银行在美国的分行，它在汇丰体系中具有十分重要的地位和作用。2010 年，汇丰美国的支付和现金管理（PCM）部门拥有约 2 400 个客户，其中约 80 家是汇丰银行的分支机构，汇丰美国为汇丰银行分支机构开设了代理账户，通过提供清算美元电汇、兑现美元支票、买卖美元现金和其他服务使这些分支机构能够进入美国金融系统。其中一些汇丰银行分支机构在高风险国家/地区运营，为高风险客户提供服务或提供高风险金融产品。尽管美国的法律和法规明确要求在美国本土经营的银行

---

① U-turn transaction（掉头交易），是被禁止的金融交易，指由 A 国家的银行通过离岸银行为 B 银行牟取利益。在此事件中，U-turn 交易是为伊朗客户在非伊朗银行的金钱进行转账，如英国、中东等地银行，这些钱在美国进行清算。但这些钱既不能从伊朗输出，也不能汇入伊朗。

在为任何外国金融机构开设代理账户之前都应进行尽职调查，但多年来汇丰美国在向汇丰银行海外分支机构提供代理账户服务时并未对其进行严格的尽职调查或风险评估。

汇丰美国之所以卷入洗钱犯罪之中，与其内部管理不力有直接关系。汇丰美国在和与其关联的汇丰银行海外分支银行进行交易时，这些海外分支银行有时为了维护自己与客户的联系，故意选择删除或是屏蔽交易记录中的敏感词汇，这也使得汇丰美国的反洗钱工作质量受到影响。除此之外，汇丰美国的支付与现金管理部（PCM）、政府和机构银行部（GIB）等部门为了维持自己部门的利益，常常会无视洗钱风险。这样，一个关联着全球的、在世界各地有着众多客户的著名金融机构，居然也成了毒贩、恐怖主义者等不法分子洗钱、转移资金的帮手！

### 4.2.4.2　货币兑换处

墨西哥的货币兑换处（casas de cambio，CDC）是经墨西哥财政和公共秘书处（SHCP）及证券委员会（CNBV）许可的货币服务公司，其主要业务是将外币兑换成墨西哥比索。在墨西哥，货币兑换处未获得银行牌照，不能吸收存款，也不能通过支票服务或储蓄账户提供其他银行服务。相反，货币兑换处通常仅限于接受来自客户的货币并兑换为另一种货币，然后将其交给客户或将其转移到另一个国家的金融机构中。

在美国，一些货币服务公司（有时被称为货币汇款人）提供类似的跨境服务，帮助美国境内的个人将美元电汇到墨西哥，然后由墨西哥货币兑换处（CDC）将美元兑换成墨西哥比索并支付给指定的接收者。墨西哥的货币兑换处和美国的货币服务公司有稳定的定期使用其服务的客户群体，但是有时也会服务于那些未预约的客户（walk-in customer）。实际上，这些未预约或者非长期的客户，本身就存在着很大的洗钱风险，他们的交易信息通常不真实。

### 4.2.4.3　汇丰墨西哥

2000年，汇丰银行收购了墨西哥一家小银行——共和国国家银行，并成为汇丰银行墨西哥分行。2002年，汇丰墨西哥又收购了墨西哥另外一家银行——Bital银行，该银行在墨西哥的代理行存款（correspondent banking deposits）为6.47亿美元，在开曼群岛有7亿美元，在纽约有1.43亿美元。

汇丰墨西哥与汇丰美国有着广泛的联系，它通过代理账户和纸币账户

（banknotes accounts）① 获得美元服务。汇丰墨西哥主要使用其汇丰美国代理账户来处理国际电汇和清算美元货币包括旅行支票，汇丰墨西哥与汇丰美国的支付和现金管理（PCM）部门有密切的业务联系。此外，汇丰墨西哥与汇丰美国的全球钞票业务部门密切合作，汇丰墨西哥主要使用其在汇丰美国的纸币账户将从客户那里收到的美元现钞出售给汇丰美国，直到2010年全球钞票业务终止为止。汇丰墨西哥通常通过武装车辆或飞机将现金运送到汇丰美国。在2006年11月到2007年2月的三个月中，汇丰墨西哥向汇丰美国输送了近7.42亿美元现钞。在2008年的最高峰时期，汇丰墨西哥在一年内向汇丰美国输送了40亿美元的零散现金。在2009年1月之前，汇丰墨西哥向汇丰美国出售的美元现金超过了任何其他墨西哥银行或汇丰银行分支行。

下面通过三个案例介绍汇丰墨西哥与客户公司的业务形式，从而帮助大家了解汇丰墨西哥是如何获得大量现金的。

（1）普埃布拉（Puepla）公司

普埃布拉公司是墨西哥货币兑换处类型的货币服务公司，成立于1985年，是汇丰墨西哥的长期客户，早在20世纪80年代就与汇丰墨西哥的前身Bital银行建立了业务联系。2004年，普埃布拉公司还在汇丰美国开设了美国纸币账户。

2007年5月16日，美国佛罗里达州联邦法院发出逮捕令，并冻结或扣押了普埃布拉公司在迈阿密的美联银行（Wachovia）以及在伦敦的美联银行的存款，资金总额超过1 100万美元。原因是发现普埃布拉公司及两名警官和另外两个人涉嫌走私毒品和洗钱。这件事情发生后，引起了汇丰墨西哥合规部门对于普埃布拉公司账户的关注。2007年7月上旬，汇丰墨西哥的合规部门负责人在向汇丰银行合规部门提交的每周报告中披露，汇丰墨西哥考虑关闭普埃布拉公司账户。该项举措受到汇丰墨西哥业务部门的反对，它们不同意合规部门负责人的建议。2007年7月中旬，汇丰墨西哥首席执行官保罗·瑟斯顿同意关闭该账户。但四个月过去了，汇丰墨西哥仍没有关闭或冻结其普埃布拉公司账户，并允许普埃布拉公司继续使用

---

① 纸币账户主要是汇丰美国为其全球钞票业务开设的账户，又可以称之为"钞票批发业务"，是一种大规模买卖现金货币的业务，其客户主要是有大规模现钞需求的机构，比如货币兑换商、金融机构甚至中央银行。

汇丰墨西哥在汇丰美国的代理账户。直至汇丰墨西哥收到墨西哥司法部部长的扣押令后,才终于在 2007 年 11 月关闭了该账户。从 2007 年 1 月 1 日至 10 月 31 日,汇丰墨西哥在这 10 个月的时间里通过其在汇丰美国的汇丰墨西哥代理账户清算了大约 650 笔电汇交易,而普埃布拉公司是交易的发起人或受益人。

(2) 西格公司(Sigue Corporation)

西格公司是一家总部位于加利福尼亚州的美国特许货币服务公司,其主要业务是代表第三方将资金从美国转移到墨西哥和拉丁美洲。西格公司通过超过 7 500 个授权代表或遍布美国的代理商网络完成美元汇款,其中大多数是小型企业。

2007 年 1 月至 2007 年 12 月,西格公司通过汇丰墨西哥在汇丰美国的代理账户完成了 159 笔电汇,交易金额达 4.85 亿美元,所有电汇都是由西格公司发起的,并已发送到其自己的汇丰墨西哥账户。根据西格公司的说法,2007 年,西格公司通过其汇丰墨西哥账户总共汇出了超过 18 亿美元的电汇到墨西哥的西格公司客户手中。

2008 年 1 月,西格公司与美国司法部、禁毒署和美国国税局签订了"暂缓起诉协议"。西格公司承认未能维持有效的反洗钱计划,在 2003 年至 2005 年期间"严重、系统地"违反了美国反洗钱规定,进行了数千万美元的可疑金融交易,其中美国秘密代理商通过西格公司转移的毒品收益总计超过 500 000 美元,这些收益分别通过 22 个州的 59 个单独的代理商发送出去。西格公司并且承认其未能充分监控和控制其代理商,称对其大部分代理商没有控制权。

其实早在 2007 年时,汇丰墨西哥的合规部希望汇丰墨西哥关闭西格公司账户,但是遭到汇丰墨西哥商业银行部(CMB)的反对,最终汇丰墨西哥首席执行官保罗·瑟斯顿决定保留该账户,并继续向西格提供服务,使其通过汇丰美国的汇丰墨西哥账户进行美元交易。

尽管西格公司不是汇丰美国的客户,但它是汇丰墨西哥的客户,如果有犯罪分子想要将资金转移至墨西哥,他们只需要找到负责西格公司汇款业务的代理商,这些代理商有直接和汇丰墨西哥在汇丰美国的代理账户对接的权限,并且西格公司对大部分代理商并没有控制权。这样便可以通过汇丰美国的汇丰墨西哥代理账户将非法资金跨境转移到墨西哥境内。

（3）开曼群岛美元账户

2002年，被汇丰墨西哥收购之前的 Bital 银行已经获得了墨西哥和开曼群岛当局的授权，设立了开曼分行，可以向开曼群岛客户提供银行账户。完成收购后，汇丰墨西哥继承了该开曼分行。汇丰墨西哥通过其在开曼群岛开设的分支机构为当地客户开立美元账户，开曼分行账户可以通过汇丰墨西哥在汇丰美国的代理账户来进行美元交易，从而为那些高风险账户持有人提供了将其资金汇入美国金融系统的服务。实际上，汇丰墨西哥并未为开曼分行在汇丰美国单独开设代理账户，而是将开曼分行账户交易纳入了汇丰墨西哥在汇丰美国的普通代理账户中，这种做法增加了美国监管当局识别非法交易风险的难度。

2005年时汇丰墨西哥只有 1 500 个开曼分行账户，2008 年高峰时达到 50 000 个开曼分行账户，总资产接近 21 亿美元。但这些账户中有 15% 没有按"了解你的客户"（know your customer，KYC）的要求提供信息。2012年1月，开曼分行 21 000 个客户持有约 24 000 个活期存款和定期存款账户，价值 6.57 亿美元。

早在 2008 年，汇丰墨西哥监视系统识别出"大量汇丰墨西哥开曼群岛客户向一家涉嫌参与向毒品卡特尔提供飞机的美国公司进行汇款"。汇丰墨西哥首席执行官佩纳认为，"开曼和墨西哥的美元账户为我们提供了 26 亿美元的廉价资金。如果我们告诉客户我们不再接受美元现钞，我们可能会损失很大一部分客户"。货币监理署的评估报告显示，至少有 75% 的开曼群岛账户文件信息不完整。最终迫于监管压力，汇丰墨西哥于 2009 年 7 月基本完成了对开曼群岛账户的客户信息补充工作，同时关闭了 9 000 个开曼分行客户账户。

汇丰墨西哥从事的这几项业务有一个共同点：都是汇丰银行收购的 Bital 银行原来自带的业务，并且都没有受到严格的监管。墨西哥本身的金融监管相对宽松，这就给汇丰墨西哥在法律监管的盲区开展业务提供了机会。这些业务可以为汇丰墨西哥带来大量的廉价资金，同时银行的业务也能得到快速扩张，这对于汇丰墨西哥来说有很大的诱惑力。即使最后美国监管机构发现了这些业务存在很大的洗钱风险，要求汇丰墨西哥对其进行整改，也遭到了其业务部门的反对，因为这涉及它们的利益。

我们还可以发现，汇丰墨西哥在相当长的时间内从事着与非法交易有关的业务。其中，与普埃布拉公司的业务持续时间为 2002 年至 2007 年，与美国西格公司的业务持续时间为 2003 年至 2008 年，从事开曼群岛账户业务的时间为 2002 年至 2009 年。

上述三个例子中涉及四个层面的机构，包括美国监管者、汇丰美国、汇丰墨西哥、普埃布拉公司/西格公司/汇丰墨西哥开曼分行。美国监管者只能够对汇丰美国的合规部门提出要求，而汇丰美国的合规部门是与汇丰墨西哥的合规部门进行沟通的，很难直接对汇丰墨西哥的业务部门进行检查。这就是为什么美国监管者在发出关闭业务的指令后，汇丰墨西哥的业务部门一直没有反应的主要原因。

### 4.2.4.4 汇丰欧洲和汇丰中东

从 2001 年到 2007 年，汇丰欧洲和汇丰中东通过汇丰美国进行了多次涉及伊朗的掉头交易，但其中许多重要交易信息都没有透露给汇丰美国。为了确保汇丰美国能立即清算交易，汇丰欧洲会定期更改交易文档，以删除有关伊朗的信息，因为这些信息可能使汇丰美国的交易触发美国的外国资产控制办公室设置的"过滤器"。为此，汇丰欧洲通常将交易描述为在外国资产控制办公室许可辖区的银行之间的普通转账。

2003 年，汇丰中东商业计划书预计每天用掉头交易为伊朗的银行处理 700 亿美元的付款，汇丰中东每年可获得 400 万美元的收入。如果不帮助处理这些业务，将会威胁到现有的伊朗业务，这些业务每年能产生 200 万美元的收入。汇丰中东牵头与伊朗打交道，向伊朗银行提供银行服务，其故意隐藏交易中与伊朗相关的敏感词汇，是汇丰美国在不触发外国资产控制办公室"过滤器"的情况下处理伊朗交易的关键。汇丰中东在 2003 年的一份备忘录里提供了一份附录，详细说明了伊朗现有的和潜在的商机，同时指出汇丰欧洲已经拥有"许多伊朗银行现有的美元账户，用于支付清算"。备忘录最终认为"伊朗将成为集团未来的收入来源，虽然我们知道汇丰美国关注与伊朗有关的交易，但坚信通过努力，我们可以使用完全合法的方式并根据相关监管机构制定的规则来解决有关问题，否则集团会失去有巨大潜力和未来价值的市场"。当年 10 月，汇丰中东便提议扩大在伊朗的美元清算业务，从而增加了汇丰美国处理伊朗交易的压力。

2003 年，伊朗的年度国际贸易业务价值为 250 亿美元，其中 80% 以美元计价。这些海外分支机构的行为无疑增加了汇丰美国处理伊朗交易的压力。汇丰欧洲支付和现金管理部门（PCM）向"向包括伊朗中央银行在内的其他伊朗商业银行等四家银行提供服务"。

2005年7月，汇丰集团合规部发布了集团通函（GCL），明确禁止所有汇丰银行的分支机构和办事处参与外国资产控制办公室（OFAC）规定禁止的任何美元交易、付款或活动。但是从后来的情况来看，汇丰欧洲和汇丰中东仍继续通过其在汇丰美国的代理账户开展未披露的伊朗交易。

4.2.4.5　日本北陆银行（HOKURIKU bank）

北陆银行是日本一家地区性银行，拥有2 800多名员工和185个分支机构。北陆银行是汇丰美国的支付和现金管理（PCM）部门的客户，北陆银行在汇丰美国有两个账户，编号分别为50 385和34 738。

2004—2005年，北陆银行每月兑现了越来越多的资金到其第50 385号账户中，从2004年4月总计约209 000美元的36个项目，增至2005年3月的109个，这些项目的总价值超过430万美元。在2004年这一年中，北陆银行在汇丰美国总共交易了24 000笔，总价值为1 120万美元。

根据北陆银行的数据，从2005年到2008年10月，汇丰美国每年为该行清算的旅行支票总额在7 000万至9 000万美元之间，在不到四年的时间内总计清算了超过2.9亿美元的旅行支票。汇丰美国称，在2008年的某个时候，它正在为北陆银行清算旅行支票，平均每天500 000美元至600 000美元，这里面包括一批按顺序编号美元旅行支票，面额为500美元或1 000美元，并由同一个人用难以辨认的笔迹签名，这些支票分别付给30个不同的公司或个人，这些公司或个人全部声称从事二手车业务。支票是从同一家俄罗斯银行购买的，以存入他们在日本的账户中，支票的受益人是北陆银行的客户。当汇丰美国向北陆银行询问这些客户以及俄罗斯人每天在日本兑现大量美元旅行支票以存入日本背后的商业目的时，北陆银行声称几乎没有客户信息，也没有了解客户的银行交易。

汇丰美国在2005年、2006年、2007年、2008年分别为北陆银行清算了大约7 700万美元、7 200万美元、9 000万美元和5 200万美元的旅行支票。大量的旅行支票业务为北陆银行带来了不菲的收益。

2007 年初，货币监理署开始对汇丰美国邮袋活动①（pouch activity）进行反洗钱检查，包括对旅行支票业务的检查。2008 年，在货币监理署的敦促下，汇丰美国停止接受北陆银行的旅行支票，并向货币监理署承诺计划在 30 天内关闭北陆银行账户。但是，货币监理署在 2010 年的另一项反洗钱检查过程中再一次发现汇丰美国与北陆银行之间仍然保持着联系。直到 2012 年 5 月，汇丰美国才关闭了北陆银行的代理账户。

### 4.2.5　主要的洗钱工具

我们在介绍参与汇丰银行洗钱案的金融机构时，也简单地提到了用来洗钱的金融工具，例如旅行支票、代理账户等，这些金融工具通常都具有隐蔽性较好、转移资金额大等特点。本小节将详细介绍这些金融工具在洗钱过程中发挥的作用及运作机制，讲述这些金融工具如何将犯罪分子手中的非法收益转换成合法资金。

#### 4.2.5.1　汇票

汇票是出票人签发的，委托付款人在见票时，或者在指定日期无条件支付确定的金额给收款人或者持票人的票据。作为世界三大票据之一，汇票也是一种通用的洗钱工具，可用于将许多金融犯罪、走私毒品贩运收益存入银行账户，或者将走私和欺诈所得的非法收益存入银行账户。

汇票通常以高美元面额发行，并且在汇票金额低于某一限定值时，可以匿名购买。大多数的汇票销售者/发行者和汇票的购买者没有任何关系，购买汇票所需的信息也很少，使得执法部门即使发现可疑情况也很难追踪。

在汇丰银行洗钱案件中，墨西哥的货币兑换处（CDC）和毒贩使用汇票洗钱有着密切的联系。汇票的存在使得毒贩更容易将贩毒的零碎收益转换为一张大额汇票，汇票更容易被从美国批量运到墨西哥。汇票到达墨西哥的货币兑换处，货币兑换处将贩毒收益兑现到墨西哥毒贩在汇丰墨西哥的账户中，最终大量资金流入汇丰墨西哥的银行账户，而墨西哥对这些货币兑换处并没有完善的监管措施。汇丰墨西哥也不在意这些资金从何而来，因为这让它们能够获得更多的廉价资金。汇票洗钱示意见图 4-2。

---

①　邮袋是指一个信封或包裹。邮袋活动是指由普通承运人、快递公司或推荐代理商从另一国家/地区发送或接收和处理邮袋，最终运送邮袋到银行的活动。这里的旅行支票通常是由一个金融机构通过邮袋发送给另一家的。

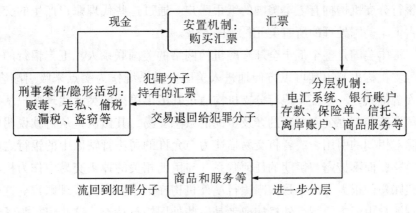

图 4-2　汇票洗钱示意

#### 4.2.5.2　旅游支票

旅行支票是一种由金融机构发行和管理，使用者需要付费购买的支付工具。它们可以以各种货币和面额发行，并带有序列号，如果丢失或被盗，发行金融机构可以追溯购买情况，或者更换支票或退钱。使用旅行支票可减少旅行时携带现金的不方便，并可以保护自己资金的安全。一些金融机构仅向现有客户签发此类支票。

美国金融监管机构一直警告金融机构，使用旅行支票存在较高的洗钱风险，特别是当客户是非长期客户或未预约的客户时。用现金购买旅行支票，并将大量资金跨境转移时，银行的审查部门大部分时候难以辨别旅行支票的签名，从而无法确认旅行支票的收款人和付款人是不是同一位，因此购买旅行支票就会成为毒贩或恐怖分子用来转移资金的手段。旅行支票转移资金的隐蔽性较好，但是当兑付的旅行支票的序列号是连续的顺序号时，洗钱的嫌疑通常比较大。

2008 年，在 16 天的时间内，有人从汇丰墨西哥分四次购买个人旅行支票，每次价值在 20 000 美元到 30 000 美元之间，总计达到 109 000 美元。所有支票都是相同的难以辨认的签名，并付给墨西哥同一玩具公司。2011 年，面额分别为 500 美元和 1 000 美元的 188 张顺序编号的旅行支票在美国一家银行被分成了 9 次进行购买，总金额 11 万美元。随后在 2011 年 4 月至 6 月的三个月中，所有 188 张支票都汇入了汇丰墨西哥的下属分支机构中，同样使用了难以辨认的签名。

#### 4.2.5.3　汇丰美国的代理账户

有 80 多家汇丰银行分支机构在汇丰美国拥有代理账户，至少 29 家汇丰银行分支机构拥有汇丰美国的纸币账户。通过这些代理账户产生的交易额占汇丰美国处理的所有美元付款的 63%。

汇丰美国是整个汇丰全球金融机构网络的美国联系人，汇丰银行的一些分支机构也利用其可以方便地进入美国金融系统作为卖点来吸引顾客。前面曾提到，一些汇丰银行分支机构通过其汇丰美国的美元代理账户从事外国资产控制办公室禁止的涉及伊朗的敏感交易，其做法是从付款说明中删除对伊朗的引用，或者将交易描述为与允许的司法管辖区中的银行之间的转移，而不披露与伊朗的任何联系。与伊朗相关的掉头交易中作为核心枢纽账户的很大一部分是汇丰银行境外机构在汇丰美国的代理账户。这些代理账户由汇丰银行境外机构或者是一些外国银行持有，这些银行为了维持与客户的长期关系，会尽可能帮助客户完成交易，比如删除（隐瞒）汇款人的相关信息以躲过外国资产控制办公室"过滤器"的审查，这样就会造成汇丰美国在检查交易信息时不能捕捉到敏感词汇。

通过代理账户进行交易的洗钱方式几乎覆盖了汇丰银行大部分洗钱犯罪，像前面提到的汇丰墨西哥、汇丰中东、汇丰欧洲，这些汇丰美国境外分支机构都持有汇丰美国的代理账户，也就方便了它们使用这些代理账户为自己的客户服务。例如将一个外国客户的资金转入美国境内，或者将汇丰美国作为中介，把一个外国客户的资金转入另一个外国银行客户的账户中。汇丰集团本身对于代理账户的把控也并不严格，当合规部门发现一些机构的客户存在高风险时，只是要求其关闭这些客户账户，并没有去处理这些机构在汇丰美国的代理账户，因为这可能影响到整个集团的盈利。

### 4.2.6　美国反洗钱监管——机构、流程与法律

#### 4.2.6.1　机构

监管是制止和处罚违法犯罪行为必不可少的环节，监管机构在其中起着关键作用。在违法违规行为发生前，需要制定对金融机构监管的具体流程，尽可能提前发现问题，避免违法违规行为的发生。当违法违规行为被发现时，又要依据相应的法律对违法违规机构进行处理。

本小节主要介绍汇丰银行洗钱案中关键的监管机构——货币监理署对汇丰美国进行监管的具体流程，以及相关的反洗钱法律和《联邦存款保险法》对银行违法违规行为的罚款评估规定。

2003 年 4 月 30 日，美国联邦储备系统和货币监理署两个监管机构与

汇丰美国签订正式反洗钱协议，要求汇丰美国"升级和改善"其反洗钱内部控制。

2003 年 7 月 1 日，货币监理署从美国联邦储备系统手中接过对汇丰美国的监管权。2005 年 3 月 31 日，货币监理署出具了对汇丰美国的检查报告（覆盖 2004 年 7 月 1 日至 2005 年 3 月 31 日）。尽管该报告指出了 30 个需要注意的事项，但仍认为汇丰银行在这一年的时间里在反洗钱方面取得了重大进展。检查报告书的结论是："货币监理署审查员审查了该手册的遵守情况，该银行在技术上符合要求。"此外，在对汇丰美国某些高风险领域进行有针对性的反洗钱检查之后，货币监理署考虑终止 2003 年签署的反洗钱协议。但实际上，鉴于 2003 年对汇丰美国检查所描述的反洗钱存在的问题的广度和深度，以及汇丰美国纠正其反洗钱缺陷的时间相对较短，检查报告书得出的正面结论看起来不是很明智。后来的情况充分说明了这一点。

2005 年到 2006 年初，货币监理署审查员依据《反洗钱手册》对汇丰美国进行了七次检查，审查了汇丰美国多个业务风险较高的部门，包括使馆银行部、全球债券部、外国代理银行、电汇和国际私人银行等，每次检查都发现了严重的反洗钱缺陷，在短短 12 个月内指出了 30 个需要注意的事项。但是 2006 年 2 月 6 日，货币监理署还是认为汇丰美国已满足反洗钱规定的条件，并终止了反洗钱协议。检查报告书显示，汇丰美国拥有"令人满意的银行保密法（BSA）合规计划"，其控制总体上有效，并且"未发现任何违反法律的行为"。同时也指出"每次检查都会出现需要注意的事项，通常是不遵守内部政策和程序"。可以看出，汇丰美国的反洗钱工作总的来说得到了货币监理署的认可。

2007 年 7 月 24 日，货币监理署的年度检查报告出现了更为负面的评价。这次的检查报告首次提及需要加强汇丰美国对邮袋服务的反洗钱控制，包括银行支票、汇票和旅行支票等支付工具。2007 年底，货币监理署对汇丰美国完成了 21 项反洗钱检查，发现了许多严重的反洗钱问题。货币监理署审查员最初建议采取正式的执法行动，但最后主审官的结论是，尽管存在严重的反洗钱缺陷，但问题并没有上升到违反法律的程度，因此不符合货币监理署发布禁止和停止命令的标准。

2008 年 7 月 15 日，货币监理署发布了对汇丰美国的年度检查报告。这次报告自 2004 年以来首次提及使馆银行服务，但报告未提及任何与反洗钱问题相关的"需要注意的事项",原因可能是 2008 年的全球金融危机掩盖了反洗钱检查的相关问题。使馆银行服务归属于汇丰美国政府和机构银行部(GIB)。到 2006 年 1 月,汇丰美国拥有超过 2 500 个使馆账户①,有约 4.85 亿美元的存款。检查报告指出,当汇丰美国合规部要求使馆银行部客户关系经理提供其中一个高风险账户的信息时,合规部门并没有得到足够的解释。在某些情况下,客户关系经理需要长达四个月的时间来获得客户的答复。此外,检查发现汇丰美国使馆银行部在没有遵从反洗钱规定的情况下就开设了新账户,这违反了银行程序,导致账户活动不受监控。最后货币监理署检查员的结论是:"汇丰美国的政府和机构银行部(GIB)的反洗钱计划在识别和减轻风险方面没有效果,特别是考虑到其客户的性质以及所提供的产品和服务的类型。"检查员建议发布停止令,要求立即采取纠正措施,并禁止开立新的使馆银行账户,直到实施有效的反洗钱控制。但是,货币监理署仍然决定不对汇丰美国使馆银行业务部发出停止令,也不采取任何其他非正式或正式的执法行动。

2009 年,货币监理署对汇丰美国又进行了八次反洗钱检查,重点是汇丰美国的邮袋活动、使馆银行业务和支付与现金管理服务有关的业务,评估了汇丰美国对外国资产控制办公室规定的遵从性,以及代理银行、私人银行的反洗钱计划。2009 年 6 月,美国国土安全部移民与海关执法(ICE)部门负责调查汇丰美国可能存在的非法毒品洗钱活动。这一行动增强了货币监理署对于汇丰美国问题的关注,要求反洗钱审查员对汇丰美国的反洗钱计划进行全面审查,而不仅仅是专注于特定银行服务或部门的反洗钱问题。

2010 年 4 月 28 日,货币监理署向汇丰美国提交了年度审查报告,并提到汇丰美国违反了法律,首次在汇丰美国的骆驼(CAMELS)管理评级②中讨论了汇丰美国的反洗钱问题。2010 年 9 月 13 日,货币监理署发出了长达 31 页的监督函,详细说明了汇丰美国的一系列重大反洗钱违法问题。

---

① 使馆账户又称为"外交账户",是指为各国驻美国大使馆开设的银行账户,这些大使馆可以通过该账户获得汇丰美国提供的服务。外交账户通常涉及外国政要,会存在较高的政治风险,也会存在洗钱风险。

② 骆驼评价体系是美国金融管理当局对商业银行及其他金融机构的业务经营、信用状况等进行的一整套规范化、制度化和指标化的综合等级评定制度。其有五项考核指标,即资本充足率(capital adequacy)、资产质量(asset quality)、管理水平(management)、盈利状况(earnings)和流动性(liquidity)。

2010年10月，货币监理署向汇丰美国发出了停止令。货币监理署的停止令要求汇丰美国向其提交全面的《银行保密法》/反洗钱行动计划，达到完全合规并确保银行拥有足够的流程、人员和控制系统来执行并遵守规则。要求银行雇用合格的合规管理官和合格的反洗钱永久官员。要求银行进一步改善其反洗钱监控系统，包括资金转移监控以及开发和维护客户信息管理系统（MIS），增强尽职调查，其中包括识别离岸往来账户和识别外国政要（他们是担任过重要公职的外国人，其涉及贿赂和腐败的风险比较高）。停止令停止了汇丰美国产品的增长计划、新产品和高风险产品线业务，需要货币监理署批准后才能重新进行大额现金汇兑业务。

4.2.6.2　工作流程

（1）主审官制

如果被监管机构是一家大型银行，货币监理署相关地区办公室会指派一名主审官（Examiner-in-Charge，EIC）并带领一组审查员在银行开展现场检查。为保证检查工作的独立性，货币监理署规定主审官在指定机构的检查工作时间不能超过五年，满5年后主审官将被换到另一家银行负责检查工作。审查员也分配给指定的银行，但是没有五年任期的限制。

（2）审查流程

第一步，主审官负责拟定年度监督策略，制订前瞻性工作计划。

第二步，进行有针对性的检查。根据监督策略，全年进行一系列专门或针对性检查。在每次有针对性的检查开始前约30天，货币监理署将通过书面要求函（request letters）向银行发出检查的事先通知，包括银行应提供的材料清单。然后，检查员对银行信息科技、消费者投诉、社区再投资法以及信托等特定领域进行检查，并撰写备忘录。这里的检查内容和程序同样是根据《反洗钱手册》制定的。

第三步，主审官将检查报告的草案发给货币监理署在华盛顿的高级副主审计长以供审核。

第四步，向被审查银行发送检查报告（ROE）。

第五步，货币监理署针对银行的问题，分别采取正式或非正式的执法行动。

（3）监督检查报告

监管机构检查结束时会出具一份检查报告（ROE），分析金融机构反洗钱程序中的安全性和稳定性问题。如果监管机构对金融机构的状况感到担忧，就会采取一系列非正式和正式的执法行动。非正式行动被视为自愿行动，包括要求金融机构发布安全与稳健计划、董事会决议或承诺书、监管机构和董事会双方签署谅解备忘录等。该类行动是非公开的，不能由法院强制执行。正式的执法行动是走法律程序，可以包括发出同意命令或停止和终止命令，要求金融机构停止不安全或不稳健的做法或采取行动以纠正已发现的问题。

### 4.2.6.3　主要的反洗钱法

美国联邦法律将洗钱定义为"非法现金或现金等价物流入、流出或通过美国金融机构的活动"。相关法律有 1986 年的《反洗钱控制法》、1970年的《银行保密法》和 2002 年的《美国爱国者法》，这些法律规定了美国金融机构应承担反洗钱义务。

（1）《反洗钱控制法》是世界上第一部将洗钱认定为犯罪的法律。它禁止任何人有意识地从事涉及"特定非法活动"收益的金融交易，包括恐怖主义、毒品贩运、欺诈和腐败。

（2）经过修订的《银行保密法》要求在美国经营的金融机构加强反洗钱工作，以确保它们不成为洗钱或恐怖分子筹集资金的渠道。《银行保密法》要求金融机构建立有效的反洗钱计划，该计划必须满足四个最低要求，这四个最低要求被称为反洗钱计划的支柱。

①有效的内部控制系统，以确保持续合规。该要求涉及制定基于风险的政策和程序以检测和防止洗钱。在一家大型银行中，这些保护措施包括"了解客户"政策和程序，制定客户识别程序，进行尽职调查，评估客户风险；用于分析账户和电汇活动以检测可疑活动的监控系统以及向执法机构报告可疑活动的系统。为了确保有效实施反洗钱控制，还要求银行提供适当的资源、基础架构和人员。

②有专门负责管理反洗钱合规性的人员。要求指定一名合格的人员来协调和监控银行遵守日常反洗钱法规的情况，该反洗钱合规管理官必须了解法律，并具有确保银行完成本工作所需的时间、专业知识、权限和资源，符合反洗钱计划的要求。反洗钱合规管理官还应有权向银行董事会或董事会指定的委员会做定期报告。

③为相关人员提供反洗钱培训。要求银行必须对所有负责反洗钱工作的人员提供足够的培训，以确保银行相关人员与时俱进。

④对反洗钱合规性进行独立测试。要求银行对其反洗钱计划和控制措

施进行独立测试，以确保遵守法律并识别和纠正任何反洗钱缺陷。此项工作通常由银行内部审计小组或外部审计师执行，他们都拥有专业的反洗钱知识。

（3）《美国爱国者法》增加了反洗钱的规定，在其 312.316.319（b）条中要求，在为外国银行开设账户的时候，以及在对离岸机构和高风险辖区提供服务时，必须进行严格的尽职调查。并且规定美国所有银行不能对境外空壳银行账户提供服务。

### 4.2.7 汇丰银行洗钱案的反思

汇丰银行帮助犯罪分子洗钱被罚款 19.21 亿美元，并且导致了高管辞职，大量的银行账户被关闭，其经营业务受到很大影响。洗钱的金额较大，波及的人群范围广，犯罪分子洗钱对世界金融体系的稳定和人民群众财产的安全产生的负面影响是不可估量的。在本案中，无论是汇丰银行还是监管机构，对此结果都有着不可推卸的责任。

#### 4.2.7.1 汇丰银行存在的主要问题

从前文描述的汇丰美国及汇丰美国境外分支机构的业务来看，有些境外分支机构有着较大洗钱风险。事实上，汇丰美国在识别到反洗钱缺陷问题之后，对持有其代理账户或是有业务往来的关联机构进行了提醒，但是并没有采取有实际效果的措施，使得实质性的问题并没有得到解决。

在市场竞争激烈、业务发展压力日益增大的情况下，汇丰银行管理层为实现既定利润目标，未能处理好业务发展与合规管理之间的关系，甚至出现了合规管理为业务发展让路的现象。迫于合规要求的压力，其业务部门承诺遵守相应的协议，但最后还是为了利益和客户而无视法律法规进行违法违规操作，直至被监管机构发现并被处以巨额罚款才有所收敛。

（1）内部控制系统存在严重的缺陷

其主要表现为两点：第一，汇丰美国不能确定与其有业务往来的其他国家或地区的汇丰银行分支机构是否有合格的反洗钱标准，在进行业务往来时，汇丰美国都默认它们有着合格的反洗钱措施，没有对其进行严格的尽职调查；第二，汇丰银行合规部门没有实质性的权力，不能对违规业务进行否决。汇丰银行合规部前负责人大卫·巴格利说："我没有权力、资源、基础设施去确保汇丰银行全球所有的子公司都遵守集团的合规标准。相反，最终的决策权力是在这些分支机构的业务部门或当地的管理部门手中的。"这些分支机构会以业务理由拒绝实施合规部门发出的禁令,使得这些合规标准形同虚设。

（2）反洗钱工作存在严重缺陷

①汇丰美国为长期存在严重反洗钱缺陷的外国金融机构运营其代理账户,包括用于账户和电汇活动的反洗钱监视系统功能失调。由于不适当的国家和客户风险评估以及延迟报告可疑活动,导致17 000个交易未经审查和发出警报,使汇丰美国面临洗钱、毒品贩运和恐怖分子融资的风险。

②提供不记名股份公司账户。在过去的十年中,汇丰美国在反洗钱控制不力的情况下开设了2 000多个高风险的不记名股份公司账户①。

③汇丰美国在对接汇丰银行境外机构时审查不力。

一是选择高风险客户。汇丰美国在为汇丰银行分支机构开设代理账户之前未能评估与汇丰银行分支机构相关的反洗钱风险,未能识别高风险分支机构,并且多年来未能将汇丰墨西哥视为高风险账户持有人。

二是默认关联机构规避外国资产控制办公室禁令。多年来,在与伊朗的掉头交易中,汇丰银行允许两家非美国分支机构进行交易,以避免触发外国资产控制办公室"过滤器"和个性化交易审查。汇丰美国坚持要求汇丰银行的分支机构提供完全透明的交易信息,当它获得证据表明某些分支机构正在采取行动来绕过外国资产控制办公室"过滤器"进行交易时,汇丰美国未能采取果断的措施来对抗这些分支机构。

三是无视某些转账行为与恐怖分子的关联。尽管有证据表明某些转账行为与恐怖分子融资有密切联系,汇丰美国仍向一些外国银行提供了美国代理账户。

四是清算可疑的旅行支票。在2005年至2008年大约四年的时间里,汇丰美国为日本北陆银行清算了超过2.9亿美元的连续编号、签名模糊的大额美元旅行支票。即使在了解到日本北陆银行的反洗钱控制不力之后,汇丰美国仍继续与该银行开展业务。

4.2.7.2　监管存在的问题

在本案件中,虽然汇丰银行巨大的反洗钱缺陷是造成该案件的主要原因,但货币监理署连续六年未能采取行动来纠正汇丰美国的反洗钱缺陷,从而使问题持续恶化。

---

① 不记名股份公司账户是指以不记名股份公司的名义开设的账户。不记名股份公司很好地掩盖了公司实体所有权,账户的实际控制人具有较高的隐蔽性,容易产生较高的洗钱风险。

美国司法部在汇丰银行洗钱案中对货币监理署进行了批评，认为其负有不可推卸的责任。2003 年，货币监理署与汇丰银行签署了一份协议，要求其改进和完善反洗钱内部控制系统。2004 年，货币监理署以汇丰银行在技术上符合要求为由终止了该协议。在 2004 年至 2009 年的连续 6 年时间里，货币监理署分派到汇丰银行的主审查官在每年的检查报告书（ROE）中都列举出新的需要注意的事项，指出汇丰美国存在严重的反洗钱缺陷，但货币监理署始终没有对汇丰美国采取正式或非正式的执法行动。直到 2009 年美国国土安全部移民与海关执法（ICE）部门开始审查汇丰美国时，才促使货币监理署开始采取行动。

（1）将反洗钱缺陷视为消费者合规性问题

汇丰美国的反洗钱缺陷恶化了多年，部分原因是货币监理署将汇丰美国的反洗钱问题视为消费者合规性问题而不是安全和稳健性问题来对待，未能及时利用正式和非正式的执法行动来迫使银行进行反洗钱改革。这种行为至少引起了三个问题：首先，将反洗钱与消费者合规性问题结合起来会破坏并混淆消费者合规性评级；其次，使得"不能正确地维持有效的反洗钱计划"这种行为仅仅被视为管理问题；最后，由于消费者合规性是一个专门的检查领域，拥有自己的独立评级系统，因此较低的消费者合规性评级几乎不会影响银行的综合评级，不会引起银行的重视。

（2）不习惯将银行的违规行为归类为反洗钱计划违规

货币监理署反洗钱监督的第二个特殊之处是，当银行未能遵守有效的反洗钱计划的四个法定组成部分之一（有效的内部控制、反洗钱合规管理、反洗钱培训、独立测试）时，它并没有在其监督函和年度检查报告中指出其违法行为。

货币监理署的一位专门从事反洗钱事务的高级法律顾问披露，货币监理署不习惯将银行的违规行为归类为反洗钱计划违规，而是将其描述为无法在法院强制执行的需要被注意的事项（被定性为"反洗钱计划违规"要比定性为"需要被注意的事项"更严重）。从 2007 年到 2011 年的五年中，货币监理署审查员在 6 600 多次反洗钱检查中仅列出了 16 项主要违规行为。其列出的银行违规行为次数比其他联邦银行监管机构少了很多。

（3）集中检查

货币监理署为汇丰美国设计了一种反洗钱监管策略，审查员在三年的周期内检查所有 32 个业务部门，从头到尾用 8 至 10 周的时间检查业务部门，并使用监督函反馈检查结果。

对汇丰美国检查的重点太狭窄，导致货币监理署审查员很难全面了解银行的反洗钱计划，检测系统性问题或为纠正这些问题提供依据。这种方法的局限性体现在对银行主要领域（如支付与现金管理部门等）进行有针对性的审查时，错过了涉及汇丰银行分支机构的主要反洗钱缺陷。直到2010年，货币监理署反洗钱审查员被允许对汇丰美国的反洗钱计划进行广泛的审查时，才发现汇丰银行分支机构在汇丰美国的代理账户与汇丰美国支付和现金管理业务有着密切联系的事实。

（4）未能使用执法行动

即使一家银行严重的反洗钱问题被提到了很多次，货币监理署也一直不愿使用非正式或正式的执法行动来强制银行改进反洗钱措施。

货币监理署连续六年在汇丰美国合规检查中发现了严重的反洗钱缺陷，其发布的与反洗钱相关的需要注意的事项有很多，而没有考虑发起非公开的非正式执法行动。不愿使用非正式执法行动似乎是一种文化偏好，而不是任何指导或政策的结果。货币监理署向司法部小组委员会披露，自2005年以来，它仅针对大型银行的反洗钱缺陷采取了八项非正式执法行动。

（5）监督函过于温和

这个问题涉及货币监理署对监督函的使用，这些监督函并不总是准确地传达检查结果或需要采取的纠正措施。实际上，汇丰美国案例表明，一些监督函语气过于温和，其温和的语调和缺乏细节的操作可能会使采取强制措施变得困难。

### 4.2.8 相关启示

近年来，随着中国改革开放的力度加大和国际联系的加强，与世界各国的资金与贸易往来越来越密切，这带动了我国的经济发展。但是需要注意的是，一些犯罪活动（恐怖袭击、贩毒）也频繁起来，这些犯罪活动严重危害了人民群众的生命和财产安全，产生了恶劣的影响。这些犯罪活动必然包括洗钱等非法转移资金行为。当前，我国一些地区的反恐形势依然严峻。要努力切断恐怖分子洗钱途径，阻止其融资，进而遏制恐怖主义蔓延。

#### 4.2.8.1 提升反洗钱信息获取和整合能力

美国金融情报核心机构——金融犯罪执行网络局是反洗钱监管的重要

一环，是所有监管机构的情报来源。将各个部门反洗钱监管信息交叉连接在一起，形成全链条的反洗钱情报，提升了执法的精准程度，大大降低了监管机构工作难度。

我国应该加强对反洗钱数据库的建设，将监管体系和银行合规部门、业务部门等组成一个互联互通的信息网络，消除原有的"信息孤岛"，提高信息获取的有效性。并且要重视对获取到的信息的处理与分析，能从基本的数据、信息中看出问题的实质，建立一个跨系统、跨平台、跨数据结构的立体监测网络，全面提升我国反洗钱情报获取和信息处理能力。

### 4.2.8.2　加大定点定向监督检查力度

对于国内一些敏感地区加强定向监督，在各大银行的反洗钱控制系统的审查系统中对涉及发往或是来自敏感地区的资金交易加大审核力度，在银行交易系统中植入反洗钱"过滤器"，对于交易账户、交易银行位置、收付款方的信息进行自动筛查。当达到某些条件时，将交易单独提出，交专业反洗钱人员重点审核。

### 4.2.8.3　加强金融机构合规部门力量

金融机构合规部门自行发现或配合监管机构发现其内部的反洗钱漏洞是反洗钱体系中最重要的环节。金融机构需要增强合规部门对反洗钱知识的学习，定期对反洗钱合规人员进行培训，对合规部门赋予更大的权力，而不是表面化设置，在发现问题时没有实际处理问题的权力，这会让银行等金融机构的反洗钱效率大打折扣。

### 4.2.8.4　建立重罚机制

美国的反洗钱监管有一个很大的特点就是处罚金额大，这对于违法机构或潜在的违法机构产生了很大的震慑作用。我国在银行监管层面需要采取严格的处罚与奖励机制：对于违法违规对象，不仅要对金融机构本身进行处罚，还要对违法违规部门的负责人或管理层严格进行处罚，提高其违法违规成本。对其罚款的金额要考虑违法机构的获利情况，要遵守"罚款高于其获利"的原则来进行处罚。同时，对于严格遵守反洗钱规定的金融机构进行奖励，提高金融机构反洗钱的积极性。

## 4.3　PF 银行成都分行违法发放贷款案

2018 年新年伊始，银监会发布通报，PF 银行被罚款 4.62 亿元，震惊银行业。此外，对时任 PF 银行成都分行行长、2 名副行长、1 名部门负责人和 1 名支行行长分别给予终身禁止从事银行业工作、取消高级管理人员任职资格、警告及罚款等处罚。银监会不仅对 PF 银行成都分行做出重大行政处罚，时任四川省银监局主要负责人和其他相关责任人也被问责并被党纪政纪处分。

银监会通报称，已查明 PF 银行成都分行为掩盖不良贷款，通过编造虚假用途、分拆授信、越权审批等手法，违规办理信贷、同业、理财、信用证和保理等业务，向 1 493 家空壳企业授信 775 亿元，换取相关企业承担 PF 银行成都分行不良贷款。

银监会公告用词非常严厉——"这是一起 PF 银行成都分行主导的有组织的造假案件，涉案金额巨大，手段隐蔽，性质恶劣，教训深刻"。

### 4.3.1　曾经是 PF 银行的标杆

在案件暴露前，PF 银行成都分行贷款余额长期"零不良"，并且在当地股份制银行经营中排名前列。因为业务表现突出，PF 银行成都分行也长期是行业内的标杆。其中，2009 年，PF 银行成都分行在业务高速发展的同时，员工无不良记录，无案件事故发生，保持了良好的资产质量并创造了此前六年无欠息、无逾期、无垫款、无后三类不良贷款的佳绩，在上级行和监管部门的综合考评中，一直名列前茅。

### 4.3.2　为何贷款长期"零不良"

银行业为追求规模激进放贷、出现坏账后再花式腾挪不良贷款的做法其实较为普遍。但 PF 银行成都分行违法违规放贷时间之长、数额之大，前所未有。根据银监会公告，PF 银行成都分行为掩盖不良贷款，通过编造虚假用途、分拆授信等手法，违规办理信贷、同业等业务，向 1 493 家空壳企业授信 775 亿元以掩盖其不良贷款。

其实，这种掩盖不良贷款的做法十分简单，就是授信给空壳公司，由空壳公司收购出现坏账的企业，然后借授信资金偿还坏账，以达到掩盖其不良贷款的目的。

早年，PF 银行成都分行多以投资银行模式向房地产、煤矿等企业贷款。所谓投资银行模式，也就是大量的委托贷款、委外投资、表外投资非标等"抽屉协议"众多的"准贷款"。PF 银行成都分行在这些企业贷款上的利息远高于同业，多走"非标"通道，缺少真正的担保、抵押等缓释措施，不过也有部分贷款以矿权做质押，但化解较难，"银行拿到矿权也很难处置，没办法开采啊"。适逢经济下行，这些贷款风险敞口巨大，再进行续贷又不符合相关政策。为了熬过经济周期，PF 银行成都分行将这些大量存在风险隐患的贷款，转到企业其他的子公司进行续贷，以支持企业资金周转。具体而言，这在业内的不良贷款腾挪术中，被叫作"承债式收购"。比如，老客户公司 X 现在还不起贷款，按理应该划为不良贷款，而银行简单地、不断地采用借新还旧方式来续贷肯定也逃不过监管的眼睛。怎么办呢? X 另设一个公司叫 Y，Y 用一元钱收购公司 X。这时银行贷款给"新"客户 Y，然后 Y 再替 X 还给银行。这样就把 X 的不良贷款变成按时还款的客户了。在这一过程中，债务人貌似发生了变化，银行是对 Y 贷款，Y 收购 X 后替 X 还银行贷款，貌似不是银行直接对 X"借新还旧"。经此腾挪，可能逾期的贷款就成了正常的贷款。

值得注意的是，Y 本身就是一个空壳，就是专门为借新还旧而设立的公司。这就是 PF 银行成都分行"发明"的承债式收购化解不良贷款的办法。显然，很快 Y 公司也肯定还不了贷款，其贷款也将计入不良贷款。因此，银行重复上述步骤，让 Y 再设立公司 Z，Z 再以承债式收购的方式收购 Y 公司，从而 Z 公司成为 PF 银行成都分行的"新"客户，并获得贷款，从而以 Y 公司名义借的贷款也就从"不良"变成"良"了，不良贷款就"消失"了。

说白了，这就是银行直接给坏账企业续贷。续贷也就相当于展期，让客户可以延后偿还贷款本金，在展期期间只要能按月偿还利息就可以了。空壳公司没有具体业务，一般材料都很少，肯定是不符合银行授信要求的，这样做的风险很大。问题在于其行为居然长时间没有被发现!

### 4.3.3　案例暴露出来的主要问题

一是银行考核与激励机制扭曲。现在一旦出现坏账，各级银行从行长到客户经理不但超额业绩奖励荡然无存，还会影响其晋升，这导致一些支行行长与分行上下串通，采取一些违法违规行为，企图瞒天过海。在如此激励和压力之下，个别分支行行长顶不住压力，通过协助贷款企业美化财务报表争取新贷款"借新还旧"，或"指导"企业寻找空壳公司采取承债式收购等方式腾挪不良贷款，以此掩盖自身坏账状况、粉饰业绩，换取超额业绩奖励与晋升机会。

二是银行轮岗制度执行不力。时任 PF 银行成都分行行长对该严重违法违规行为负有直接的领导责任。2002 年，该人辞任中国工商银行四川分行副行长，出任当时刚成立的 PF 银行成都分行行长一职，直到 2017 年相关案件爆发，在任时间长达 15 年。PF 银行总行如果能执行 5 年或 10 年轮岗制度，相信问题早已暴露，也不至于出现如此严重的后果。这反映出 PF 银行总行没有严格执行重要岗位人员轮岗制度。

三是银行内控失效和监管失察。银行本身就是经营风险的，有不良贷款是正常的，没有不良贷款才是不正常的，多年不良贷款率为零显然不合常规。一方面，PF 银行总行的内部审计、监管部门的每次检查没有发现异常；另一方面，上级银监局对 PF 银行成都分行的监管也不到位。

# 5 我国银行业违法违规处罚方式选择与分布特征

2008 年全球金融危机过后，世界各国金融监管部门都加强了对银行等金融机构的监管与处罚。在强监管的趋势下，我国监管部门也在不断加大监管处罚力度，近年来银保监会做出的行政处罚数量明显增多，巨额罚单也屡见不鲜。2016 年，银监会累计处罚违规机构 631 家，罚没金额近 3 亿元，处罚涉案责任人员 400 余名。2017 年，银监会的处罚强度明显提高，共处罚机构 1 800 余家，处罚涉案责任人员 1 500 余名，罚没金额近 30 亿元。2018 年，银监系统共处罚机构 1 900 余家，处罚涉案责任人员 2 044 名，罚没金额近 21.56 亿元。2017 年，广发银行惠州分行违规担保"侨兴债"案件被银监会罚款 7.22 亿元；2018 年，PF 银行成都分行采取承债式收购隐藏巨额不良贷款被罚款 4.62 亿元等。本章利用我国银保监会公布的行政处罚数据，对银行违规案件的特征以及监管处罚的分布情况进行多维度的统计分析，探讨银行业监管处罚的趋势与特点。此外，本章还对我国银保监会常用的处罚手段进行了简要介绍，统计了银保监会对违规机构和个人所使用的处罚措施情况，并进一步探讨了银保监会对银行违规案件的处罚方式选择。

## 5.1 我国银保监会行政处罚的趋势与分布情况

本节所采用数据均来自银保监会披露的行政处罚公告，数据的具体获取步骤如下：首先利用 python 软件从银保监会官方网站政务信息栏目中抓取银保监会机关、银保监局本级以及银保监分局本级三个页面中所有的行政处罚公告；其次从抓取的处罚公告中提取出违法违规机构名称、违法违规事实、处罚决定、处罚时间等内容；最后利用统计软件结合人工识别的方式整理出违法违规机构属性、违法违规类型、处罚方式、罚款金额等相关数据。本节利用整理后的违法违规处罚数据，首先分析了2004—2020年银监系统对违法违规机构的处罚频率与罚款金额的总体趋势；同时，本节从违法违规行为的种类、违法违规机构的属性等方面探讨了银行违法违规案件及相应罚单的分布特征。尽管监管部门只能发现并处罚部分银行的违法违规行为，但作为我国银行业最主要的日常监管机构之一，银保监会所公布的行政处罚情况仍具有很强的代表性。对银保监会罚单的多维度统计分析不仅有利于研判银行业整体违法违规情况，而且对评估金融监管强度以及预测未来监管方向等具有重要的现实意义。

### 5.1.1 罚单的整体趋势

从统计结果来看，2004—2020年，银保监会开出罚单21 375张，罚款总额77.89亿元。行政处罚的数量与罚款金额总体呈波浪式上升趋势，罚单数量从2004年的409张上升到2020年的3 340张；罚款金额则从2004年的3 086.18万元上升到2020年的15.72亿元。具体来说，我们根据银监系统行政处罚的分布情况将样本划分为三个时期。第一个时期是2004—2013年，在此期间，银监系统的处罚频率和罚款金额均处于较低水平，罚单数量在300~700张之间，均值为450.5张，罚款数量处于2 000万至5 000万元之间，均值为3 444万元。第二个时期是2014—2016年，此阶段监管处罚的频率和罚款数量均有明显的提升。2014年，银监部门开出的罚单数量为665张，罚款总额首次突破1亿元至1.15亿元。2015年的罚单数量大幅上升至1 906张，罚款金额上升至5.15亿元。2016年处罚强度有所减弱，罚单数量降为903张，罚款金额降至2.10亿元。2017年至今为第三个时期，此阶段监管处罚的频率和罚款金额均呈现跳跃式增长。2017年，原银监会开展了"三三四十"银行业违法违规市场乱象专项治理行动，监管强度大幅提高，随之而来的罚单数量迅速上升至3 085张，罚款总额增至19.70亿元；2018年，银保监会开出的罚单数量和罚款金额均达到历史最大值，分别为3 863张和21.09亿元。之后处罚的频率和罚款数量出现小幅下滑。2020年，银保监会对银行业的行政处罚罚单为3 340张，罚款总额为15.72亿元。2004—2020年银行业受到行政处罚的罚单数量和罚款金额的趋势如图5-1所示。

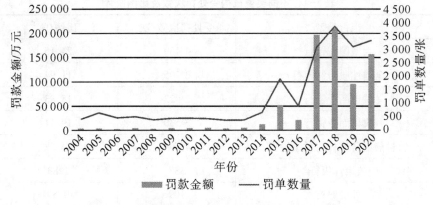

图 5-1　我国银行业 2004—2020 年行政处罚趋势

### 5.1.2　银行业违法违规案件的多维度统计

#### 5.1.2.1　违法违规案件的分对象统计

银保监会的行政处罚可以分为仅对违法违规机构的处罚、仅对违法违规个人的处罚和对违法违规机构及个人的同时处罚。根据统计，2014—2020 年，银保监会仅对机构的处罚次数为 9 787 次，仅对个人的处罚次数为 6 255 次，同时处罚机构和个人的次数为 5 333 次。其中，仅对机构的处罚占比为 45.79%，仅对个人的处罚占比为 29.26%，同时对机构和个人的处罚占比为 24.95%。

此外，我们还统计了不同类型机构受到处罚的情况。由于仅对个人的处罚中有部分罚单并未披露个人所在的机构，因此剔除了该部分罚单。我们将违法违规机构分为大型国有银行、全国性股份制银行、城市商业银行、农村商业银行、农村信用合作社与村镇银行、政策性银行、外资银行以及其他非银金融机构。其中，大型国有银行包括中国银行、中国工商银行、中国建设银行、中国农业银行、交通银行和中国邮政储蓄银行这六大银行。而全国性股份制银行包括招商银行、PF 银行、中信银行、兴业银行、华夏银行、中国光大银行、中国民生银行、广发银行、平安银行、恒丰银行、浙商银行、渤海银行等 12 家银行。2004—2020 年各类型机构受处罚的情况如表 5-1 所示。

表 5-1  不同类型机构受处罚次数及比例统计

| 银行类型 | 受处罚次数/次 | 比例/% |
|---|---|---|
| 大型国有银行 | 4 459 | 24.15 |
| 全国性股份制银行 | 2 205 | 11.94 |
| 城市商业银行 | 2 923 | 15.83 |
| 农村商业银行 | 3 530 | 19.11 |
| 农村信用合作社与村镇银行 | 4 564 | 24.72 |
| 政策性银行 | 338 | 1.83 |
| 外资银行 | 109 | 0.59 |
| 非银行金融机构 | 337 | 1.83 |

资料来源：笔者根据公开资料统计。

农村信用合作社与村镇银行是违法违规案件频发的重灾区，是所有类型机构中遭处罚次数最多的主体，共计被罚 4 564 次，约占总样本的 24.72%；其次是大型国有银行，其违法违规受罚的案件约占总样本的 24.15%；政策性银行、非银行金融机构和外资银行受到监管处罚的次数均不足 500 次，是遭处罚次数最少的三类机构，分别占到总样本的 1.83%、1.83% 和 0.59%。

罚款是监管部门最常用的处罚手段之一，因此除了统计各类机构的受罚次数外，我们还统计了各类机构被罚款的总额，如表 5-2 所示。

表 5-2  不同类型机构被罚款金额统计

| 银行类型 | 罚款总额/万元 | 平均每次罚款/万元 |
|---|---|---|
| 大型国有银行 | 167 283.90 | 37.52 |
| 全国性股份制银行 | 283 778.90 | 128.70 |
| 城市商业银行 | 114 749.70 | 39.26 |
| 农村商业银行 | 99 846.45 | 28.29 |
| 农村信用合作社与村镇银行 | 68 584.48 | 15.03 |
| 政策性银行 | 14 403.16 | 42.61 |
| 外资银行 | 5 622.36 | 51.58 |
| 非银行金融机构 | 17 231.68 | 51.13 |

资料来源：笔者根据公开资料统计。

从总体来看，全国性股份制银行被罚款最多，高达 28.38 亿元；其次是大型国有银行，共计被罚款 16.73 亿元；外资银行累计被罚款金额最少，仅有 5 622.36 万元。而结合遭处罚次数和平均每次被罚款金额来看，遭处罚次数最多的农村信用合作社与村镇银行平均每次被罚款仅 15.03 万元，是所有类型机构中平均每次被罚款最少的主体；而遭处罚次数较多的大型国有银行平均每次被罚款 37.52 万元，也远低于所有机构的平均水平。另外，全国性股份制银行虽然遭处罚次数不多，但每张罚单平均罚款金额高达 128.70 万元，高居所有机构中第一位；而外资银行虽然遭处罚次数最少，但每张罚单平均罚款金额达到 51.58 万元，居所有机构中第二位。

### 5.1.2.2 违法违规案件的分类型统计

另外，我们对违法违规案件的类型进行了统计，分类的依据是银保监会行政处罚决定书中公布的主要违法违规事实。但监管部门所公布的机构违法违规事实中描述内容较少且措辞简洁，能够从中获得的信息十分有限，因此本书无法对金融机构的违法违规类型完全进行细化分类。通过对数据的统计与梳理，我们将违法违规案件分为贷款类违法违规、票据类违规、内控类违法违规、存款类违法违规、收费类违法违规、授信类违法违规、存款类违法违规、同业类违法违规以及其他类违法违规。各类违法违规案件的分布情况如图 5-2 所示。

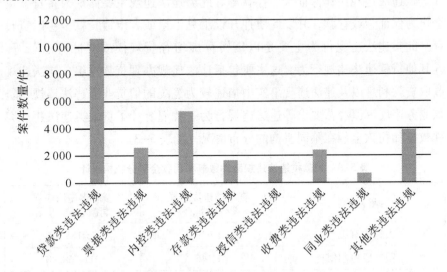

图 5-2　各类违法违规案件分布

（1）贷款类违法违规

在所有类型的违法违规案件中，贷款类违法违规案件共有 10 634 件，是遭处罚次数最多的违法违规行为。贷款类业务是目前我国银行业最重要的资产业务，从监管部门公布的违法违规事实来看，其涉及面非常广。较为常见的贷款类违法违规主要包括：①违法违规发放贷款。银行违法违规发放贷款的种类繁多，包括违法违规发放个人贷款、房地产贷款、涉农贷款、固定资产贷款、流动资金贷款、按揭贷款等；而具体的违法违规事实也是各种各样，例如违法违规向关系人发放贷款，发放超权限，异地违法违规贷款，发放虚假贷款，以存款作为贷款发放的条件等。由此可见，贷款的发放环节是贷款违法违规的重灾区，也是银保监会监管处罚的重点。②贷款"三查"违法违规。贷款"三查"即"贷前调查、贷时审查、贷后检查"。在监管部门公布的违法违规事实中，此类型违法违规行为主要是贷款的"三查"不严，具体到贷前环节则体现为贷前调查不尽职（严重失职），例如未认真核查申贷资料的真实性、未进行实地调查等；而审批环节主要是贷时审批不审慎，如越权审批、审批未严格执行面签制度等；在贷后管理方面，违法违规行为主要体现为贷款资金管理和监控不到位而导致贷款资金被挪用、贷款资金违法违规流入国家限制或禁止的领域等。③贷款违法违规用作保证金、存款等。此类违法违规主要体现为将贷款资金作为保证金或存款，并以此质押开设承兑汇票或者申请贷款。④以贷转存。此类违法违规行为主要是以贷转存虚增存贷规模或"冲时点"等。⑤其他贷款违法违规行为。这主要包括违法违规办理贷款重组、违法违规收取贷款利息以及违法违规事实中描述较为笼统的信贷业务违法违规、贷款业务违反审慎经营要求等违法违规行为。我们统计了贷款类违法违规案件数量和罚款金额在不同机构的分布情况，见表5-3。

表5-3　贷款类违法违规案件数量和罚款金额分机构统计

| 银行类型 | 贷款类违法违规案件数量/件 | 贷款类违法违规罚款金额/万元 |
|---|---|---|
| 大型国有银行 | 1 939 | 75 153.16 |
| 全国性股份制银行 | 1 146 | 211 768.20 |
| 城市商业银行 | 1 630 | 60 426.78 |
| 农村商业银行 | 1 987 | 52 647.65 |

表5-3(续)

| 银行类型 | 贷款类违法违规<br>案件数量/件 | 贷款类违法违规<br>罚款金额/万元 |
|---|---|---|
| 农村信用合作社与村镇银行 | 2 464 | 39 049.82 |
| 政策性银行 | 212 | 12 021.66 |
| 外资银行 | 32 | 2 775.362 |
| 非银行金融机构 | 68 | 3 530.68 |

资料来源：笔者根据公开资料统计。

如表5-3所示，在违法违规案件数量方面，农村商业银行、农村信用合作社及村镇银行的贷款类违法违规案件数分别为1 987次和2 464次，高于其他所有机构，而在罚款金额方面，大型国有银行的贷款类违法违规被罚金额约7.52亿元，位居所有机构中的第一位，其次是城市商业银行，被罚约为6.04亿元。

（2）内控类违法违规

内控类违法违规也是监管关注的重点。在样本期内共发生内控类违法违规案件5 257件，仅次于贷款类违法违规案件数。内控管理对银行的经营至关重要，有效的内部控制不仅有利于实现银行的经营及发展目标，而且在保障银行各部门稳健合规运行及有效进行风险管理方面具有重要意义。在监管部门披露的内控类违法违规案件的违法违规事实中，部分违法违规事实比较笼统，比如"内控管理不到位""内控管理违反审慎经营原则"等，另外，部分内控类违法违规案件事实较为复杂，往往涉及多项违法违规行为，如"前台交易、中台风控、后台结算之间的制约不足，相关部门职责模糊，流程不清晰，制度不健全，导致贷款资金损失"，因此对内控类违法违规案件很难做进一步细分。表5-4分机构统计了内控类违法违规案件数量和罚款金额。

表5-4 内控类违法违规案件数量和罚款金额分机构统计

| 银行类型 | 内控类违法违规<br>案件数量/件 | 内控类违法违规<br>罚款金额/万元 |
|---|---|---|
| 大型国有银行 | 1 095 | 81 476.22 |
| 全国性股份制银行 | 638 | 198 037 |
| 城市商业银行 | 711 | 53 931.04 |

表5-4(续)

| 银行类型 | 内控类违法违规案件数量/件 | 内控类违法违规罚款金额/万元 |
|---|---|---|
| 农村商业银行 | 913 | 24 988.86 |
| 农村信用合作社与村镇银行 | 1 164 | 22 617.72 |
| 政策性银行 | 120 | 8 873 |
| 外资银行 | 19 | 2 984.013 |
| 非银行金融机构 | 90 | 5 239 |

资料来源：笔者根据公开资料统计。

根据表5-4，农村信用合作社与村镇银行的内控类违法违规案件最多，高达1 164件。全国性股份制银行内控类违法违规案件只有638件，但被罚款金额高达19.8亿元，居各类机构之首。

（3）存款类违法违规

存款类也是银行违法违规行为多发的地带。统计发现，样本期内银行存款类违法违规案件共计有1 658件。而存款类违法违规案件的违法违规事实通常较为单一，主要可以分为三类：第一类是违法违规办理存款业务，包括违法违规开立存款账户、违反实名制规定等；第二类是通过各种手段违法违规吸收存款，具体违法违规手段包括变相提高利率、给予好处费、向储户贴水以及与员工工资挂钩等。第三类是虚增存款，具体违法违规行为包括通过虚开储蓄定活两便存单、空库、以贷转存等方式虚增存款，此类违法违规与贷款类违法违规存在部分重合。存款类违法违规案件在不同机构的分布情况如表5-5所示。

表5-5　存款类违法违规案件数量和罚款金额分机构统计

| 银行类型 | 存款类违法违规案件数量/件 | 存款类违法违规罚款金额/万元 |
|---|---|---|
| 大型国有银行 | 372 | 20 173.42 |
| 全国性股份制银行 | 321 | 43 830.22 |
| 城市商业银行 | 362 | 14 525.84 |
| 农村商业银行 | 141 | 6 094.06 |
| 农村信用合作社与村镇银行 | 283 | 4 208.334 |
| 政策性银行 | 8 | 230 |

表5-5(续)

| 银行类型 | 存款类违法违规<br>案件数量/件 | 存款类违法违规<br>罚款金额/万元 |
|---|---|---|
| 外资银行 | 0 | 0 |
| 非银行金融机构 | 0 | 0 |

资料来源：笔者根据公开资料统计。

从表5-5可知，大型国有银行的存款类违法违规案件最多，总计有372件；除政策性银行以外，农村商业银行的存款类违法违规案件最少，只有141件。在罚款金额方面，全国性股份制银行遭罚款最多，约为4.38亿元。

（4）票据类违法违规

票据类违法违规行为也受到了监管部门的关注。在样本期内，监管部门共计处罚票据类违法违规案件2 584件，其中主要的违法违规行为包括办理无真实贸易背景的票据业务，包括签发无真实贸易背景的承兑汇票、为无真实贸易背景的银行承兑汇票办理贴现等。由于票据具有无因性，后续转让背书无须再对真实的贸易背景进行审核，这就需要银行在首次开立承兑汇票时进行认真审核以防范票据风险。此类违法违规行为是票据监管的重点。第二类违法违规行为是票据保证金的来源违法违规，即企业以票据贴现资金作为保证金，当事银行审查不严，致使企业循环套取银行资金。最后一类为票据空转。银行承兑汇票属于表外资产，承兑汇票贴现后就会计入资产负债表，占用风险资本。部分银行将表外的理财资金投资于信托等通道，让其购买银行贴现的票据以实现票据出表。监管部门于2017年发布的《关于开展银行业"监管套利、空转套利、关联套利"专项治理工作的通知》中明确指出了此类违法违规行为，并加大了监管与处罚力度。相关统计如表5-6所示，

表 5-6　票据类违法违规案件数量和罚款金额分机构统计

| 银行类型 | 票据类违法违规<br>案件数量/件 | 票据类违法违规<br>罚款金额/万元 |
|---|---|---|
| 大型国有银行 | 513 | 25 106.84 |
| 全国性股份制银行 | 630 | 184 157.6 |
| 城市商业银行 | 636 | 38 923.24 |

表5-6(续)

| 银行类型 | 票据类违法违规<br>案件数量/件 | 票据类违法违规<br>罚款金额/万元 |
|---|---|---|
| 农村商业银行 | 304 | 10 988.65 |
| 农村信用合作社与村镇银行 | 345 | 8 089.092 |
| 政策性银行 | 10 | 360 |
| 外资银行 | 7 | 270 |
| 非银行金融机构 | 8 | 330 |

资料来源：笔者根据公开资料统计。

注：正文文字表述中的数据是根据银保监会罚单数量统计的，有时候是相同机构的一个案件就被开了多个罚单（如既罚机构又罚相关人员），而我们在表 5-6 中统计违规次数时把相同的案件合并了，因此数据看上去并不一致，其实是一致的。特此说明。

从表 5-6 可知，城市商业银行的票据类违法违规案件数量最多，有636 件；全国性股份制银行的票据类违法违规案件被罚金额最高，约为18.42 亿元。

（5）收费类违法违规

在样本期内，监管机构共计处罚收费类违法违规案件 2 410 件。从披露的违法违规事实中可以看出，收费类违法违规的具体形式主要包括两种，一种是违法违规向客户转嫁成本，另一种是违法违规收取手续费、中介费、财务顾问费等费用，服务收费质价不符。在日常经营过程中，银行可能会基于利润的考量将利息包装成费用，但并未向客服提供相应的服务，此即为收费与服务的质价不符。这种行为是金融业的惯用行为（凤宇骄、褚旭，2018）。监管部门加大了对此类违法违规行为的处罚力度，专门开展了包括不当收费在内的"四不当"专项治理行动。相关统计见表 5-7。表 5-7 展示了不同机构收费类违法违规案件的处罚分布情况。大型国有银行的收费类违法违规案件数量最多，共计被罚 629 件；全国性股份制银行的收费类违法违规案件只有 262 件，是除政策性银行、外资银行以及非银行金融机构外最少的，但其被罚款总额高达 9.69 亿元，居所有机构中第一位。

表 5-7　收费类违法违规案件数量和罚款金额分机构统计

| 银行类型 | 收费类违法违规<br>案件数量/件 | 收费类违法违规<br>罚款金额/万元 |
|---|---|---|
| 大型国有银行 | 629 | 33 465.7 |
| 全国性股份制银行 | 262 | 96 917.04 |
| 城市商业银行 | 269 | 15 031.53 |
| 农村商业银行 | 342 | 9 025.1 |
| 农村信用合作社与村镇银行 | 307 | 7 169.435 |
| 政策性银行 | 39 | 5 675 |
| 外资银行 | 14 | 790.789 |
| 非银行金融机构 | 45 | 2 913.68 |

资料来源：笔者根据公开资料统计。

（6）授信类违法违规

授信原意指商业银行向非金融机构客户直接提供资金，或对客户在经济活动中可能产生的赔偿、支付责任做出保证。广义的授信包含银行的贷款、票据承兑、贸易融资等多项业务。本小节中的授信类违法违规特指监管部门行政处罚决定披露的违法违规事实中包含"授信"字样的银行违法违规行为。将授信类违法违规案件单独分类主要是该类违法违规行为较多，主要包括授信集中度超标、授信额度违法违规以及"授信业务违法违规""授信三查不严"等较为宽泛的描述。

授信类违法违规案件在不同机构的分布情况如表 5-8 所示。其中农村商业银行的授信类违法违规案件是最多的，累计被监管部门处罚 263 件，而全国性股份制银行因授信类违法违规被罚款金额高达 9.08 亿元，是所有机构中最高的。

表 5-8　授信类违法违规案件数量和罚款金额分机构统计

| 银行类型 | 授信类违法违规<br>案件数量/件 | 授信类违法违规<br>罚款金额/万元 |
|---|---|---|
| 大型国有银行 | 172 | 12 569.5 |
| 全国性股份制银行 | 191 | 90 847.36 |
| 城市商业银行 | 193 | 8 364 |

表5-8(续)

| 银行类型 | 授信类违法违规案件数量/件 | 授信类违法违规罚款金额/万元 |
|---|---|---|
| 农村商业银行 | 263 | 8 541.40 |
| 农村信用合作社与村镇银行 | 202 | 4 422 |
| 政策性银行 | 18 | 1 670 |
| 外资银行 | 8 | 1 334.013 |
| 非银行金融机构 | 6 | 180 |

资料来源：笔者根据公开资料统计。

（7）同业类违法违规

同业类违法违规是近年监管部门重点关注的领域之一。2014年，多家监管机构联合出台了《关于规范金融机构同业业务的通知》，而且银保监会在2017年的"三三四十"专项治理行动中明确提出了对同业业务的检查要求，这也表明监管部门在银行同业业务快速扩张后加大了对其的监管力度。在样本期内，同业类违法违规案件罚单共计673张。从所披露的违法违规事实来看，此类违法违规行为的描述较为简短，主要包括同业票据业务违法违规、同业投资业务违法违规、违法违规办理同业业务等。

不同机构同业类违法违规案件的处罚分布情况如表5-9所示。违法违规数量最多的两类机构是农村商业银行和农村信用合作社与村镇银行，其违法违规案件数量分别为167件和161件。在罚款金额方面，大型国有银行累计被罚2.84亿元，是所有机构中被罚金额最高的。值得注意的是，政策性银行同业类违规案件只有2件，但罚款金额高达4 900万元，是所有机构中单张罚单罚款金额最高的。

表 5-9　授信类违法违规案件数量和罚款金额分机构统计

| 银行类型 | 同业类违法违规件数/件 | 同业类违法违规罚款金额/万元 |
|---|---|---|
| 大型国有银行 | 91 | 28 362.6 |
| 全国性股份制银行 | 78 | 113 720 |
| 城市商业银行 | 110 | 16 919.46 |
| 农村商业银行 | 167 | 10 264.75 |
| 农村信用合作社与村镇银行 | 161 | 6 230.4 |

表5-9(续)

| 银行类型 | 同业类违法违规<br>件数/件 | 同业类违法违规<br>罚款金额/万元 |
|---|---|---|
| 政策性银行 | 2 | 4 900 |
| 外资银行 | 2 | 180 |
| 非银行金融机构 | 7 | 1 242 |

资料来源：笔者根据公开资料统计。

（8）其他类违法违规

通过对银保监会处罚公告中违法违规事实栏目的统计分析，我们发现除上述七种违法违规类型之外，还有部分违法违规行为包括金融许可证类违法违规（例如遗失、未公示金融许可证等）、信息披露类违法违规、风险资产分类违法违规、会计报表类违法违规、违法违规销售、关联交易违法违规、违法违规转让不良资产以及无法具体分类的操作风险案件等。由于这些违法违规的类型较为繁杂且每一类的数量不多，因此我们将这些违法违规行为全部归入其他类违法违规。在样本期内，银保监会共计处罚其他类违法违规案件3 907件。

不同类型机构的其他类违法违规案件处罚分布情况如表5-10所示。大型国有银行的其他类违法违规案件高达937件，是所有机构中最多的，而农村商业银行其他类违法违规案件只有581件，但其被罚金额是所有机构中最高的，约为2.41亿元。

表5-10  其他类违法违规案件数量和罚款金额分机构统计

| 银行类型 | 其他类违法违规<br>件数/件 | 其他类违法违规<br>罚款金额/万元 |
|---|---|---|
| 大型国有银行 | 937 | 14 309.2 |
| 全国性股份制银行 | 201 | 15 928.95 |
| 城市商业银行 | 368 | 7 662.425 |
| 农村商业银行 | 581 | 24 108.77 |
| 农村信用合作社与村镇银行 | 822 | 8 183.418 |
| 政策性银行 | 60 | 870.5 |
| 外资银行 | 54 | 782 |
| 非银行金融机构 | 141 | 6 198 |

资料来源：笔者根据公开资料统计。

此外，本节还对不同类型违法违规案件的数量进行了分机构汇总统计，如表5-11所示。

表5-11　各类违法违规案件数量分机构统计　　单位：件

| 银行类型 | 贷款类违法违规 | 内控类违法违规 | 存款类违法违规 | 票据类违法违规 | 收费类违法违规 | 授信类违法违规 | 同业类违法违规 | 其他类违法违规 |
|---|---|---|---|---|---|---|---|---|
| 大型国有银行 | 1 939 | 1 095 | 372 | 513 | 629 | 172 | 91 | 937 |
| 全国性股份制银行 | 1 146 | 638 | 321 | 630 | 262 | 191 | 78 | 201 |
| 城市商业银行 | 1 630 | 711 | 362 | 636 | 269 | 193 | 110 | 368 |
| 农村商业银行 | 1 987 | 913 | 141 | 304 | 342 | 263 | 167 | 581 |
| 农村信用合作社与村镇银行 | 2 464 | 1 164 | 283 | 345 | 307 | 202 | 161 | 822 |
| 政策性银行 | 212 | 120 | 8 | 10 | 39 | 18 | 2 | 60 |
| 外资银行 | 32 | 19 | 0 | 7 | 14 | 8 | 2 | 54 |
| 非银行金融机构 | 68 | 90 | 0 | 8 | 45 | 6 | 7 | 141 |

资料来源：笔者根据公开资料统计。

在大型国有银行的违法违规案件中，收费类违法违规和其他类违法违规案件数分别为629件和937件，是所有机构中最多的；全国性股份制银行的票据类违法违规件数高达630件，仅略低于城市商业银行，而贷款、内控、收费、授信、同业及其他类违法违规案件的数量均少于大型国有银行、城市商业银行、农村商业银行、农村信用合作社与村镇银行；城市商业银行的票据类违法违规数量为636件，高于除政策性银行、外资银行和非银行金融机构外的其他金融机构；农村商业银行、农村信用合作社及村镇银行的贷款类违法违规案件数分别为1 987件和2 464件，高于其他所有金融机构；农村信用合作社与村镇银行的内控类违法违规案件数为1 164件，在所有机构中位列第一；政策性银行、外资银行和其他非银行金融机构总体违法违规案件数量较少。但值得注意的是，外资银行和非银行金融机构的其他类违法违规数量占比是最高的，其他违法违规机构则是贷款类违法违规案件占比最高。

## 5.2 银保监会对违法违规案件处罚方式的选择统计及分析

在日常的监管处罚过程中，监管当局可以使用不同的处罚方式对违法违规金融机构（个人）实施处罚。根据《中华人民共和国银行业监督管理法》和《中国银保监会行政处罚办法》，监管部门对违法违规机构的处罚方式主要有警告、罚款、没收违法所得、责令停业整顿、吊销金融许可证等；而对个人的处罚方式主要包括警告、罚款、取消或撤消任职资格、禁止从事银行业工作等。监管部门可以使用一种或多种手段对违法违规案件当事机构（个人）进行处罚。虽然法律法规中载明了处罚方式的全部类型，但并未明确规定具体违法违规行为应该采用何种处罚方式，监管部门具有一定的自由裁量权。监管部门如何选择处罚方式，不仅关系到处罚的公平性与科学性，同时也对提升处罚的效率和效果具有重要意义。本节将利用监管处罚的统计数据对违法违规案件的处罚方式选择进行分析和探讨。

在此之前，我们首先对银保监会处罚银行业违法违规案件的几种方式进行简要介绍。

警告指监管部门对违法违规机构或个人发出的警示和谴责，通过申明其违法违规行为，对当事人（机构）名誉或声誉等方面进行影响，从而引起违法违规者的注意和警惕，使其以后不再实施违法违规行为。警告属于申诫罚的范畴，是银保监会十分常用且较为轻微的处罚方式。

罚款和没收违法所得均属于财产罚的范畴。为方便统计，本书将没收违法所得这一处罚种类也并入罚款（后文分析中统称为"罚款"）。罚款指监管部门强制违法违规机构（个人）缴纳部分货币，以期达到处罚其违法违规行为的目的。没收违法所得即指监管部门将违法违规者因违法违规行为所获得的收入强制收归国有的处罚方式。罚款和没收违法所得虽然都是对违法违规者部分财产权的剥夺，但是两者存在细微的差别。罚款更多的针对违法违规者的合法财产，具有明显的处罚性质，而没收违法所得只针对违法违规者的非法财产，本质上是一种追缴行为，其处罚性质并不明显（王青斌，2019）。

责令停业整顿指在一定期限内，监管部门禁止违法违规金融机构进行经营活动的处罚方式。吊销金融许可证则是银保监会禁止违法违规金融机构从事某些业务或者剥夺机构从事金融行业的处罚方式。两者均是非常严厉的处罚方式，适用于性质特别严重的违法行为，如《中华人民共和国银行业监督管理法》第四十五条规定，"……情节特别严重或者逾期不改正的，可以责令停业整顿或者吊销其经营许可证"。

取消或撤销任职资格和禁止从事银行业工作是银保监会专门针对违法违规行为当事人的处罚措施。两者均属于资格罚的范畴。其中取消或撤销任职资格指在一定期限内，银保监会强制剥夺对违法违规行为负有责任的管理人员的任职资格，但该责任人仍然可以继续从事其他相关工作。而禁止从事银行业工作则是监管部门强制剥夺违法违规行为当事人从事银行业所有工作的资格。

### 5.2.1  对机构处罚方式的统计

根据银保监会处罚公告中的行政处罚决定栏目，本书统计了2004—2020年银保监会对违法违规机构所采取的行政处罚措施。具体结果如表5-12所示。

**表5-12  银保监会对违法违规机构处罚措施的使用情况**

| 处罚措施 | 使用频率/次 | 使用频率占比/% |
|---|---|---|
| 罚款 | 13 247 | 69.67 |
| 警告 | 5 732 | 30.14 |
| 责令停业整顿 | 7 | 0.04 |
| 吊销金融许可证 | 28 | 0.15 |

资料来源：笔者根据公开资料统计。

从总体来看，在对违法违规机构的处罚中，罚款是银保监会最常用的处罚手段。在样本期内，银保监会总计使用罚款手段13 247次，使用频率占比69.67%；警告也是较为常用的处罚手段，使用频率占比为30.14%；同时可以发现，银保监会很少使用责令停业整顿和吊销金融许可证的方式。在样本期内，银保监会仅使用过7次责令停业整顿的处罚，是使用频率最低的处罚手段；同时银保监会共计使用28次吊销金融许可证的处罚，两种处罚方式使用频率占比之和不到0.2%。

同时本书对处罚措施的使用情况进行了分机构统计，具体结果如表5-13所示。

表5-13　银保监会处罚措施使用情况的分机构统计

单位：次

| 处罚措施 | 大型国有银行 | 全国性股份制银行 | 城市商业银行 | 农村商业银行 | 农村信用合作社与村镇银行 | 政策性银行 | 其他非银行金融机构 |
|---|---|---|---|---|---|---|---|
| 罚款 | 3 401 | 1 878 | 2 123 | 2 422 | 2 797 | 252 | 374 |
| 警告 | 1 244 | 516 | 1 031 | 1 284 | 1 503 | 83 | 71 |
| 责令停业整顿 | 1 | 0 | 0 | 0 | 1 | 0 | 5 |
| 吊销金融许可证 | 10 | 0 | 0 | 0 | 16 | 0 | 2 |

资料来源：笔者根据公开资料统计。

从银保监会对不同类型机构所使用的处罚措施来看，罚款仍是使用频率最高的处罚方式，尤其是在其他非银行金融机构、全国性股份制银行以及政策性银行中，罚款的使用占比高达82.74%、78.45%和75.22%，显著高于总体平均水平。而银保监会对农村商业银行以及农村信用合作社与村镇银行使用警告类处罚较多，其使用占比分别为34.65%和34.82%。此外，70%以上的责令整顿类处罚聚集于其他非银行金融机构，而吊销金融许可证的处罚则主要分布在大型国有银行和农村信用合作社与村镇银行。

此外，我们统计了银保监会对不同类型违法违规案件使用的处罚方式。由于责令停业整顿和吊销金融许可证这两种处罚方式的使用次数极少，且大多用于性质严重并涉及多类违法违规行为的案件，在统计违法违规类型时可能存在混淆，因此本书只统计了罚款和警告这两种处罚方式在不同类型违法违规案件中的使用情况，具体结果如表5-14所示。可以发现，银保监会对收费类和存款类违法违规案件更多地使用了罚款这一手段，在这两类案件中，罚款的使用次数占比分别为84.24%和74.98%。同时，银保监会对其他类违法违规案件更多地使用了警告，其使用次数占比达到35.72%。

表 5-14　银保监会对不同类型案件的处罚措施使用情况（机构）

单位：次

| 处罚措施 | 贷款类违法违规 | 内控类违法违规 | 存款类违法违规 | 票据类违法违规 | 收费类违法违规 | 授信类违法违规 | 同业类违法违规 | 其他类违法违规 |
|---|---|---|---|---|---|---|---|---|
| 罚款 | 6 711 | 3 390 | 1 214 | 2 043 | 1 657 | 827 | 496 | 2 174 |
| 警告 | 2 962 | 1 516 | 405 | 712 | 310 | 297 | 196 | 1 208 |

资料来源：笔者根据公开资料统计。

### 5.2.2　对个人处罚方式的统计

本小节统计了银保监会对违法违规个人采取的处罚措施，如表 5-15 所示。

表 5-15　银保监会对违法违规个人处罚措施的使用情况

| 处罚措施 | 使用频率/次 | 使用频率占比/% |
|---|---|---|
| 罚款 | 3 179 | 25.88 |
| 警告 | 6 098 | 49.64 |
| 取消或撤消任职资格 | 2 262 | 18.41 |
| 禁止从事银行业工作 | 745 | 6.07 |

资料来源：笔者根据公开资料统计。

从表 5-15 中可以发现，银保监会对个人使用最多的处罚方式是警告，其使用频率占比约为 49.64%；其次是罚款，使用频率占比约为 25.88%；而对个人使用最少的处罚方式则是禁止从事银行业工作，使用频率占比仅为 6.07%。

此外，在针对违法违规个人的处罚中，我们还根据违法违规案件的类型统计了不同处罚方式的使用情况，具体结果如表 5-16 所示。可以发现，银保监会在对个人违法违规案件的处罚中，对同业类违法违规更多地使用了罚款，使用占比约为 37.69%；银保监会对收费类违法违规案件更多地使用了警告，使用占比约为 59.34%；银保监会对其他类违法违规案件更多地使用了取消或撤消任职资格（使用占比约为 27.94%）和禁止从事银行业工作（使用占比约为 7.25%）。

表 5-16　银保监会对不同类型案件处罚措施的使用情况（个人）

单位：次

| 处罚措施 | 贷款类违法违规 | 内控类违法违规 | 存款类违法违规 | 票据类违法违规 | 收费类违法违规 | 授信类违法违规 | 同业类违法违规 | 其他类违法违规 |
|---|---|---|---|---|---|---|---|---|
| 罚款 | 1 635 | 1 011 | 185 | 299 | 315 | 258 | 170 | 520 |
| 警告 | 3 241 | 1 731 | 304 | 490 | 610 | 347 | 234 | 1 071 |
| 取消或撤消任职资格 | 1 113 | 450 | 172 | 134 | 77 | 83 | 30 | 686 |
| 禁止从事银行业工作 | 308 | 248 | 49 | 37 | 26 | 39 | 17 | 178 |

资料来源：笔者根据公开资料统计。

### 5.2.3　处罚方式选择的分析

在对违法违规案件的处罚方式选择方面，监管当局应在保证处罚有效性的前提下，尽量选择成本低、威慑效果好的处罚方式。而在银保监会对违法违规机构和个人的所有处罚措施中，罚款无疑是最为灵活高效的处罚方式。监管部门不仅可以根据违法违规案件的严重程度和相关法律法规方便地确定罚款金额以节约处罚成本，同时也能够通过调整罚款金额来改变处罚的威慑力。因此，罚款是银保监会最为常用的处罚手段。而警告这一处罚手段虽然威慑力度较小，但是对于较为轻微的违法违规案件，监管部门无须投入大量的监管资源，也不用考虑具体的处罚金额设定与处罚方式选择等问题，即可直接给予违法机构或个人警告的处罚。这样既能达到警示和批评教育的作用，还能最大限度地节约监管成本，因此，警告也是银保监会较为常用的处罚手段。而对于性质较为严重的违法违规案件，银保监会可能同时采取多种处罚措施以提升威慑力度。据统计，银保监会对大约26%的违法违规案件采用了多种不同的处罚措施。另外，银保监会很少使用责令停业整顿与吊销金融许可证这类严厉的处罚方式。其可能的原因有：一是此类处罚措施的执行成本较高。《中国银保监会行政处罚办法》第六十条规定，银保监会在使用责令停业整顿和吊销金融许可证时，被处罚机构有权要求进行听证，这会大幅迟滞案件的处罚流程和提高案件的监管成本。二是此类处罚可能会对银行声誉产生严重损害，引起较强的负面效应。《中国银保监会行政处罚办法》第八十八条规定，银保监会在做出责令停业整顿或者吊销金融许可证的处罚时，应当在银保监会官方网站或具有较大影响力的全国性媒体上公告。这可能会严重影响违法违规银行的声誉，对违法违规银行造成较大的负面影响。因此，银保监会很少使用这两种处罚方式。

## 5.3 本章小结

本章从银保监会行政处罚的趋势、违法违规案件的分布以及处罚方式的选择等方面分析了我国银行业违法违规处罚的现状。首先，从银保监会处罚的趋势来看，2004—2020年，银保监会对违法违规银行的处罚次数和罚款金额总体呈波浪式上升趋势；其次，本章统计了不同机构的违法违规处罚情况，同时还将违法违规案件分为贷款类违法违规、内控类违法违规、存款类违法违规、票据类违法违规、授信类违法违规、收费类违法违规、同业类违法违规、其他类违法违规八种类型，分别介绍了各类违法违规案件的具体违法违规事实并统计了其在不同银行中的分布情况；最后，本章详细探讨了监管部门对违法违规案件处罚时所使用的不同方式。研究发现，在对机构的处罚中，罚款是最为灵活也是银保监会最为常用的处罚方式，而由于执行成本较高、负面效应较强等原因，责令停业整顿、吊销金融许可证这两类方式则很少被银保监会使用；而在对个人的处罚中，银保监会最常使用警告这一处罚方式。

# 6 我国银行业违法违规案件的罚款定价影响因素研究

我们从上一章的统计分析可以发现，罚款是银保监会对我国银行业违法违规案件最常使用的处罚手段之一。然而在日常对违法违规案件的处罚中，监管部门并未披露如何确定罚款的具体金额，而相关法律法规也只是规定了罚款的大致范围，监管机构在实际处罚过程中有较大的自由裁量空间。为研究监管部门处罚银行违法违规案件背后的经济依据，本章通过构建理论模型分析了银行违法违规行为的收益与损失、监管及处罚所需要的成本等，探讨了影响罚款金额的主要因素；同时利用银保监会官方网站公布的行政处罚数据，以每一起银行违法违规案件作为研究样本，实证检验违法违规案件的性质、违法违规类型以及违法违规机构属性等因素是否会影响罚款金额。

## 6.1 引言

近年来，随着我国金融行业创新的不断深化，金融机构的违法违规现象也在逐渐增多。金融机构的违法违规行为不仅会造成巨大的社会与经济损失，而且金融机构在经营中具有高杠杆、资金借短贷长、同业交易频繁等特点，因此金融机构具有天生的内在脆弱性和风险易传染性。这会导致金融机构的违法违规行为极易形成风险事件，威胁整个金融体系的稳定。为了防范和化解金融风险，我国监管部门高度重视并采取了多项措施加强对金融业违法违规乱象的监管与处罚。而在针对违法违规行为的各种处罚措施中，罚款是银保监会采取的最为常用和重要的处罚手段之一。

在监管处罚的执行中，如何确定违法违规案件具体的罚款金额是一个十分困难的问题。有学者认为，处罚措施的执行过程一直被视为"黑箱"，会受到各种不确定因素的影响，是整个监管环节中最难以把握的部分（李春生、韩志明，2021）。罚款虽然是所有处罚措施执行中最容易标准化和程序化的手段，但也是最容易被误用和滥用的手段（刘宏光，2020）。在处罚违法违规案件时，金融监管部门虽然有相应的法律法规可以遵循，但部分法律法规并未明确规定各种违法违规行为具体的罚款金额，一些条款也只是笼统地规定了罚款的范围，监管部门在执法时拥有较大的自由裁量空间（张桥云、段利强，2020）。例如根据《中华人民共和国银行业监督管理法》第四十五条的规定，银行业监管机构将对违反该条的机构（个人）实施处罚，相关行政处罚公告中会披露违法违规机构（个人）的名称、案件的违法违规事实、行政处罚依据、行政处罚决定（例如警告、罚款等）、做出处罚决定的机关名称以及相应的日期等，但并未披露罚款金额是如何确定的。然而过大的自由裁量空间可能会导致罚款的任意性（许传玺，2003），影响金融监管处罚的效率和效果。金融违法违规案件数量繁多且案情复杂，为适应复杂多变的案情，相关法律法规必须给监管机构留出足够的自由裁量空间，这也是众多法律规范相对成熟的西方发达国家在金融监管立法时无法回避的难题。同时，监管机构公布的处罚信息可能会向市场发送上市银行的负面信号，引发上市银行股价异常波动，致使上市银行承受巨大的经济损失与声誉损失，这也要求监管部门在确定罚款金额时应该更加慎重。因此，在金融业违法违规现象逐渐增多，监管处罚常态化的背景下，研究银保监会对违法违规案件罚款的影响因素与差异性问题具有重要意义：第一，能够进一步丰富和完善我国金融监管理论体系，为金融监管处罚提供理论支持，第二，在实践中也有助于监管部门合理使用自由裁量权，提升金融监管处罚的科学性，进而有效威慑和抑制金融业的违法违规现象。

## 6.2　国内外相关研究

在罚款金额的确定方面，国内外学者进行了许多有益的探索。Becker（1968）首次从经济学的视角探讨了处罚违法违规行为的最优策略并提出了"威慑效应"，认为恰当的处罚能够改变经济主体的预期，威慑潜在违法违规者并减少违法违规犯罪行为。为了达到威慑的目的，罚款金额应当能够弥补违法违规行为对社会造成的净损失。同时，最优罚款金额还与监测违法违规行为的成本以及违法违规行为被发现的概率有关。之后，陆续有研究提出违法违规者的风险厌恶程度、不完全信息下的财富水平、对违法违规行为被发现的预期以及逃避处罚的概率等一系列因素都可能会影响最优的罚款数量（Polinsky、Shavell，1979；Shavell，1991；Bebchuk、Kaplow，1992、1993）。此外，从法学的角度来看，罚款作为行政处罚的手段，应符合行政处罚中"过罚相当"的原则，即罚款金额应该与违法违规行为造成的危害相匹配，然而这一原则过于注重事后的补偿却忽略了事前的威慑，与罚款的功能存在较大偏差，因此在确定罚款的金额时不仅要考虑违法违规行为造成的损失，还应考虑此损失发生的概率以及预防该损失所需要的费用（许传玺，2003）。同时，在实际处罚中，监管机构的自由裁量权亦是影响罚款金额的重要因素，自由裁量权过于宽泛或狭窄会导致罚款的畸重或畸轻，影响罚款的功效与公平（张红，2020）。

另外，在不同行业，罚款金额的确定标准也存在不同。例如在反垄断领域，确定罚款金额的流程已经比较成熟，欧美国家的监管部门通常会以违法违规公司上一年度的相关产品的销售额作为罚款基数，然后根据违法违规企业的类型、市场占有率、违法违规性质、企业规模等因素确定一个罚款比例，最后通过将罚款基数、罚款比例、违法违规行为持续的时间以及监管执法所需的成本相乘来确定最终的罚款金额（王健、张靖，2016）。而在金融监管领域，监管部门并未公布确定具体罚款金额的相关标准，只有少量研究通过案例分析的方法探讨了影响罚款的主要因素。王启迪（2011）基于2004—2010年证监会处罚的21件内幕交易的违法违规案件，统计分析了影响证监会对内幕交易案件罚款的主要因素，发现当事人的身份、案件的违法违规所得、内幕交易的具体行为以及案件发生后当事人的态度等都会影响罚款的金额。伏军和王雅洁（2015）以20个美国银行业机构的违法违规案件为样本，使用相关性分析和主成分分析的方法探讨了美国监管机构对违法违规案件罚款时主要考虑的因素。其发现，违法违规案件是否涉及外国、处罚对象的数量、涉案金额、案件是否涉及外汇和衍生产品以及案件波及的范围等是美国监管机构实施罚款时最为关注的因素。

综上所述，现有国内外大多数研究仅仅是对银行违法违规的典型案件进行统计分析和案例研究，鲜有研究探讨我国银行违法违规案件的罚款影响因素问题。本章尝试构建银行违法违规与监管处罚的理论模型，同时利用银保监会公布的 2004—2020 年的行政处罚数据，通过理论模型结合实证检验的方法分析影响银保监会确定违法违规金融案件处罚金额的主要因素，探讨银保监会对不同机构的罚款是否存在差异。

## 6.3 研究设计

### 6.3.1 理论模型构建

本小节采用构建数理模型的分析方法，对 Becker（1968）、Polinsky 和 Shavell（2000）等模型进行扩展与修改，分析银行违法违规以及处罚的成本与收益，以此研究监管当局对银行违法违规行为的处罚策略，探讨影响罚款金额的主要因素。

#### 6.3.1.1 银行违法违规行为对社会和经济造成的损失

银行能够从其违法违规行为中获得高额收益，但其违法违规行为很可能引发风险事件，影响整个金融体系的稳定，对社会和经济中的其他主体造成严重的损失。在本小节中我们用 $v$ 表示银行的违规行为，$L(v)$ 代表社会和经济中其他主体因银行违法违规行为所遭受的损失，$G(v)$ 则表示银行其违法违规行为中所获得的收益，因此银行违法违规行为对整个社会和经济造成的净损失可以表示为

$$D(v) = L(v) - G(v) \tag{6-1}$$

而随着银行违法违规行为的增加，其所获得的收益及对社会和经济中其他主体所造成的损失都会相应增加，所以能够得出 $L'(v) > 0$、$G''(v) > 0$，即银行违法违规行为越多，其造成的损失和获得的收益也越大。同时，假设银行违法违规行为造成的边际损失递增，而所获得的边际收益递减，即 $L''(v) > 0$、$G''(v) < 0$，则可以推出 $D''(v) = L''(v) - G''(v) > 0$。由此我们可以得出结论：在给定银行违法违规行为数量 $v_a$ 的情况下，当且仅当 $D'(v_a) \geqslant 0$，$v > v_a$ 时，$D'(v) > 0$ 成立。在本小节后续的讨论中，我们只考虑 $D'(v) > 0$，即银行违法违规行为所造成的边际净损失大于 0 时的情形。

#### 6.3.1.2 监管违法违规行为的成本

对于监管机构而言，其在监督银行违法违规行为的过程中需要投入大量的人力、物力、财力、技术等资源（银保监会官方网站 2020 年度决算报告

显示，2020 年银保监会的年度支出高达 81.77 亿元，日常运营支出 64.9 亿元，直接的金融监管支出为 4.93 亿元），包括修订监管法律法规的相关费用，监管机构日常运营及所需设备等费用，人员的工资、福利、培训费用等。假设银行违法违规行为被监管机构发现的概率为 $p$，则监管机构实际发现的违法违规案件数量 $A$ 可以近似等于 $p \times v$，因此监管成本 $C$ 可以表示为

$$C(A) = C(p \times v) = C(p, v) \tag{6-2}$$

同时我们假设监管成本会随违法违规数量的增加而增加，且监管的边际成本也会递增，即 $C' > 0$、$C'' > 0$，所以监管成本的一阶偏导数和二阶偏导数为

$$C_v = p \times C' > 0 \quad C_P = v \times C' > 0 \tag{6-3}$$

$$C_{vv} = p^2 \times C'' > 0 \quad C_{pp} = v^2 \times C'' > 0 \tag{6-4}$$

$$C_{vp} = C_{pv} = pv \times C'' \times C' \geqslant 0 \tag{6-5}$$

### 6.3.1.3 银行违法违规行为的收益与成本

银行在选择是否实施违法违规行为时，需要权衡其违法违规行为的收益与成本。设单个银行 $i$ 的违法违规行为数量为

$$v_i = v(p_i, f_i) \tag{6-6}$$

其中，$p_i$ 为银行 $i$ 的违法违规行为被监管部门发现的概率，$f_i$ 为监管部门对其违法违规行为所做出的处罚。

下面进一步分析银行违法违规数量 $v_i$ 与 $p_i$、$f_i$ 的关系。设 $E\pi_i$ 代表银行 $i$ 从其违法违规行为中获得的总期望收益，$g_i$ 代表其违法违规行为的收入，则有

$$E\pi_i = p_i \times E_{U_i}(g_i - f_i) + (1 - p_i) \times E_{U_i}(g_i) \tag{6-7}$$

其中，$E_{U_i}(g_i - f_i)$ 表示银行违法违规行为被监管部门发现时的期望收益，$E_{U_i}(g_i)$ 为其违法违规行为未被监管部门发现时的期望收益。我们对总期望收益求一阶偏导数可得

$$\frac{\partial E\pi_i}{\partial f_i} = -p_i E_{U_i}'(g_i - f_i) < 0 \tag{6-8}$$

$$\frac{\partial E\pi_i}{\partial p_i} = E_{U_i}(g_i - f_i) - E_{U_i}(g_i) < 0 \tag{6-9}$$

式（6-8）和式（6-9）表明银行从其违法违规行为中获得的总期望收益 $E\pi_i$ 会随监管部门的处罚 $f_i$ 和违法违规行为被发现的概率 $p_i$ 的上升而下降。而银行在选择是否违法违规时考虑的主要因素就是其违法违规行为

总期望收益的大小。因此，单个银行选择实施违法违规行为的数量 $v_i$ 也会随 $f_i$ 和 $p_i$ 的增加而减小，即 $\frac{\partial v_i}{\partial f_i} < 0$，$\frac{\partial v_i}{\partial p_i} < 0$。假设银行总的违法违规数量等于单个银行违法违规数量的加总，因此银行违法违规总量 $v$ 可以写作

$$v = V(p, f) \tag{6-10}$$

同时可以得出 $V_f < 0$、$V_p < 0$。$V_f$ 和 $V_p$ 分别表示 $v$ 对 $f$ 和 $p$ 的一阶偏导数，即银行违法违规行为的总量会随着处罚的增加以及违法违规行为被发现的概率的上升而下降。

#### 6.3.1.4 监管部门的处罚

综上所述，我们可以将银行违法违规行为的总损失表示为银行违法违规行为对社会和经济造成的净损失、监管成本与处罚执行成本之和，具体表示为

$$F = D(v) + C(p, v) + bfpv \tag{6-11}$$

其中，$b$ 代表处罚执行成本的系数，$bfpv$ 表示监管部门采取不同手段处罚银行违法违规行为所产生的处罚成本。而监管机构的目标则是使银行违法违规行为造成的总损失最小，即使总损失 $F$ 最小化。所以根据最小化条件，可以得到

$$\frac{\partial F}{\partial f} = D' V_f + C' V_f + bpf V_f + bpv = 0 \tag{6-12}$$

$$\frac{\partial F}{\partial p} = D' V_p + C' V_p + C_P + bpf V_p + bfv = 0 \tag{6-13}$$

当 $b$ 和 $p$ 为定值时[①]，$F$ 的最小化条件变为式（6-12），然后进行化简[②]可得

$$\frac{\partial F}{\partial f} = D' + C' + bpf(1 + \frac{\partial f}{\partial v} \frac{v}{f}) = 0 \tag{6-14}$$

此时总损失 $F$ 最小化的充分条件为

$$\frac{\partial^2 F}{\partial f^2} = (D'' + C'') V_f^2 + bp\left(1 + \frac{\partial f}{\partial v} \frac{v}{f}\right) V_f > 0 \tag{6-15}$$

---

① 当 $b = 0$ 时，容易解出最优处罚 $f^* = L'(v^*) + C'(v^*)$。考虑到本节的研究主题，因此这里不详细展开对最优处罚计算的讨论。

② 在式（6-12）中，$D' V_f + C' V_f + bpf V_f + bpv = 0$，两边同除以 $V_f$ 即 $\frac{\partial v}{\partial f}$，化简后可得式（6-14）。

为了方便下文进一步分析，令

$$E = (D'' + C'') + bp\left(1 + \frac{\partial f}{\partial v} \frac{v}{f}\right) \frac{1}{V_f} > 0 \qquad (6\text{-}16)$$

从违法违规案件的性质来看，假设监管机构的最优处罚为 $f^*$ ，银行违法违规案件的严重程度为 $s$ ，且严重程度 $s$ 与银行违法违规行为所造成的边际净损失呈正相关关系，即越严重的银行违法违规案件，其造成的边际净损失越大，因此 $\frac{\partial D'}{\partial s} > 0$ 。

而根据化简后的最小化条件，即式（6-14）可以得到

$$D'_s + (D'' + C'') V_f \times \frac{df^*}{ds} + bp\left(1 + \frac{\partial f}{\partial v} \frac{v}{f}\right) \frac{df^*}{ds} = 0 \qquad (6\text{-}17)$$

将式（6-16）代入式（6-17）并进行整理后可以得到

$$\frac{df^*}{ds} = \frac{- D'_s}{E \times V_f} \qquad (6\text{-}18)$$

由于 $D'_s = \frac{\partial D'}{\partial s} > 0, E > 0, V_f < 0$ ，所以 $\frac{df^*}{ds} > 0$ ，即最优处罚金额与违法违规案件的严重程度正相关。由此，本书提出假设：

假设6.1：在其他条件相同的情况下，违法违规案件的性质越严重，监管机构的处罚金额越高。

从违法违规机构的属性来看，不同类型的机构对处罚的敏感度（敏感性）可能不同，设金融机构违法违规行为对处罚的弹性（敏感度、敏感性）$\varepsilon$ 为

$$\varepsilon = - \frac{\partial v}{\partial f} \frac{f}{v} \qquad (6\text{-}19)$$

根据最小化条件式（6-14）可得

$$(D'' + C'') V_f \times \frac{df^*}{d\varepsilon} + bp\left(1 - \frac{1}{\varepsilon}\right) \frac{df^*}{d\varepsilon} + \frac{bpf}{\varepsilon^2} = 0 \qquad (6\text{-}20)$$

化简整理后可得

$$\frac{df^*}{d\varepsilon} = \frac{- bpf}{E \, \varepsilon^2 \, V_f} \qquad (6\text{-}21)$$

由于 $E > 0$、$V_f < 0$ ，因此 $\frac{df^*}{d\varepsilon} > 0$ ，即监管机构最优处罚金额与违法违规机构对处罚的弹性正相关。例如，自身经营稳健且盈利能力强的银行

可能对处罚的敏感性较低，那么监管机构对其违法违规案件的处罚金额也应相应较低；而那些经营不善、风险承担水平较高且盈利能力较差的银行对处罚的敏感性较高，监管机构则应采取较高的处罚金额以遏制其违法违规行为。此外，不同机构的违法违规行为对其他主体以及整个金融体系造成的损失不同、监管部门对不同机构的监管成本不同等因素也可能影响违法违规处罚金额的大小[①]。由此，本书提出假设：

假设 6.2：在其他条件相同的情况下，监管部门对不同类型机构的违法违规案件的处罚不同。违法违规机构对处罚的弹性（敏感度、敏感性）越大，监管部门对其处罚应越重。此外，不同机构违法违规行为所造成的损失不同、监管成本不同等因素也会影响处罚金额。

另外，从监管处罚的成本来看，监管当局在处罚违法违规机构时也需要付出执行成本，而采用不同处罚手段的成本不同。假设监管机构采取处罚手段的种类 $n$ 与处罚执行成本系数 $b$ 正相关，即 $\dfrac{\partial b}{\partial n} > 0$，监管部门对某一违法违规案件采取的处罚手段越多，执行成本越高。所以由式（6-13）可得

$$(D'' + C'') \, V_f \times \frac{df^*}{dn} + bp\Big(1 + \frac{\partial f}{\partial v}\frac{v}{f}\Big)\frac{df^*}{dn} +$$

$$pf\big(1 + \frac{\partial f}{\partial v}\frac{v}{f}\big)\frac{\partial b}{\partial n} = 0 \tag{6-22}$$

$$\frac{df^*}{dn} = \frac{-\dfrac{\partial b}{\partial n} \times pf\big(1 + \dfrac{\partial f}{\partial v}\dfrac{v}{f}\big)}{E \times V_f} \tag{6-23}$$

由于 $\dfrac{\partial b}{\partial n} > 0$，$\Big(1 + \dfrac{\partial f}{\partial v}\dfrac{v}{f}\Big) < 0$，$E > 0$，$V_f < 0$，所以 $\dfrac{df^*}{dn} < 0$，即监管机构最优处罚金额的大小与处罚手段的种类多少负相关。由此，本书提出假设：

假设 6.3：在其他条件相同的情况下，监管部门同时采用多种处罚手段对违法违规案件进行处罚时，处罚力度较小。

---

① 通过上文的分析容易看出，最优处罚金额 $f^*$ 会受到相关违法违规行为所造成的损失及监管成本的影响。

### 6.3.2　实证研究设计

#### 6.3.2.1　实证分析思路

本小节所分析的金融机构违法违规案件信息均来自银保监会的行政处罚公告栏目。首先从银保监会处罚的机构类型来看，违法违规机构主要包括各类银行、农村信用合作社、信托公司、财务公司以及金融租赁公司等。其次从受罚对象来看，包括仅对机构处罚、仅对相关涉案责任人处罚、对机构与涉案责任人同时处罚三种情况。从处罚方式来看，对违法违规机构的处罚方式有罚款、没收违法所得、责令停业整顿、吊销金融许可证或多种处罚方式并处等；而对个人的处罚方式则主要包括警告、罚款、取消或撤消任职资格、禁止从事银行业工作或多种处罚方式并处等。本小节主要探讨银保监会对违法违规机构罚款定价的主要影响因素和差异性。

一般情况下，银保监会在确定罚款金额时主要考虑的因素包括违法违规案件的影响范围和损失额等。然而在银保监会公开披露的处罚公告中，违法违规案件的涉案金额、影响范围及损失额等数据很少公布。而银行违法违规行为的影响范围和损失额通常与案件严重程度直接相关。因此，本书采用违法违规案件的严重程度来代表银行违法违规行为的影响范围和损失额，若公告的违法违规事实描述中包含"严重"或"重大"等字样且罚款金额高于同类案件的平均值，则认为案件属于严重违法违规，否则为不严重。

而对于罚款的差异性，违法违规案件业务类型不同、性质不同（本小节主要指违法违规案件的严重性以及是否涉及多项违法违规，其具体定义见表6-1）、违法违规机构属性不同，罚款金额均可能存在不同。但是，罚款金额不同本身并不代表罚款的差异或存在差异性执法。本小节所说的罚款差异性是指类似违法违规案件的罚款数额因机构属性不同而导致的差异性，如在案件其他情况相似时，银行的国有与非国有、大型与小型、上市与非上市等属性不同而造成的罚款差异。为了检验影响罚款金额的主要因素以及验证银保监会对不同机构的罚款是否存在差异性，本书构建如下模型：

$$lnfines_i = \alpha + \beta\, typ_i + \gamma\, X_i + \delta\, Z_i + \varepsilon_i \qquad (6-24)$$

其中，$lnfines_i$ 代表违法违规案件 $i$ 的罚款金额的自然对数；$X_i$ 表示银保监会对违法违规案件 $i$ 的罚款定价的主要影响因素，如违法违规案件的严重性、同一案件是否涉及多项违法违规等；$Z_i$ 表示违法违规案件的业务类型等变量，此外，本书还在稳健性检验中加入了违法违规机构的资产规模等变量；$typ_i$ 表示违法违规案件 $i$ 的机构类别，本小节将违法违规机构分为四类进行对比，即银行与非银行、农村信用合作社与非农村信用合作社、上市银行与非上市银行、大型国有上市银行与其他上市银行。在控制了 $X_i$ 和 $Z_i$ 后，我们通过观察 $\beta$ 的显著性来检验银保监会对不同属性机构的罚款是否存在差异性。

### 6.3.2.2 变量定义

一般来讲，罚款金额会因为案件性质、涉案业务类型、机构类型、银行特征不同而有差异。Polinsky 和 Shavell（2000）认为最优罚款金额与违法违规行为对社会和经济所造成的危害正相关，即违法违规案件越严重，其对社会和经济所造成的危害越大。本书把违法违规案件的严重程度作为其对社会和经济造成危害的代理变量。伏军和王雅洁（2015）用主成分分析法探讨了美国监管机构在处罚违法违规银行时主要考虑的因素，其认为违法违规行为的数量会对罚款金额产生影响，而本书将违法违规案件中是否涉及多项违法违规作为另一个解释变量，并认为银保监会对涉及多项违法违规的案件罚款更高。此外，参考对银行违法违规案件的分类，本小节将违法违规案件所属业务分为三类，即贷款类违法违规、内控类违法违规和其他类违法违规。相关主要变量及其含义见表6-1。

表6-1　主要变量及其含义

| 变量类型 | 变量名称 | 变量符号 | 变量说明 |
| --- | --- | --- | --- |
| 被解释变量 | 罚款金额 | *fines* | 违法违规机构的罚款数额，进行对数化处理 |
| 机构类型 | 是否银行 | *bank* | 若违法违规机构为商业银行，则设为1，否则设为0 |
| | 是否农村信用合作社 | *rcc* | 若违法违规机构为农用信用合作社，则设为1，否则设为0 |
| | 是否上市银行 | *list* | 若违法违规机构为已上市的商业银行，则设为1，否则设为0 |
| | 是否大型国有银行 | *sta* | 若违法违规机构为中国工商银行、中国银行、中国农业银行、中国建设银行、交通银行或中国邮政储蓄银行，则设为1，否则设为0 |

表6-1(续)

| 变量类型 | 变量名称 | 变量符号 | 变量说明 |
|---|---|---|---|
| 案件性质 | 是否严重 | *ser* | 若违法违规公告中含有"重大"或"严重"等字样且罚款金额高于同类案件,平均值则设为1,否则设为0 |
| | 是否多重违规 | *mul* | 若在同一违法违规公告中违法违规机构有两项及以上的违法违规行为则设为1,否则设为0 |
| 案件业务类型 | 贷款类违法违规 | *loan* | 若违法违规机构的主要违法违规事项属于贷款类则设为1,否则设为0 |
| | 内控类违法违规 | *int* | 若违法违规机构的主要违法违规事项属于内部控制类则设为1,否则设为0 |
| 银行特征 | 资产规模 | *size* | 违法违规机构的总资产,进行对数化处理 |

### 6.3.2.3 数据来源与描述性统计

本小节选取了2004—2020年银保监会的监管处罚数据作为样本。数据具体获取步骤如下:首先使用python软件在银保监会官方网站的行政处罚公告栏目中抓取银保监会机关、银保监局本级以及银保监分局本级的行政处罚公告,剔除了其中仅对个人的处罚公告和对金融机构的非罚款类(如警告、吊销金融许可证等)处罚公告。然后我们从处罚公告的处罚决定中提取了罚款金额数据,从被处罚单位名称中整理出机构类型数据,并从处罚公告主要违法违规事实(案由)栏目中整理并提取出了机构违法违规案件的性质以及涉案业务类型的数据。最后我们从国泰安(CSMAR)银行数据库和公司研究系列数据库中获取了银行规模的数据。经过对原始数据的整理后,我们最终得到有效数据10 785条[①],其中银行类机构违法违规案件10 478件,上市银行违法违规案件4 374件,大型国有银行违法违规案件2 962件,农村信用合作社违法违规案件1 958件,其他非银行金融机构(包括信托公司、互联网金融公司、资产管理公司、金融租赁公司以及财务公司等)违法违规案件254件,其他930件。本小节所用主要变量的描述性统计结果如表6-2所示。

---

① 为了消除异常值对实证结果带来的影响,本书对罚款金额进行了1%的Winsor缩尾处理。

表 6-2　主要变量的描述性统计结果

| 变量 | 样本数/条 | 均值 | 标准差 | 最小值 | 中位数 | 最大值 |
|---|---|---|---|---|---|---|
| *fines* | 10 785 | 3.32 | 0.85 | 0.22 | 3.40 | 7.97 |
| *bank* | 10 785 | 0.97 | 0.17 | 0.00 | 1.00 | 1.00 |
| *rcc* | 10 785 | 0.18 | 0.39 | 0.00 | 1.00 | 1.00 |
| *list* | 10 785 | 0.41 | 0.49 | 0.00 | 1.00 | 1.00 |
| *sta* | 10 785 | 0.27 | 0.45 | 0.00 | 1.00 | 1.00 |
| *ser* | 10 785 | 0.16 | 0.36 | 0.00 | 1.00 | 1.00 |
| *mul* | 10 785 | 0.30 | 0.46 | 0.00 | 1.00 | 1.00 |
| *loan* | 10 785 | 0.51 | 0.50 | 0.00 | 1.00 | 1.00 |
| *int* | 10 785 | 0.24 | 0.43 | 0.00 | 1.00 | 1.00 |
| *size* | 4 813 | 20.25 | 1.49 | 13.67 | 20.53 | 21.92 |

资料来源：笔者根据 2004—2020 年银保监会行政处罚数据整理。

根据表 6-2 中描述性统计结果，从违法违规机构的类型来看，银行类违法违规案件样本约占总体的 97%；上市银行的家数仅有 54 家，但其违法违规案件占比却高达 41% 左右，其中大型国有银行违法违规案件的占比约为 27%；另外，农村信用合作社类机构违法违规案件占比约为 18%。根据违法违规机构在总样本中的分布情况，本小节主要关注违法违规案件中银行类的违法违规案件。在银行类违法违规案件中，我们重点关注农村信用合作社类机构、上市银行和大型国有银行的违法违规案件。而关于违法违规案件的属性，我们发现违法违规案件中约 16% 的案件属于严重违法违规案件，约 30% 的案件中涉及多种违法违规行为。从机构涉案业务类型来看，约有 51% 的违法违规行为可归类为贷款类违法违规，约有 24% 的违法违规案件属于内控类违法违规行为。从此处可以看出，本小节所选取的违法违规案件类型占总体违法违规案件的比重较高，所选案件类型具有较强的代表性。

为了更加清楚地分析银保监会对不同类型机构的处罚情况，我们对银保监会的罚款金额进行了分机构类型统计，具体结果如表 6-3 所示。我们可以看出，违法违规案件总体平均被罚金额约为 44.14 万元，其中银保监会对非银行金融机构罚款的均值最高，约为 66.06 万元，远高于总体均值；罚款均值最低的是农村信用合作社类机构，银保监会对其违法违规案件的单笔罚款平均约为32.33万元。此外，银保监会对上市银行中的大型国有银行的违法违规案件罚款较低，平均值约为39.35万元，远低于对上市银行的罚款均值48.90万元。

表6-3 不同类型违法违规机构罚款情况　　单位：万元

| 机构类型 | 均值 | 标准差 | 最小值 | 中位数 | 最大值 |
|---|---|---|---|---|---|
| 银行 | 43.61 | 107.89 | 1.24 | 28.57 | 2 900.00 |
| 农村信用合作社 | 32.33 | 49.52 | 1.33 | 20.00 | 1 307.40 |
| 上市银行 | 48.90 | 132.46 | 1.28 | 30.00 | 2 900.00 |
| 大型国有银行 | 39.35 | 111.34 | 1.24 | 25.00 | 2 900.00 |
| 非银行金融机构 | 66.06 | 145.15 | 5.00 | 40.00 | 1 650.00 |
| 总体 | 44.14 | 108.81 | 1.24 | 30.00 | 2 900.00 |

资料来源：笔者根据2004—2020年银保监会的行政处罚数据整理。

此外，为进一步分析严重违法违规案件的分布情况，我们对不同机构违法违规案件性质严重案件的占比情况进行了统计，结果见表6-4。其中非银行金融机构严重违法违规案件的占比约为19%，显著高于总体平均水平（16%）；而银行类机构、农村信用合作社和大型国有银行严重违法违规案件占比最低，其中大型国有银行约有14%的违法违规案件为严重违法违规案件，低于总体均值；银行类机构和农村信用合作社类机构中约有15%的案件属于严重违法违规案件，略低于总体平均水平。

表6-4 严重违法违规案件占比的分机构特征

| 机构类型 | 均值 | 标准差 |
|---|---|---|
| 银行 | 0.15 | 0.36 |
| 农村信用合作社 | 0.15 | 0.35 |
| 上市银行 | 0.16 | 0.37 |
| 大型国有银行 | 0.14 | 0.35 |
| 非银行金融机构 | 0.19 | 0.39 |
| 总体 | 0.16 | 0.36 |

资料来源：笔者根据2004—2020年银保监会的行政处罚数据整理。

同时，为进一步分析不同机构违法违规案件的种类，我们对贷款类违法违规、内控类违法违规和其他类违法违规案件在不同机构中的分布情况进行了统计。如表6-5所示，在上市银行中约有53%的违法违规案件是贷款类违法违规，其占比高于总体平均水平（51%）；其中约有27%的案件是内控类违法违规，其占比也高于总体均值（24%）；而大型国有银行的贷款类违法违规案件占比约为47%，明显低于总体平均水平。此外，非银行金融机构的贷款类违法违规案件较少，占比仅有19%，远低于总体平均水平；而其所有违法违规案件中的其他类违法违规案件占比却高达55%，远高于其他金融机构。

表6-5　不同机构违法违规案件占比业务类型分布特征

| 机构类型 | 贷款 | 内控 | 其他 |
|---|---|---|---|
| 银行 | 0.52 | 0.24 | 0.24 |
| 农村信用合作社 | 0.50 | 0.23 | 0.27 |
| 上市银行 | 0.53 | 0.27 | 0.20 |
| 大型国有银行 | 0.47 | 0.24 | 0.29 |
| 非银行金融机构 | 0.19 | 0.26 | 0.55 |
| 总体 | 0.51 | 0.24 | 0.25 |

资料来源：笔者根据2004—2020年银保监会的行政处罚数据整理。

## 6.4　实证结果分析

### 6.4.1　主要回归结果

本小节我们使用OLS回归方法对模型（6-24）进行了估计，并以此探讨银保监会对违法违规案件罚款的影响因素与差异性。具体结果如表6-6所示。

表6-6　主要回归估计结果

| 变量 | （1）$fines$ | （2）$fines$ | （3）$fines$ | （4）$fines$ |
|---|---|---|---|---|
| $ser$ | 0.241 1*** (9.341) | 0.242 4*** (9.415) | 0.246 8*** (9.539) | 0.228 8*** (5.527) |
| $mul$ | 0.455 0*** (25.225) | 0.453 8*** (25.252) | 0.463 5*** (25.704) | 0.510 4*** (18.588) |

表6-6(续)

| 变量 | (1)fines | (2)fines | (3)fines | (4)fines |
|---|---|---|---|---|
| loan | 0.191 5*** (12.353) | 0.180 5*** (11.745) | 0.176 6*** (11.465) | 0.104 7*** (4.568) |
| int | 0.199 8*** (9.391) | 0.197 5*** (9.340) | 0.191 6*** (8.983) | 0.169 5*** (5.363) |
| bank | −0.312 0*** (−6.309) | | | |
| rcc | | −0.218 5*** (−11.279) | | |
| list | | | 0.125 6*** (8.169) | |
| sta | | | | −0.218 0*** (−9.406) |
| Constant | 3.303 9*** (67.462) | 3.046 7*** (224.210) | 2.955 9*** (204.923) | 3.240 4*** (135.492) |
| N | 10 785 | 10 785 | 10 785 | 4 374 |
| $R^2$ | 0.132 | 0.138 | 0.133 | 0.122 |

注：括号中的数值是纠正了异方差后的 $t$ 统计量。***、** 和 * 分别表示 1%、5% 和 10% 的显著水平。

在银保监会对违法违规案件的罚款定价特征和影响因素方面，从回归结果可以看出，违法违规案件的性质和案件所涉及的业务种类均会对罚款金额产生显著影响。从违法违规案件的性质来看，表 6-6 中第（1）列至第（4）列案件严重程度（ser）的系数均为正值且在 1% 水平上显著，表明违法违规案件的性质越严重，银保监会对该案件的罚款金额越高。这与假设 6.1 的结论相符。同时表 6-6 中第（1）列至第（4）列金融机构涉及两项及以上的违法违规行为（mul）的系数也显著为正，表明银保监会对涉及多项违法违规行为的案件将处以更高的罚款。综合来看，银保监会对违法违规案件做出罚款决定时主要考虑案件的危害程度和影响广度，这也与 Polinsky 和 Shavell（2000）、伏军和王雅洁（2016）等人的研究结论一致。

从违法违规案件所涉及的业务种类来看，表 6-6 中第（1）列至第（4）列 loan 和 int 的系数均在 1% 水平上显著为正，与此同时 int 系数的数值均大于 loan 系数的数值，这说明银保监会可能更加关注金融机构内控类违法违规案件，对此类案件的罚款金额明显更高。这可能是因为相对于金融机构的贷款类违法违规行为，内控条线的违法违规行为往往更加隐蔽和持久，因而可能带来更强的破坏。因此，监管当局更加重视金融机构内控相关的违法违规行为，对此类案件的罚款也更高。

在罚款的差异性方面，表6-6中第（1）列至第（4）列机构类型变量（$bank$、$rcc$、$list$、$sta$）的系数均在1%水平上显著，表明银保监会对银行类机构和非银行金融机构的罚款、农村信用合作社和非农村信用合作社类机构的罚款、上市银行和其他金融机构的罚款、上市银行中大型国有银行和其他上市银行之间的罚款的确存在差异。回归的结果基本与假设6.2相符。首先，监管当局对不同类型机构违法违规案件的处罚明显不同。具体而言，表6-6中第（1）列 $bank$ 的系数显著为负，说明银保监会对银行类机构违法违规案件的处罚金额要低于非银行金融机构，这可能是因为相对于银行类机构，非银行金融机构大多规模较小，经营风险较高，其对处罚的敏感度（弹性）较高，因此监管部门对其违法违规行为的罚款也更高；而第（4）列大型国有银行的系数（$sta$）显著为负，则表示银保监会对上市银行中的大型国有银行罚款更少。这可能是因为与其他上市银行相比，大型国有银行自身经营更为稳健，盈利能力较强，对处罚的敏感度（弹性）较低，所以监管部门对其罚款相对更少。其次，表6-6中第（2）列农村信用合作社类机构（$rcc$）的系数显著为负，第（3）列上市银行 $list$ 的系数显著为正。而农村信用合作社类机构对处罚敏感度较高，上市银行可能对处罚的敏感度较低，与假设6.2的结论不符。这可能是由于农村信用合作社和上市银行的罚款情况会受到多种因素的影响。下文将对其进行综合讨论分析。

另外，从统计的情况来看，虽然银行类违法违规案件的数量更多，但监管部门对其罚款的均值明显低于非银行金融机构，这与表6-6中第（1）列的回归结果一致（$bank$ 系数显著为负）。而我们认为除了非银行金融机构对处罚的敏感度较高之外，还可能存在其他原因使得银保监会对银行类违法违规案件的罚款较少而对非银行金融机构的违法违规案件罚款较多。我们发现，银保监会在对某些违法违规案件进行罚款的同时，还可能采取了其他处罚手段（同时处罚），包括责令停业整顿以及在罚款的同时对案件当事人进行处罚等。即银保监会在处理违法违规案件的过程中，可能同时采取了多种处罚手段并使用了其他处罚手段来替代罚款，例如在处罚中可能存在以"罚人"来替代"罚钱"的现象（结果见表6-7）。同时，本书在模型（6-24）中加入了"银保监会是否对案件采取了多种处罚手段"（$mup$）的虚拟变量并对模型进行了重新估计，结果如表6-8所示。其中第（1）列至第（4）列$mup$的系数均显著为负且其余变量的符号与显著性均未发生变化，表明银保监会对案件采取多种处罚手段时的罚款较少。这也与假设6.3的结论一致。相较于对违法违规机构单一进行罚款，银保监会采用多种处罚手段时的成本更高。例如监管部门同时处罚违法违规机构和案件当事人时，需要花费更多时间、精力等调查案件的详细情况以确定当事人的责任。这就导致监管部门采取多种手段时的处罚力度较小。

表6-7　银保监会对不同类型金融机构实施多种处罚手段的占比情况

| 机构类型 | 均值 | 标准差 |
|---|---|---|
| 银行 | 0.27 | 0.44 |
| 农村信用合作社 | 0.31 | 0.46 |
| 上市银行 | 0.23 | 0.42 |
| 大型国有银行 | 0.24 | 0.43 |
| 其他金融机构 | 0.21 | 0.41 |
| 总体 | 0.26 | 0.44 |

资料来源：笔者根据2004—2020年银保监会的行政处罚数据整理。

从表6-7可以看出，银保监会对银行类机构采取多种处罚手段的案件占比约为27%，显著高于对非银行金融机构采取多种处罚的案件占比（21%），表明相较于其他金融机构，银保监会对罚款较低的银行类机构更多地采取了多种处罚手段并用的方式，即和非银行金融机构相比，银保监会对银行类机构违法违规案件的处罚中可能存在类似以"罚人"替代"罚钱"的现象。

表6-8　加入采取多种处罚手段变量后的回归结果

| 变量 | (1)$fines$ | (2)$fines$ | (3)$fines$ | (4)$fines$ |
|---|---|---|---|---|
| $ser$ | 0.177 6*** (7.553) | 0.178 7*** (7.605) | 0.180 6*** (7.668) | 0.211 6*** (5.596) |
| $mul$ | 0.472 6*** (30.287) | 0.471 7*** (30.314) | 0.477 1*** (30.544) | 0.517 4*** (20.824) |
| $loan$ | 0.099 2*** (7.249) | 0.094 6*** (6.957) | 0.092 0*** (6.744) | 0.058 5*** (2.724) |

表6-8(续)

| 变量 | (1)*fines* | (2)*fines* | (3)*fines* | (4)*fines* |
|------|-----------|-----------|-----------|-----------|
| *int* | 0.097 7 *** (5.117) | 0.097 6 *** (5.126) | 0.094 4 *** (4.934) | 0.073 6 ** (2.520) |
| *mup* | −0.177 1 *** (−6.199) | −0.177 1 *** (−6.210) | −0.176 1 *** (−6.151) | −0.196 5 *** (−4.284) |
| *bank* | −0.175 0 *** (−3.908) | | | |
| *rcc* | | −0.146 6 *** (−8.718) | | |
| *list* | | | 0.060 1 *** (4.417) | |
| *sta* | | | | −0.165 5 *** (−7.835) |
| *Constant* | 2.237 5 *** (26.378) | 2.088 9 *** (28.957) | 2.060 8 *** (28.620) | 2.506 5 *** (10.821) |
| *N* *R²* | 10 785 0.341 | 10 785 0.344 | 10 785 0.341 | 4 374 0.311 |

从表6-6中第（2）列的结果来看，农村信用合作社类机构（*rcc*）的系数显著为负，表明相较于其他机构，银保监会对农村信用合作社违法违规案件的罚款更低。表6-3的统计结果也表明银保监会对农村信用合作社违法违规案件的单次罚款均值是所有违法违规机构中最低的。可能的原因主要有以下三点：一是农村信用合作社所处地区的经济发展水平相对落后，违法违规行为的诱发因素更多，但农村信用合作社在日常经营中的不规范行为造成的影响和损失都相对较小。二是我国政府一直大力扶持和发展农村金融，保证广大的农民群众享有更加便捷的金融服务，而农村信用合作社类机构在其中扮演了重要角色。因此，银保监会虽然应该对处罚敏感度较高的农村信用合作社处以更高的罚款，但在实际处罚时减少了罚款金额。三是可能存在类似以"罚人"替代"罚钱"的情况，即监管当局对农村信用合作社类案件更多地采取了包括罚款在内的多种处罚手段。从表6-7的结果可以看出，银保监会对农村信用合作社的违法违规案件采取多种处罚手段的占比高达31%，是所有机构中最高的。

表6-6中第（3）列的结果显示，上市银行*list*的系数显著为正，表明

银保监会对上市银行的罚款金额相对较高。虽然相对于其他机构而言，上市银行有更加畅通的融资渠道、更加稳定的业务来源以及更加完善的公司治理，这使得上市银行可能对罚款的敏感度较低，但上市银行具有更高的公众关注度，其违法违规行为可能产生更加恶劣的影响，造成更大的社会与经济损失。如表6-2和表6-4中的统计结果所示，上市银行违法违规案件占比高达41%，且其中严重违法违规案件占比高达16%，仅次于非银行金融机构，在所有类型的机构中居第二位。

从表6-6中第（4）列的结果来看，大型国有银行 sta 的系数显著为负，表明相对于其他上市银行，银保监会对于大型国有银行的违法违规案件罚款更少。表6-3的描述性统计结果显示，银保监会对上市银行违法违规案件的平均罚款金额高于总体平均水平，而对大型国有银行的平均罚款金额却低于上市银行。究其原因，除大型国有银行对处罚的敏感度较低之外，还可能与大型国有银行拥有更强的政府背景有关，而政治关联程度可能会显著影响监管部门的执法水平和执法效率（许年行 等，2013），因此监管部门对大型国有银行违法违规案件的罚款较低。此外，表6-7的结果显示，相较于其他上市银行，银保监会对大型国有银行违法违规案件更多地采取了多种处罚手段并用的方式（对大型国有银行违法违规行为以多种手段同时处罚的占比为24%，高于上市银行的23%），即和其他上市银行相比，银保监会在对大型国有银行违法违规案件的处罚中同样存在类似以"罚人"替代"罚钱"的现象。

### 6.4.2　稳健性检验

本小节对回归的结果进行了稳健性检验。首先，为排除部分随时间变化的且无法观测变量（如政府部门推出的各种经济、金融及监管政策等）对实证结果产生的影响，在回归中加入了年度固定效应，具体结果如表6-9中第（1）列至第（4）列所示。其次，考虑到银行规模变量可能对罚款金额产生一定影响，因此在回归中加入了银行规模变量①，结果见

---

① 银保监会处罚对象大多是各银行分支机构，其各项数据均难以获得。考虑到在遗漏变量中规模变量具有一定的代表性，本书选择使用2007—2020年的银行总规模进行稳健性检验。之后，本书尝试加入一些银行总体的指标如净资产收益率、非利息收入占比、权益比率、加权风险资产占比等，然后使用 stepwise 方法进行变量筛选，结果发现所有指标均未入选，即上述指标均不会对罚款金额产生显著影响。

表6-9中第（5）列。我们发现第（5）列中银行规模变量（*size*）的系数为负但不显著，即银行的规模并不是银保监会处罚违法违规案件时考虑的主要因素①。除此之外，表6-9中第（1）列至第（5）列模型原有变量的符号及显著性均未发生明显改变，证明表6-6中的实证结果是稳健的。

表6-9  稳健性检验

| 变量 | (1)*fines* | (2)*fines* | (3)*fines* | (4)*fines* | (5)*fines* |
|------|-----------|-----------|-----------|-----------|-----------|
| *ser* | 0.175 6 *** (7.384) | 0.177 7 *** (7.443) | 0.179 7 *** (7.502) | 0.208 1 *** (5.409) | 0.204 2 *** (5.294) |
| *mul* | 0.491 9 *** (31.183) | 0.491 0 *** (31.198) | 0.496 3 *** (31.418) | 0.537 8 *** (21.423) | 0.545 1 *** (21.821) |
| *loan* | 0.097 3 *** (7.084) | 0.092 6 *** (6.781) | 0.090 0 *** (6.568) | 0.055 3 ** (2.564) | 0.072 8 *** (3.424) |
| *int* | 0.095 4 *** (4.919) | 0.095 3 *** (4.926) | 0.092 1 *** (4.735) | 0.071 0 ** (2.383) | 0.071 0 ** (2.388) |
| *bank* | −0.176 6 *** (−3.865) | | | | |
| *rcc* | | −0.147 0 *** (−8.756) | | | |
| *list* | | | 0.621 *** (4.545) | | |
| *sta* | | | | −0.163 4 *** (−7.679) | |
| *size* | | | | | −0.004 5 (−0.321) |
| *Constant* | 2.106 7 *** (25.623) | 1.956 6 *** (28.614) | 1.929 0 *** (28.235) | 2.324 1 *** (10.130) | 2.594 5 *** (20.114) |
| *N* *R²* | 10 785 0.336 | 10 785 0.340 | 10 785 0.337 | 4 374 0.305 | 4 550 0.287 |

---

① 此外，本书还尝试在主要回归即表6-6中的第（1）列至第（4）列中均加入银行规模（*size*）变量，结果发现*size*变量的系数均不显著。

## 6.5　本章小结

本章通过分析银行违法违规的收益与成本、银行违法违规行为对社会与经济中其他主体所造成的损失以及监管处罚所需的成本构建了银行违法违规与监管处罚的理论模型，同时基于银保监会公布的行政处罚数据，采取理论分析与实证检验相结合的方法探讨了影响银保监会确定违法违规案件罚款金额的主要因素。研究发现：恰当的处罚能够有效提高银行的违法违规成本，约束银行的违法违规行为；而在罚款金额的影响因素方面，违法违规案件的性质、违法违规机构的属性等均会影响罚款金额。具体来说，第一，银保监会对性质严重的违法违规案件罚款更高，对同一案件中涉及多项违法违规行为的案件罚款更高。第二，相较于其他类型的违法违规案件，银保监会对内控类违法违规案件的处罚更重。第三，由于不同类型机构对罚款的敏感度不同、监管部门对各类机构的监管与处罚成本不同等，银保监会对不同机构违法违规案件的罚款金额存在明显的差异：银保监会对上市银行违法违规案件的罚款金额更高，而对农村信用合作社及大型国有银行违法违规案件的罚款更低。

基于上述研究结论，本书认为，针对银行等金融机构的违法违规行为：一是监管机构在加大对金融机构违法违规行为的处罚力度的同时，应披露更多违法违规案件及处罚的细节信息，提高处罚的公信力和权威性；二是要持续重点打击金融机构的内控类违法违规行为，敦促金融机构建立更加合理的内控体系，增强自身的公司治理水平，从源头上控制违法违规行为的产生；三是提高金融机构违法违规的成本，震慑违法违规机构或个人。相对于单纯的罚款而言，监管机构可以尝试采取多样化的处罚手段如加重对违法违规案件相应机构负责人的处罚或限制金融机构的经营活动（如暂缓对违法违规银行成立分支机构的批准等）以增加处罚的威慑力。

# 7 中国银保监会监管处罚效应研究

从第 5 章的统计分析中可以看出，近年来银保监会做出的行政处罚数量与罚款金额呈现出明显的上升趋势。部分机构和学者担忧高频率、高金额的罚款可能会影响银行的日常经营活动，对银行的偿付能力和管理能力也是一种挑战（European Systemic Risk Board，2015；Delis 等，2017）。然而也有研究认为监管机构对违法违规行为的处罚力度较小，而银行从其违法违规行为中获得的收益可能远高于罚款，因此监管处罚不会对银行的经营产生明显的影响（宋云玲 等，2011；Köster、Pelster，2017）。本章试图利用银保监会官方网站公布的行政处罚数据，实证检验监管处罚的效应。具体来说，本章主要检验了监管处罚对上市银行股价表现、盈利能力以及风险承担水平的影响。上市银行股价表现反映了上市银行的市场价值；盈利能力则是衡量银行经营绩效的关键指标；而银行的风险承担水平可以反映出银行的风险偏好。从这三个方面检验监管处罚的效应，不仅能够评估处罚对银行市场价值与业绩表现的影响，而且对评估监管处罚是否能够达到降低银行业风险、维护金融体系稳定的目标具有重要意义[①]。

## 7.1 监管处罚对上市银行股价的影响

### 7.1.1 引言

近年来，金融机构违法违规现象逐渐增多，违法违规行为似乎已成为

---

① 本章并未检验监管处罚是否能够减少银行的违法违规行为，原因在于银行违法违规案件的数量与监管处罚力度有直接关系。违法违规案件的增多或减少并不意味着银行主动增加或减少了自身的违法违规行为，而取决于银保监会是否发现并处罚了这些违法违规行为。因此，验证处罚是否减少了银行的违法违规行为十分困难。

金融行业的特有属性（Zingales，2015）。而在 2008 年全球金融危机爆发之后，世界各国都高度重视并采取了多种措施加强对金融机构尤其是商业银行的监管和处罚，强监管、严处罚、防风险已成为国际金融业监管的新趋势。在强监管的趋势下，我国监管机构开出的罚单数量明显上升，天价罚单也屡次出现。一方面，部分学者认为监管部门的处罚具有一定的威慑效力，能够有效遏制公司及上市银行的违法违规经营活动。资本市场本质上属于信息市场，根据有效市场假说，投资者能够根据处罚公告的信息迅速做出调整，从而造成违法违规上市银行的股价下跌，使上市银行承受巨大的价值损失。同时，商业银行体系基于信用的特殊性使得监管处罚会对上市银行造成更大的声誉损失，增加上市银行的声誉风险。这些机制能够在行政处罚之外给予违法违规上市银行额外的处罚，从而约束上市银行的违法违规行为，增强监管处罚的有效性。然而另一方面，部分学者对监管处罚的效果提出了质疑。Köster 和 Pelster（2017）认为上市银行的股东与高层并不在意监管部门的处罚，因为通常情况下上市银行通过其违法违规行为所获得的收益远大于监管机构的罚款。张宗新和朱伟骅（2007）则指出，我国的监管处罚往往具有较长的时滞性，对违法违规行为的威慑能力明显不足，无法达到应有的惩戒目的。

　　我国监管部门对违法违规银行的处罚是否有效？资本市场对处罚有何反应？现有对违法违规处罚市场反应的研究大都集中于一般上市公司（醋卫华、夏云峰，2012；甘顺利，2013）。而商业银行与一般公司相比存在很大不同：由于经营对象及业务的特殊性，银行业的信息透明度普遍偏低，违法违规行为更加常见（Zingales，2015），对银行处罚数据的获取难度较高，鲜有研究探讨银行遭受处罚后的市场反应。本研究从银保监会处罚公告中提取并整理出银行层面的监管处罚数据，分别从长期和短期的角度检验了监管部门罚款对违法违规上市银行股价表现的影响，进一步扩展了处罚公司违法违规行为对其资本市场反应的影响的研究视野。此外，本研究能够检验我国金融监管处罚的有效性，深化人们对金融监管部门处罚效果与声誉机制的作用的认识，防范资本市场上上市银行股价异常波动所引发的市场风险，为金融监管部门制定和完善处罚措施提供了理论支持。

### 7.1.2 理论分析与研究假设

从经济学的角度来看，人们一般只有在违法违规行为的收益高于违法违规行为的成本时才会选择实施违法违规行为（Becker，1968）。而具体到公司层面，其选择实施违法违规行为更是基于理性权衡的决策，是公司对违法违规行为的收益与违法违规行为的风险（包括违法违规行为所造成的名誉受损、羞耻感等）以及监管机制健全与否的权衡结果（Paternoster、Simpson，1996）。而恰当的处罚可以大幅提高违法违规行为的成本，进而有效改变人们的预期，威慑潜在的违法违规者，减少违法违规行为的发生（Becker，1968；Stigler，1970；Polinsky、Shavell，1992、2000）。监管部门的处罚不仅会使违法违规公司承担巨额的罚款、赔偿以及相关的法律费用（Murphy 等，2009），对公司造成巨大的经济损失，同时还会对公司声誉产生重大的负面影响。在日常经营活动中，良好的声誉可以缓解公司在交易中的信息不对称问题，使公司更加容易获得有利的交易条件（Amiram，2018），而监管处罚会曝光公司的违法违规行为，损害公司的声誉，并可能进一步导致客户丧失对公司的信任，从而提高公司日常经营的风险和获取外部资金的难度（Murphy 等，2009；European Systemic Risk Board，2015）。而在市场反应方面，部分研究认为在违法违规行为被揭露到案件结束的过程中，不同的事件会造成不同的市场反应，如违法违规案件的解决意味着尘埃落定，这会减少公司未来经营的不确定性，打消投资者的疑虑。而且处罚会使公司高层警醒，努力改善其公司治理，从而导致正向的市场反应（Koku、Qureshi，2006）。但主流的观点则认为公司的违法违规行为一旦被揭露，投资者会预期到公司因违法违规行为遭受的包括罚款、法律成本、声誉损失等一系列潜在损失，因此公司的股价会迅速做出负向的反应（Karpoff、Lott，1993；Haslem，2005；Karpoff 等，2008；Kirat、Rezaee，2019）。而引起负向市场反应的原因主要有两点：一是在遭受处罚后，公司需要支付高额的罚款、赔偿等相关费用，这会导致公司的未来现金流下降；二是处罚所带来的经济损失、声誉损失使公司变得更加脆弱，增加了公司的经营难度与破产风险，从而使公司未来现金流的风险贴现率显著提高。

基于上述分析，本书认为商业银行能够从其违法违规行为中获得额外收益，但其违法违规行为极易引发风险事件，影响整个金融体系的稳定。

因此，金融监管部门会努力侦测银行的违法违规行为，而其违法违规行为一旦被监管部门发现，银行就会面临巨大的经济损失和声誉损失。因此本书假设商业银行 $i$ 从其违法违规行为中获得的收益为 $g_i$，监管部门发现并处罚其违法违规行为的概率为 $p_i$，商业银行 $i$ 遭受处罚后的经济损失 $f_i$ 主要是监管部门的罚款以及其他相关费用，而声誉损失 $K_i$ 主要是投资者和客户对银行失去信任，导致银行的经营条件恶化。假设商业银行 $i$ 从其违法违规行为中获得的总期望收益为 $E\pi_i$，则

$$E\pi_i = p_i * E_{U_i}(g_i - f_i - K_i) + (1 - p_i) * E_{U_i}(g_i) \tag{7-1}$$

在一般情况下，$E_{U_i}' > 0$，所以

$$\frac{\partial E\pi_i}{\partial f_i} = - p_i E_{U_i}'(g_i - f_i - K_i) < 0 \tag{7-2}$$

$$\frac{\partial E\pi_i}{\partial K_i} = - p_i E_{U_i}'(g_i - f_i - K_i) < 0 \tag{7-3}$$

$$\frac{\partial E\pi_i}{\partial p_i} = E_{U_i}(g_i - f_i - K_i) - E_{U_i}(g_i) < 0 \tag{7-4}$$

式（7.2）~式（7.4）表明商业银行的总期望收益 $E\pi_i$ 会随着监管部门的罚款 $f_i$、声誉损失 $K_i$ 和违法违规行为被发现概率 $p_i$ 的上升而下降。也就是说，监管部门的罚款和声誉损失均可以约束银行的违法违规行为。

设银行股价 $P_i$ 为银行未来现金流的现值，即

$$P_i = \sum_{t=1}^{n} \frac{CF_t}{(1 + r_s)} \tag{7-5}$$

其中，$CF_t$ 代表银行 $t$ 时期的现金流，$r_s$ 表示现金流的贴现率。

银行股票收益率为

$$R_i = \frac{P_i - P_0}{P_0} \tag{7-6}$$

其中，$P_0$ 表示银行发生违法违规行为之前的期初价格。

银行 $i$ 的违法违规行为被监管部门发现后，其遭受的罚款 $f_i$ 和声誉损失 $K_i$ 会直接降低银行违法违规行为的期望收益 $E\pi_i$。而通常银行违法违规行为期望收益 $E\pi_i$ 与其未来现金流之和 $\sum_{t=1}^{n} CF_t$ 正相关，即银行违法违规行为总期望收益 $E\pi_i$ 下降会导致银行未来现金流总和 $\sum_{t=1}^{n} CF_t$ 减少，所以

$\dfrac{\partial P_i}{\partial E\pi_i} > 0$，$\dfrac{\partial R_i}{\partial E\pi_i} > 0$[①]。因此罚款 $f_i$、声誉损失 $K_i$ 的增加会导致银行股价 $P_i$ 和股票收益率 $R_i$ 下降[②]。基于上述分析，本书提出如下假设：

假设 7.1：监管机构的处罚会对上市商业银行的股价产生负向影响。

下面我们进一步分析监管处罚造成的经济损失和声誉损失，探讨哪种机制在约束银行违法违规行为中起了主要作用。在经济损失方面，罚款金额较低、处罚力度不足往往是制约监管处罚效力的重要因素。例如曾力（2008）的研究明确指出，由于我国监管部门处罚力度较小，处罚的威慑能力明显不足。在银行层面，由于银行违法违规经营活动的领域一般处于监管之外的灰色地带，这可能给银行带来大量的超额收益，而罚款造成的经济损失可能远低于银行从其违法违规行为中获得的利润（Köster、Pelster，2017）。而在声誉机制方面，研究者普遍认为声誉是一种促进契约顺利履行的非正式机制。在信息不对称的金融市场中，银行的声誉往往被投资者视为银行能够维持稳健经营的承诺，影响投资者预期的形成以及市场对银行策略的反应（皮天雷、杨丽弘，2015），因此银行违法违规及遭到监管处罚的信息会造成银行声誉受损进而使银行遭受巨大的价值损失。同时大量实证研究发现，罚款和法律相关费用的经济损失只占到公司总损失的极小部分，而声誉损失往往是罚款的数倍，因此声誉机制在抑制公司违法违规行为方面具有显著的效果（Karpoff、Lott，1993；Armour、Mayer，2017；Kirat、Rezaee，2019）。根据上述分析，我们提出如下假设：

假设 7.2：监管部门处罚造成的直接经济损失较少而声誉损失较大，声誉机制对约束银行违法违规行为具有重要的作用。

### 7.1.3 实证设计

本小节旨在检验银保监会的处罚是否会影响违法违规上市银行的股价表现。不同于欧美国家金融监管部门经常性地开出巨额罚单，我国银保监会开出的大额罚单相对较少，所开罚单呈现罚款金额相对较小而处罚频率相对较高的特点。因此，本书将每家银行单个季度所受到的罚款金额进行

---

① 另外，罚款造成的经济损失、声誉损失会使银行变得更加脆弱，增加银行经营难度与破产风险。这会导致银行未来现金流的贴现率 $r_s$ 上升，对银行股价产生负面影响。

② 一般情况下，声誉损失与银行违法违规案件的性质有关，违法违规案件越严重，银行的声誉损失越大，此时罚款金额也会越高，即罚款与声誉损失正相关。

累加并作为罚款的代理变量，然后使用双向固定效应模型和系统 GMM 模型估计罚款对违法违规银行股票季度收益率的影响，检验罚款对上市银行股价影响的长期效应。同时本书还利用事件研究法从短期的角度分析了银保监会处罚公告对违法违规上市银行股价的影响，以排除长期中其他因素对上市银行股价的干扰，进一步增强实证结果的稳健性。具体模型构建如下。

### 7.1.3.1 罚款对违法违规上市银行股价的长期影响

为检验银保监会的罚款对我国违法违规上市银行股价的长期影响，构建如下模型：

$$return_{it} = \alpha + \beta 1\, return_{it-1} + \beta 2\, fine_{it} + \sum_{j=3}^{J} \beta j X_{it}^{\,j} + \varepsilon_{it} \qquad (7-7)$$

其中，下标 $i$ 表示样本中的上市银行 $i$，下标 $t$ 表示样本所在的时期，被解释变量 $return_{it}$ 代表上市银行 $i$ 的股票在 $t$ 时期的收益率，$fine_{it}$ 代表监管部门在 $t$ 时期内对上市银行 $i$ 的罚款，$X_{it}$ 是上市银行特征的控制变量。$\alpha$ 为截距，$\varepsilon_{it}$ 为模型的扰动项。在上市银行股票的收益率测度上，本书选择上市银行股票季度收益率 $return$ 作为被解释变量。考虑到当期股票收益率可能会受到上一期股票收益率的影响，我们在模型中加入滞后一期的上市银行股票季度收益率 $L.\,return$ 作为解释变量。在监管罚款指标的选择上，本书使用银保监会季度罚款总额除以上市银行总资产（$fines\_a$）和季度罚款总额除以上市银行的净利润（$fines\_p$）① 作为罚款的代理变量。而在控制变量的选择上，本书参考 Fahlenbrach 等（2012）、Köster 和 Pelster（2017）等人的文章，分别选取了上市银行的净资产收益率（$roe$）、上市银行的资产结构即贷款占总资产的比重（$ass$）、上市银行的负债结构即存款占负债的比重（$debt$）、上市银行所有者权益占总资产的比重（$cap$）、上市银行的收入结构即利息收入占总收入的比重（$inc$）、上市银行的规模（$size$）以及上市银行的账面市值比（$book\_market$）等指标作为控制变量。

在估计方法上，本书首先用双向固定效应模型② 来估计式（7-7），但式（7-7）中加入了被解释变量的滞后项，在使用最小二乘法估计式（7-7）时

---

① 由于季度罚款总额除以上市银行总资产（$fines\_a$）的数值较小，所以我们又选取季度罚款总额除以上市银行的净利润（$fines\_p$）作为罚款的代理变量以增强实证结果的稳健性。

② 双向固定效应模型可以控制只随时间变化（如市场收益率等）和只随上市银行个体变化（如上市银行的类型等）的遗漏变量。

可能会导致估计结果有偏或者非一致，因此，本书同时采用了 Arellano 和 Bover（1995）、Blundell 和 Bond（1998）提出的系统 GMM 估计方法。系统 GMM 估计方法在估计动态面板模型时更具有效率而且能得到模型系数的一致估计。另外，系统 GMM 估计方法还可以缓解模型中存在的内生性问题。为确保系统 GMM 估计法的适用性和有效性，本书进行了 Hansen 过度识别和序列相关检验。

### 7.1.3.2 处罚公告对违法违规上市银行股价的短期影响

为了检验罚款（处罚公告）[①] 对上市银行股价的短期效应，同时排除其他干扰因素，进一步验证罚款对上市银行股票收益率的影响是由监管处罚而引起的市场反应，本小节利用事件研究法，首先筛选出 2004—2018 年银保监会行政处罚公告中罚款金额超过 200 万元的银行违法违规案件[②]；剔除处罚公告发布当天有其他重大事件公布的样本，以排除其他重大事件对其股价的影响。通过上述方法予以筛选后，我们最终得到 54 个有效样本。其次我们选择银保监会行政处罚公告的发布当天为事件日，记为 0。分别选取处罚公告发布前后三个交易日（-3, 3）、处罚公告发布前一交易日内（-1, 0）和处罚公告发布当天（0, 0）作为事件窗口期，选取处罚公告发布前 100 个交易日至前 20 个交易日之间（-100, -20）作为估计期[③]，然后使用市场模型来估计股票的正常收益率，即

$$R_{it} = \alpha_i + \beta_i * R_{mt} + \mu_{it} \tag{7-8}$$

其中，$R_{it}$ 代表上市银行 $i$ 在第 t 交易日的实际收益率；$R_{mt}$ 代表上市银行 $i$ 在第 t 交易日的市场收益率。我们通过对估计期内所有交易日的实际收益率 $R_{it}$ 和市场收益率 $R_{mt}$ 进行回归得到参数 $\alpha_i$ 和 $\beta_i$ 的估计值 $\overline{\alpha}_i$ 和 $\overline{\beta}_i$，然后根据上述参数的估计值 $\overline{\alpha}_i$ 和 $\overline{\beta}_i$ 计算出上市银行 $i$ 在第 t 交易日的异常收益率（$AR_{it}$）和在事件窗口期（t1, t2）内的累积异常收益率 $[CAR_i(t1, t2)]$，即

---

① 除罚款之外，样本的行政处罚公告中还可能同时包含警告、责令停业整顿等其他处罚手段。

② 考虑到大额罚款更可能对违法违规上市银行股价产生影响，而银保监会将总会处以 500 万元以上、局级处以 300 万元以上、分局处级处以 100 万元以上的罚款定义为大额罚款，我们筛选后发现 500 万元以上罚款样本量仅有 20 例，300 万元以上罚款样本量仅有 31 例。为获取更多样本，本书将罚款 200 万元以上的违法违规案件作为研究样本。同时，我们对 300 万元及 500 万元以上罚款的样本进行估计后发现实证结果并未发生改变。

③ 本书将样本的估计期调整为（-150, -25）和（-360, -30）后发现结果并未发生明显改变。

$$AR_{it} = R_{it} - (\overline{\alpha}_i + \overline{\beta}_i * R_{mt}) \tag{7-9}$$

$$CAR_i(t1, \ t2) = \sum_{t1}^{t2} AR_{it} \tag{7-10}$$

之后，我们可以算出事件期内样本总体的平均异常收益率（$AAR_t$）和累积平均异常收益率 $CAAR(t1, \ t2)$：

$$AAR_t = 1/N * \sum_{i=1}^{N} ARit \tag{7-11}$$

$$CAAR(t1, \ t2) = \sum_{t1}^{t2} AAR_t \tag{7-12}$$

最后我们通过 GRANK 检验（广义秩检验）和 Wilcoxon 符号秩检验判断累积平均异常收益率 $CAAR(t1, \ t2)$ 的显著性，以此检验处罚公告是否会对上市银行股价产生影响。

为了进一步检验银保监会处罚公告引起的上市银行股票累积异常收益率（$CAR_i$）会受到哪些因素影响，本书还进行了如下多元回归分析：

$$CAR_i = \alpha + \beta1 fines_i + \sum_{j=3}^{J} \beta j X_i^j + \varepsilon_i \tag{7-13}$$

其中，$CAR_i$ 为违法违规处罚公告 $i$ 引起的累积异常收益率，$fines_i$ 是银保监会罚款的代理变量，$X_{it}$ 是一些关于上市银行特征的控制变量。在后文的实证分析中，我们选择处罚公告中罚款金额的自然对数（$fines$）作为罚款的代理变量，并将上市银行股票市净率（$pb$）作为新增控制变量，其余控制变量与式（7-7）一致。实证研究中所用的主要变量及其含义如表 7-1 所示。

表 7-1　主要变量及其含义

| 变量类型 | 变量名 | 变量解释 |
|---|---|---|
| 被解释变量 | *return* | 上市银行股票的季度收益率 |
| 处罚变量 | *fines_ a* | 违法违规上市银行的季度罚款总额÷总资产 |
| | *fines_ p* | 违法违规上市银行的季度罚款总额÷季度净利润 |

表7-1(续)

| 变量类型 | 变量名 | 变量解释 |
|---|---|---|
| 上市银行特征 | *roe* | 净资产收益率=净利润÷所有者权益 |
| | *ass* | 资产结构=贷款总额÷总资产 |
| | *cap* | 权益比率=所有者权益÷总资产 |
| | *debt* | 负债结构=存款总额÷负债总额 |
| | *int* | 利息收入占比=利息收入÷营业总收入 |
| | *book_ market* | 账面市值比=上市银行的所有者权益÷股票的总市值 |
| | *income* | 收入占比=营业收入÷总资产 |
| | *dep* | 存款占比=存款总额÷总资产 |
| | *size* | 规模=上市银行总资产的自然对数 |
| | *pb* | 市净率=上市银行股票的总市值÷所有者权益 |

## 7.1.4  实证分析

### 7.1.4.1  数据与描述性统计

本小节选取我国 2004 年第一季度至 2018 年第四季度的 A 股上市银行作为样本。其中所使用的监管处罚数据来自银保监会官方网站。我们首先使用 python 软件从银保监会的官方网站抓取了 2004—2018 年的行政处罚公告，筛选出处罚对象为 A 股上市银行的公告，然后从公告的处罚决定中提取并整理出罚款金额的相关数据。上市银行股票收益率及财务数据来源于锐思（RESSET）金融数据库和万得（WIND）数据库。本小节所使用的主要变量的描述性统计如表 7-2 所示。

### 表 7-2  变量描述性统计

| 变量 | （1）样本数量/个 | （2）均值 | （3）标准差 | （4）中位数 | （5）最小值 | （6）最大值 |
|---|---|---|---|---|---|---|
| *return* | 861 | 0.023 1 | 0.192 0 | −0.000 8 | −0.462 8 | 1.006 6 |
| *fines_ a* | 885 | 0.000 0 | 0.000 3 | 0.000 0 | 0.000 0 | 0.008 5 |
| *fines_ p* | 884 | 0.021 6 | 0.139 7 | 0.000 8 | −0.213 2 | 3.625 1 |
| *roe* | 885 | 0.109 0 | 0.049 5 | 0.105 8 | 0.018 7 | 0.398 3 |

表7-2(续)

| 变量 | (1)样本数量/个 | (2)均值 | (3)标准差 | (4)中位数 | (5)最小值 | (6)最大值 |
|---|---|---|---|---|---|---|
| *ass* | 872 | 0.482 7 | 0.079 8 | 0.490 1 | -0.010 0 | 0.695 0 |
| *book_ market* | 882 | 0.795 9 | 0.363 4 | 0.363 4 | 0.100 2 | 1.844 0 |
| *debt* | 873 | 0.735 2 | 0.099 2 | 0.748 4 | 0.459 7 | 0.916 0 |
| *size* | 885 | 28.330 0 | 1.469 6 | 28.413 3 | 25.019 3 | 30.970 3 |
| *cap* | 885 | 0.061 5 | 0.015 8 | 0.062 4 | 0.019 7 | 0.130 7 |
| *int* | 884 | 1.466 7 | 0.961 0 | 1.480 5 | -25.670 6 | 2.498 4 |
| *pb* | 882 | 1.727 8 | 1.282 4 | 1.243 9 | 0.542 3 | 9.975 3 |
| *income* | 884 | 0.007 4 | 0.001 3 | 0.007 2 | -0.000 6 | 0.013 4 |
| *dep* | 873 | 0.689 7 | 0.093 7 | 0.704 0 | 0.432 0 | 0.891 1 |

根据表7-2，从样本上市银行的股票收益率来看，不同上市银行的股票收益率存在较大差异。样本中所有上市银行股票季度收益率的均值为2.3%，而标准差则达到了19.2%，上市银行股票最高季度收益率为100.7%，而最低季度收益率为-46.3%。而从罚款的金额来看，罚款总额占上市银行总资产比重的均值只有0.004 53%，最大值约为0.008 5%，罚款总额占上市银行净利润比重的均值约为0.02%，最大值则为3.62%。为了更清楚地展示银保监会对违法违规上市银行的罚款情况，本书绘制了2004—2018年银保监会对上市银行的罚款总额与净利润的条形图，如图7-1所示。

从图7-1中可以看出，2004—2013年，银保监会对上市银行的年度罚款总额在200万元以内小幅波动，从2014年开始显著上升至2015年的约2.5亿元，2016年罚款总额有所下降，从2017年开始快速上升到2018年的10.6亿元。而上市银行的总利润从2004年的84.19亿元快速上升至2013年的11 682.91亿元。2014—2018年上市银行的利润增加有所下降，由2014年的12 589.25亿元上升至2018年的14 944.87亿元。

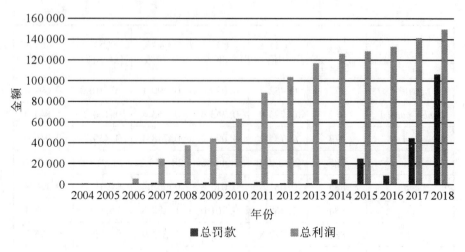

**图 7-1  2004—2018 年上市银行总罚款（万元）与总利润（千万元）**

#### 7.1.4.2  实证结果

（1）罚款对违法违规上市银行股价的长期影响

为了检验银保监会的罚款对上市银行股票价格的长期影响，我们分别使用面板固定效应模型和系统 GMM 模型对式（7-7）进行了估计，结果如表 7-3 所示。表 7-3 中第（1）列至第（4）列的被解释变量均为上市银行股票季度收益率 $return$（解释变量中的 $L. return$ 为滞后一期的上市银行股票季度收益率）；第（1）列、第（3）列中罚款的代理变量为罚款占上市银行总资产的比重 $fines\_a$，第（2）列、第（4）列中罚款的代理变量则为罚款占上市银行净利润的比重 $fines\_p$。另外，表 7-3 中第（1）列、第（2）列是采用面板固定效应模型进行估计的结果，而第（3）列、第（4）列则是采用系统 GMM 模型进行估计的结果。而由结果中 AR（1）、AR（2）的值以及 Hansen 检验的 p 值可以看出，我们使用系统 GMM 估计方法中干扰项不存在显著的序列相关，满足系统 GMM 模型估计方法的使用条件。

**表 7-3  主要回归结果**

| 变量 | （1）<br>FE<br>return | （2）<br>FE<br>return | （3）<br>SYS-GMM<br>return | （4）<br>SYS-GMM<br>return |
|---|---|---|---|---|
| $L. return$ | −0. 235 3 ***<br>（−8. 47） | −0. 235 0 ***<br>（−8. 46） | −0. 322 3 ***<br>（−12. 17） | −0. 320 6 ***<br>（−12. 22） |

表7-3(续)

| 变量 | (1)<br>FE<br>return | (2)<br>FE<br>return | (3)<br>SYS-GMM<br>return | (4)<br>SYS-GMM<br>return |
|---|---|---|---|---|
| *fines_ a* | -17.360 3*** <br>(-4.61) | | -16.020 3*** <br>(-3.11) | |
| *fines_ p* | | -0.032 5*** <br>(-2.79) | | -0.031 9** <br>(-2.13) |
| *roe* | 0.4 535*** <br>(3.23) | 0.453 4*** <br>(3.22) | 0.738 4*** <br>(3.95) | 0.746 1*** <br>(3.95) |
| *debt* | -0.071 9 <br>(-0.57) | -0.070 1 <br>(-0.55) | -0.057 7 <br>(-0.14) | 0.192 5 <br>(0.57) |
| *ass* | 0.475 5** <br>(2.35) | 0.474 9** <br>(2.34) | 1.211 0*** <br>(3.19) | 1.163 6*** <br>(2.86) |
| *cap* | 1.533 7** <br>(2.50) | 1.529 1** <br>(2.47) | 3.487 9* <br>(1.80) | 4.440 3** <br>(2.12) |
| *int* | -0.004 3*** <br>(-3.11) | -0.004 3*** <br>(-3.10) | -0.008 5 <br>(-1.23) | -0.007 2 <br>(-0.87) |
| *size* | 0.057 9 <br>(1.28) | 0.057 9 <br>(1.27) | 0.081 2*** <br>(2.73) | 0.083 1** <br>(2.53) |
| *book_ market* | -0.336 8*** <br>(-7.81) | -0.335 7*** <br>(-7.78) | -0.606 7*** <br>(-8.47) | -0.600 0*** <br>(-8.05) |
| *Constant* | -1.819 0 <br>(-1.38) | -1.823 0 <br>(-1.37) | -2.802 6*** <br>(-3.20) | -3.048 9*** <br>(-3.50) |
| N | 820 | 820 | 820 | 820 |
| $Adj-R^2$ | 0.459 | 0.459 | | |
| Number of bank | 26 | 26 | 26 | 26 |
| Hansen - p 值 | | | 1.000 | 1.000 |
| AR (1) - p 值 | | | 0.000 | 0.000 |
| AR (2) - p 值 | | | 0.637 | 0.713 |

注:第(1)(2)列估计结果括号内为稳健的 t 值,第(3)(4)列估计结果括号内为稳健的 z 值;表中***、**和*分别代表在1%、5%和10%水平上显著。

从表7-3的估计结果来看,第(1)列至第(4)列中罚款代理变量 *fines_ a* 与 *fines_ p* 的系数均显著为负,表明罚款对上市银行股票季度收益率有显著的负向影响,支持了假设7.1。

在控制变量方面,*L. return* 系数均显著为负,即滞后一期的上市银行季度股票收益率对当期收益率有显著的负向影响，表明在我国 A 股市场中，上市银行股票的季度收益率具有反转效应。$roe$ 的系数显著为正，表明盈利能力越强的上市银行股票季度收益率越高。$ass$ 系数显著为正，表明资产结构中贷款占比较高的银行股票季度收益率较高，这可能是由于贷款利息是目前我国上市银行利润的重要来源，贷款占比较高意味着上市银行未来的利润空间更大，因此其股票季度收益率较高。而在第（1）（2）（4）列中 $cap$ 的系数显著为正，表明权益比率越高的上市银行股票季度收益率越高。这是因为权益比率较高意味着上市银行有充足的资本，而资本充足的上市银行抵御风险的能力更强，其本身的经营、业绩更加稳定，因此拥有更高的股票收益率。$book\_market$ 的系数显著为负则表明账面市值比越低的上市银行，其股票收益率越高。这是因为账面市值比越低表明上市银行的成长性越高，而成长性高的银行更容易获得投资者青睐，从而拥有较高的股票收益率，这也与 Fahlenbrach 等（2012）、Irresberger 等（2015）等人研究国外上市银行股票收益率的影响因素时所得出的结论一致。

另外，为保证实证结果的准确性，本书进行了多项稳健性检验，具体结果如表 7-4 所示。第一，考虑到金融危机期间资本市场（尤其是上市银行股价）可能会受到较强的外部信息干扰，此时投资者可能对监管处罚信息更加敏感。这些因素会导致上市银行股票收益率的波动变大从而影响表 7-3 估计结果的准确性。因此，我们剔除了全球金融危机期间（2007—2011 年）的样本，使用系统 GMM 方法重新对式（7-7）进行了估计，结果如表 7-4 中第（1）、（2）列所示，罚款的两个代理变量 $fines\_a$ 与 $fines\_p$ 的系数仍然显著为负，证明了表 7-3 估计结果的稳健性。第二，考虑到违法违规上市银行类别的不同可能会对估计结果产生一定的影响。例如中国工商银行、中国农业银行、中国银行、中国建设银行和交通银行这五大银行的体量较大，在股票市场上的市值较高，其股票收益率的波动较小，因此可能影响估计结果的准确性。于是我们剔除了这五大银行的样本，使用系统 GMM 方法重新对式（7-7）进行了估计。具体结果如表 7-4 中第（3）、（4）列所示。我们发现变量 $fines\_a$ 与 $fines\_p$ 的系数仍然显著为负，证明了表 7-3 中估计结果的稳健性。此外，上市城市商业银行和上市农村商业银行在上市银行中的规模更小，且经营业绩的稳定性较低，股票收益率的波动较大，另外，上市农村商业银行与上市城市商业银行在日常经营活动中的不规范行为与违法违规行为可能更多，这可能会引起更多的监管关注，进而削弱监管罚款的外生性假定，对估计结果的准确性产生影响。因此，我们剔除了样本中的上市城市商业银行与上市农村商业银行，并重新使用系统 GMM 模型对式（7-7）进行了估计。结果如表 7-4 中第（5）、（6）列所示，其中罚款代理变量 $fines\_a$ 与 $fines\_p$ 的系数仍然显著为负，再次证明了本书实证结果的稳健性。

表 7-4　稳健性检验结果

| 变量 | （1）系统 GMM return | （2）系统 GMM return | （3）系统 GMM return | （4）系统 GMM return | （5）系统 GMM return | （6）系统 GMM return |
|---|---|---|---|---|---|---|
| $L.\ return$ | -0.289 1*** (-8.28) | -0.286 5*** (-8.24) | -0.304 6*** (-8.96) | -0.309 2*** (-8.93) | -0.297 4*** (-7.60) | -0.304 4*** (-7.48) |
| $fines\_a$ | -17.360 3*** (-4.61) | | -15.260 3** (-3.31) | | -21.809 5* (-2.45) | |
| $fines\_p$ | | -0.048 2*** (-3.84) | | -0.030 5*** (-2.79) | | -0.054 7** (-2.34) |
| 其他变量 | 控制 | 控制 | 控制 | 控制 | 控制 | 控制 |
| N | 541 | 541 | 604 | 604 | 621 | 621 |
| Number of bank | 26 | 26 | 21 | 21 | 13 | 13 |
| Hansen-p 值 | 1.000 | 1.000 | 1.000 | 1.000 | 1.000 | 1.000 |
| AR（1）-p 值 | 0.000 | 0.000 | 0.001 | 0.000 | 0.000 | 0.000 |
| AR（2）-p 值 | 0.367 | 0.391 | 0.758 | 0.684 | 0.476 | 0.479 |

注：估计结果括号内的数值为稳健的 z 值；表中 ***、** 和 * 分别代表在 1%、5% 和 10% 水平上显著。

（2）罚款（处罚公告）对违法违规上市银行股价的短期影响

为了进一步检验罚款对上市银行股价的短期影响，同时验证罚款对上市银行股票收益率的影响的确是因为上市银行违法违规遭受处罚事件（处罚公告的发布）而引起的市场反应，本书筛选出罚款金额超过 200 万元的上市银行违法违规案件样本，利用式（7-8）至式（7-12），采用事件研究法检验了银保监会处罚公告对上市银行股价的短期影响。表 7-5 展示了不同事件窗口期内上市银行股票的累积平均异常收益率（$CAAR$）与相应的 GRANK 检验（广义秩检验）和 Wilcoxon 符号秩检验的结果。

表 7-5　违法违规上市银行股票累积平均异常收益率及检验结果

| 事件窗口期 | (0, 0) | (-1, 0) | (-3, 3) |
|---|---|---|---|
| CAAR | -0.003 2 | -0.005 5 | -0.008 8 |
| GRANK test | -3.456*** | -3.915*** | -3.747*** |
| p-value | 0.001 | 0.000 | 0.000 |
| Wilcoxon signed-ranks test | -2.484** | -2.749*** | -2.969*** |
| p-value | 0.013 | 0.006 | 0.002 |
| N | 54 | 54 | 54 |

注：*** 、** 和 * 分别代表在 1%、5% 和 10% 水平上显著。

　　从表 7-5 的估计结果中可以发现，在处罚公告发布当天，被罚上市银行股票的累积平均异常收益率为-0.32%，在（-1，0）和（-3，3）的事件窗口期内，被罚上市银行股票的累积平均异常收益率分别为-0.55% 和-0.88%，除了处罚公告日当天 Wilcoxon 符号秩检验的结果在 5% 的置信水平上显著外，其余检验结果均在 1% 的置信水平上显著。即罚款金额 200 万元及以上的处罚公告会对违法违规上市银行股价产生显著的负向影响，且市场会提前做出反应，这进一步支持了假设 7.1。为了更加清晰地展示处罚公告日违法违规上市银行股价的市场反应，本书将事件窗口期扩展到处罚公告发布的前后 5 个交易日（-5，5）内，违法违规上市银行累积平均异常收益率（CAAR）的情况如图 7-2 所示。违法违规上市银行的 CAAR 从处罚公告发布前 4 天开始下降，最终 CAAR 在（-5，5）的 11 天事件窗口期内达到-0.75% 左右，在此期间最低达到约-0.92%。

　　另外，本书还根据违法违规上市银行的属性，将样本分为五大国有银行（中国工商银行、中国农业银行、中国银行、中国建设银行以及交通银行）和其他上市银行两类。表 7-6 展示了不同类型上市银行股票累积平均异常收益率及相应的检验结果。

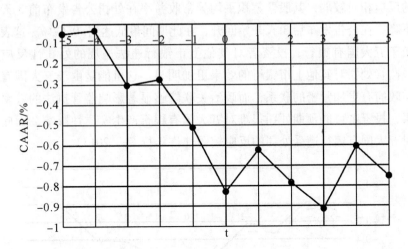

图 7-2 违法违规上市银行股票处罚公告日前后的累积平均异常收益率

表 7-6 不同类型上市银行股票累积平均异常收益率及检验结果

| 事件窗口期 | (0, 0) | (−1, 0) | (−3, 3) | (0, 0) | (−1, 0) | (−3, 3) |
|---|---|---|---|---|---|---|
| | PanelA：五大国有银行 | | | PanelB：其他上市银行 | | |
| CAAR | −0.001 0 | −0.004 4 | −0.004 3 | −0.004 9 | −0.006 5 | −0.012 5 |
| GRANK test | −0.840 | −2.073 ** | −1.442 | −2.934 *** | −2.616 ** | −3.057 *** |
| p−value | 0.403 | 0.041 | 0.153 | 0.004 | 0.011 | 0.003 |
| Wilcoxon signed−ranks test | −0.914 | −1.662 * | −1.606 | −2.746 *** | −2.231 ** | −2.494 ** |
| p−value | 0.361 | 0.097 | 0.108 | 0.006 | 0.026 | 0.013 |
| N | 24 | 24 | 24 | 30 | 30 | 30 |

注：*** 、** 和 * 分别代表在 1%、5% 和 10% 水平上显著。

　　从表 7-6 中 PanelA 的结果可以看出，在（0, 0）和（−3, 3）的事件窗口期内，五大国有银行股票的累积平均异常收益率分别为 −0.1% 和 −0.43%，但均不显著，在（−1, 0）的事件窗口期内显著为负，约为 −0.44%；反观其他上市银行，PanelB 中股票累积平均异常收益率在（0, 0）、（−1, 0）和（−3, 3）的事件窗口期内均显著为负，具体数值分别为 −0.49%、−0.65% 和 −1.25%。图 7-3 更加清楚地展示了两类银行在处罚公告发布前后股票累积平均异常收益率的情况。从图 7-3 中可以看出，其他上市银行股票的累积平均异常收益率在处罚公告发布前 4 天就开始下降，最终在（−5, 5）的事件窗口期内达到 −1.45%；而五大国有银行对处罚公告的反应相对较弱，其股票累积平均异常收益率在处罚公告发布前3天开始下降，在公告发布后3天开始回升，在此期间最低达到-0.67%。这表明相较于五大国有银行，投资者对其他上市银行违法违规的处罚性反应更强，监管处罚对其他上市银行的效果更加明显。这可能是由于五大国有银行与政府有更加紧密的联系，而政治关联能够显著影响监管执法的效率和效果，投资者可能预期处罚很难对五大国有银行产生实质性影响，因此市场对五大国有银行遭受处罚的反应较弱（许年行 等，2013）。

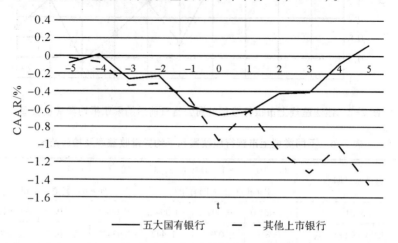

**图7-3 不同类型上市银行的累积平均异常收益率**

接下来我们根据公式（7-13）检验影响累积异常收益率（*CAR*）的因素，结果如表7-7所示。其中罚款 *fines* 的系数不显著，表明处罚公告中罚款金额对上市银行股票累积异常收益率（*CAR*）的影响并不显著。这可能是由于监管部门对违法违规上市银行的处罚力度较小、罚款金额普遍较小，对上市银行造成的直接经济损失较低，无法对其股票累积异常收益率（*CAR*）产生显著的影响。

**表7-7 累积异常收益率（CAR）的多元回归分析**

| 变量 | (1) | (2) | (3) |
|---|---|---|---|
| | CAR（-3，3） | CAR（-1，0） | CAR5（0，0） |
| *fines_ a* | -129.184 | 85.769 | -109.677 |
| | (-0.305) | (0.325) | (-0.640) |
| *roe* | 4.513** | 1.285* | 0.593 |
| | (2.088) | (1.864) | (1.095) |

表7-7(续)

| 变量 | (1) CAR (-3, 3) | (2) CAR (-1, 0) | (3) CAR5 (0, 0) |
|---|---|---|---|
| ass | -0.102 (-0.539) | -0.049 (-0.739) | -0.026 (-0.565) |
| cap | -1.777 (-0.853) | 0.282 (0.350) | -0.151 (-0.256) |
| size | 0.019 (0.927) | -0.001 (-0.183) | -0.002 (-0.290) |
| int | -0.014 (-0.322) | -0.011 (-0.747) | 0.004 (0.381) |
| debt | 0.033 (0.355) | 0.012 (0.293) | 0.041 (1.450) |
| pb | -0.100** (-2.144) | -0.032 (-1.550) | -0.033* (-1.968) |
| _cons | -0.426 (-0.723) | 0.051 (0.226) | 0.055 (0.344) |
| N | 54 | 54 | 54 |

注：括号内的数值为稳健的 t 值；***、** 和 * 分别代表在1%、5%和10%水平上显著。

另外，第（1）、（2）列中 roe 的系数显著为正，表明盈利能力越强的上市银行，处罚公告对其造成的负面影响越小。而 pb 的系数显著为负，表明估值越低的上市银行，处罚公告对其造成的负面影响越小。这在一定程度上表明盈利能力强、估值低的上市银行股票对监管罚款这类外部冲击的抵御能力较强。

（3）上市银行违法违规损失的计算

为了检验假设7.2，同时进一步探讨罚款和声誉机制在约束银行违法违规行为中的作用，本书参考了 Karpoff 等（2008）、醋卫华和夏云峰（2012）以及甘顺利（2013）的研究方法，利用公式（7-10）得到的累积异常收益率（CAR）数据，计算了处罚公告发布造成的上市银行总价值损失和声誉损失。具体计算公式如下：

$$声誉损失 = 总价值损失 - 行政罚款总额 \tag{7-14}$$

$$总价值损失 = CAR_i(t1, t2) * 事件日（公告发布日）前一天的市值 \tag{7-15}$$

根据公式（7-14）、公式（7-15），我们计算出在不同事件窗口期内上市银行的总价值损失和声誉损失，结果如表 7-8 所示。在事件日当天、（-1，0）和（-3，3）的事件期窗口内，被罚上市银行股票的总价值损失分别为 702.6 亿元、1 487 亿元和 1 407 亿元，而其中罚款总额为 10.4 亿元，声誉损失分别为 692.2 亿元、1 476.6 亿元和 1 396.6 亿元，声誉损失约占总价值损失的 98.52%、99.30% 和 99.26%①。这说明上市银行的违法违规损失中绝大部分是声誉损失，而罚款造成的直接损失只占很小的一部分。而根据前文理论分析所述，违法违规损失的大小是制约上市银行违法违规行为的重要因素，事实表明声誉机制在银保监会对违法违规上市银行的处罚中起着主要作用，支持了假设 7.2。

表 7-8  上市银行的总价值损失与声誉损失

| 事件期 | (0，0) | (-1，0) | (-3，3) |
|---|---|---|---|
| 总价值损失/亿元 | 702.6 | 1 487 | 1 407 |
| 罚款金额/亿元 | 10.4 | 10.4 | 10.4 |
| 声誉损失/亿元 | 692.2 | 1 476.6 | 1 396.6 |
| 声誉损失占比/% | 98.52 | 99.30 | 99.26 |

### 7.1.5  结论

本小节首先对上市银行实施违法违规行为的动机及罚款对上市银行股票市场表现的影响渠道进行了理论分析，然后利用银保监会 2004—2018 年的行政处罚数据，使用双向固定效应模型和系统 GMM 模型实证分析了处罚对违法违规上市银行股票收益率的影响。研究发现，银保监会对违法违规上市银行的罚款会使上市银行的股票季度收益率显著下降。其次本小节通过事件研究法发现，银保监会对违法违规上市银行的处罚公告会对上市银行股价产生负面影响。进一步分析发现，资本市场对五大国有银行遭受处罚的反应较弱。最后，由于监管机构的处罚力度较小，处罚公告的罚款金额大小并不会影响上市银行股票的累积异常收益率；同时，在处罚公告

---

① 上市银行违法违规行为造成的价值损失可能还包括赔偿、相关的法律费用等。由于这些损失缺乏相关数据而无法估计，因此实际声誉损失可能小于表 7-8 中的估计结果，即本书对声誉损失的估计存在一定程度的高估。

引起的总价值损失中，罚款造成的直接经济损失较小，声誉损失占主要部分，证明声誉机制是约束上市银行违法违规行为的主要因素。

## 7.2 监管处罚对银行盈利能力的影响

### 7.2.1 引言

2008 年全球金融危机的爆发给各国金融监管部门敲响了警钟，世界各国纷纷加强了对金融机构尤其是银行的监管和处罚。在强监管的趋势下，我国监管机构也在不断加大对违法违规银行的处罚力度，近年来我国监管机构做出的行政处罚数量明显上升，巨额罚单也屡见不鲜。监管处罚的主要目的是威慑银行，遏制银行的违法违规经营活动，从而防范金融风险事件，维护金融体系稳定。然而部分学者和银行专业人士认为高频次、高金额的罚款不仅会限制银行的盈利能力，造成银行偿付能力和日常经营模式的不确定性，而且银行违法违规行为及监管机构的高额罚款甚至可能形成新的系统性风险来源（European Systemic Risk Board，2015）。欧洲银行业管理局也在 2014 年度将银行因违法违规行为所产生的相关成本纳入整个欧盟银行业的压力测试之中。也有研究对监管处罚的效果提出了质疑，如 Köster 和 Pelster（2017）认为银行的股东与高层并不在意监管部门的处罚，因为通常情况下银行违法违规行为所获得的收益远大于监管机构的罚款。宋云玲等（2011）则指出，由于我国监管部门在处罚过程中存在选择性处罚行为、潜规则以及较小的处罚力度等问题，监管的效果并不理想。

监管处罚是否会影响银行的盈利能力？对不同类型银行的影响是否不同？研究这些问题可以帮助我们更好地理解银行违法违规行为与监管处罚的内涵：本研究可以帮助监管部门评估处罚对银行业绩的影响程度，检验处罚手段的效果和强度；本研究还能够帮助银行更加深刻地理解违法违规行为对银行造成的不利后果，从而促使违法违规银行主动转变经营策略，自觉合规稳健经营。

### 7.2.2 理论分析与研究假设

银行的违法违规行为一般是基于违法违规成本与违法违规收益的理性选择，而恰当的处罚会使银行遭受巨大的经济损失和声誉损失，这会大幅提高银行的违法违规成本进而有效约束其违法违规行为。与此同时，监管部门向公众定期披露银行的违法违规事实与相应的处罚结果这一操作大大增强了处罚的威慑效应，能够有效改变违法违规银行的预期，威慑潜在的违法违规银行，从而减少违法违规行为的产生。本小节首先从理论上分析了监管处罚对银行盈利的影响，主要从监管处罚产生的威慑效应、对违法违规银行造成的经济损失以及声誉损失三个方面来探讨处罚对银行盈利的影响，随后进一步探讨了处罚对银行营业收入以及存款规模的影响。

### 7.2.2.1 监管处罚与银行盈利能力

监管处罚对银行盈利能力的影响主要来自两个方面：

第一，处罚会使银行遭受巨大的经济损失和声誉损失，从而对银行的利润产生负面影响。其中处罚造成的经济损失主要包括监管部门直接对银行实施的罚款、银行对受害者进行的赔偿以及需要支付的相关法律费用（Murphy等，2009）。例如罚款能够直接剥夺银行的违法违规收益，增加银行的违法违规成本，减少银行的利润。而声誉损失主要是银行客户及其他利益关联方对银行丧失信任致使银行交易条件恶化从而导致的损失。例如在遭受处罚后，违法违规银行的价值将大幅下降，银行与客户的关系会恶化甚至终止，这也将降低银行的利润水平（Alexander、Cindy，1999）。

第二，处罚的威慑效应能够促使银行减少潜在的违法违规行为，主动收缩高利润、易违法违规的业务。这将降低银行从其违法违规行为中获得的高额收益，对银行的利润产生负面影响。潘敏和魏海瑞（2015）指出，处罚对违法违规银行施加训诫压力，具有警示和教育的作用，进而弱化银行实施违法违规行为的动机。同时，监管部门向社会公开处罚的结果能够产生一定的示范和溢出效应，这会对其他银行和相关从业人员形成震慑，从而增强银行的合规意识，促使其更加严谨科学决策，达到惩一儆百的效果。此外，违法违规案件细节的公开能使银行对日常业务中违法违规行为的边界与当前监管执法的重点有一个更加清晰的认识，从而使监管处罚产生一定的窗口指导效应，引导银行关注潜在的违法违规行为，更加审慎地对待业务中的合规要点，避免在日常的业务操作中触及监管"红线"（袁奥博，2018）。上述因素均使得监管处罚能够威慑银行潜在的违法违规行为，降低银行从中获得的高额利润，进而对银行的盈利能力产生负面影响。因此，我们可以提出假设：

假设7.3：处罚会使银行遭受巨大损失，对银行的盈利能力造成负面影响。

7.2.2.2　监管处罚与银行营业收入

商业银行的违法违规行为往往源自一些处于监管边界的高风险业务，而银行违法违规会遭到监管机构的高额罚款，银行可能会主动减少这种日常经营中获利较多但是风险大、易违法违规的业务（Köster、Pelster，2017）；受到处罚后银行将无法继续从违法违规行为中获取收入（Karpoff、Lott，1993），这会导致银行营业收入减少。此外，银行需要花费大量的时间、资源来应对违法违规行为产生的法律纠纷，这将会转移银行管理层对日常经营的注意力（Griffin 等，2004）；同时银行违法违规行为被罚后，可能招致更多的监管关注与现场检查，因此银行管理团队可能需要更多的时间来处理（应对）监管调查，同时还需要持续花费精力和资源对银行原有的业务进行合规审查（Delis 等，2017）。这些都会分散管理团队的精力，影响银行正常的经营活动，导致银行的经营收入降低，对银行的盈利能力造成负面影响。因此，我们可以提出假设：

假设 7.4：处罚会对银行的营业收入产生负面影响，进而影响银行的盈利能力。

7.2.2.3　监管处罚与银行存款

对于银行来说，信任（*trust*）是很多金融活动与交易的基础。Dupont 和 Karpoff（2020）指出，如果没有信任，信贷交易会消失，金融资本将枯竭，许多合作类型的经济活动都会土崩瓦解。他们认为声誉是支撑信任的三大基石之一，遭受处罚会使公司声誉受损，导致公众丧失对公司的信任。而对于银行来说，声誉更是一种重要的战略资源，声誉一旦受损将很难修复，而监管部门对银行员工或是分支机构的处罚均会对银行整体的声誉造成严重损害（李延喜 等，2010；European Central Bank，2016）。

声誉受损以及客户信任的丧失可能使得公司日常经营的风险上升，公司获得外部资金的难度将会提高（Murphy 等，2009）。具体到银行层面，如果银行涉及的违法违规案件与受到的监管处罚较多，其公司治理水平和信用就会遭到公众和媒体的质疑，这会严重损害银行的声誉，破坏公众对银行的信任。Sapienza 和 Zingales（2012）的研究指出，公众取出存款的决定与其对银行丧失信任密切相关，违法违规处罚的披露会导致银行获取存款的难度大幅提高。

此外，Delis 等（2019）则从存款的供需两个角度分析了监管处罚对银行存款的影响，认为监管处罚能够改变银行的风险偏好，遭到处罚的银行会主动调整业务结构，减少高风险的业务。而处罚导致的存款下降更多地源自银行（存款的需求端）自身主动收缩资产负债表。

综上所述，我们提出如下假设：

假设7.5a：监管处罚会导致银行存款下降，进而对银行的盈利能力产生负面影响。

同时，本书认为违法违规行为受罚会使银行的声誉受损，破坏公众对银行的信任，公众取出存款的意愿上升，银行获取存款的难度提高，从而影响银行的存款规模，降低银行的盈利能力。由此，我们提出如下假设：

假设7.5b：监管处罚会使银行的声誉受损，增加银行获取存款的难度，从而影响银行的存款规模。

### 7.2.3 研究设计

#### 7.2.3.1 模型构建

本小节旨在检验银保监会处罚对银行业绩的影响。通过对已有文献的梳理，我们构建如下的静态面板模型：

$$profit_{it} = \alpha + \beta1 * penalty_{it} + \sum_{j=2}^{J} \beta j X_{it}^{j} + \varepsilon_{it} \qquad (7-16)$$

其中，下标$i$代表样本中的银行，下标$t$代表样本银行所处的时期，$\alpha$为常数项，$\beta1$、$\beta j$为模型中解释变量的系数，$\varepsilon_{it}$为模型的残差。$profit_{it}$为模型的被解释变量，代表银行$i$在$t$时期的盈利能力；$penalty_{it}$为模型主要的解释变量，代表银行$i$在$t$时期受到的监管处罚；$X_{it}$为代表银行特征的控制变量。在银行盈利能力的指标选择上，我们将银行的盈利能力理解为银行通过日常经营活动中的各项业务（资产业务、负债业务、中间业务以及表外业务等）获取利润的能力，而银行净资产收益率（roe）指标可以有效衡量银行的竞争力和发展力（王曼舒、刘晓芳，2013），因此选择银行的roe作为银行盈利能力的代理变量。同时，为保证实证结果的稳健性，我们在后文实证分析中还将选择使用银行资产收益率（roa）作为银行盈利能力的代理变量进行稳健性检验。在监管处罚变量方面，考虑到罚款是我国银保监会最常用的处罚手段，同时银保监会开出的罚单具有罚款金额较小而处罚频率较高的特点，因此我们将单个银行每年度受到的罚款进行累加，构建银行年度罚款总额变量以反映银行违法违规行为的严重程度和监管处罚的强度。考虑到银保监会处罚手段的多样性，我们构建了年度累计处罚次数变量以反映监管处罚的种类与频率。在后文的实证研究中，我们选择使用年度罚款总额的自然对数（pena1）和年度处罚次数（包含银保监会对银行机构的所有处罚，如警告、罚款、停业整顿等）的自然对数（pena2）作为监管处罚的代理变量。在控制变量方面，考虑到银行的盈利能力主要受到自身财务状况和外部经济环境的影响，同时参考 Dietrich 和 Wanzenried （2014）、王曼舒和刘晓芳（2013）、杨海珍等（2019）等的研究，本书选择了一些银行财务特征变量如银行的规模（size），用银行总资产的自然对数表示；银行的经营效率（boe），用银行的成本收入比表示；银行资产结构（ass），即贷款占总资产的比重；收入结构（inc），即利息收入占比；负债结构（debt）即存款占负债的比重来表示；所有者权益比率（equ）即银行所有者权益占总资产的比重。而在外部经济环境方面，我们选择了经济增长（gdp）变量，用名义 GDP 的增长率表示。由于本书样本中含有大量的城市商业银行和农村商业银行，其经营业务的区域主要集中于银行总部所在地，因此我们选择其总行注册地所在省份的名义 GDP 增速作为经济增长率的代理变量；而对于经营范围覆盖全国的国有商业银行与股份制银行，我们选择使用全国名义 GDP 的增速作为经济增长率的代理变量。

另外，有部分研究认为，受到银行业竞争障碍以及信息不透明等因素的影响，银行的盈利能力呈现出长期持续的趋势（Dietrich、Wanzenried，2014；Köster、Pelster，2017）。因此，我们在模型（7-16）的基础上加入滞后一期的银行盈利能力变量，构建如下动态面板模型：

$$profit_{it} = \alpha + \beta 1 * profit_{it-1} + \beta 2 * penalty_{it} + \sum_{j=3}^{J} \beta j X_{it}^{j} + \varepsilon_{it} \quad (7-17)$$

其中，$profit_{it-1}$ 为滞后一期的银行盈利能力，其他变量的选择和含义与模型（7-16）一致。我们通过观察模型（7-16）中 $\beta 1$ 的显著性和模型（7-17）中 $\beta 2$ 的显著性来考察监管处罚是否能够影响银行的盈利能力。

在估计方法上，我们使用双向固定效应方法对静态面板模型（7-16）进行估计；由于使用最小二乘估计方法对动态面板模型（7-17）进行估计的结果可能是有偏的（或非一致的），因此本研究选择使用 Arellano 和 Bover（1995）、Blundell 和 Bond（1998）提出的系统广义矩估计（系统 GMM）方法对模型（7-17）进行估计。系统 GMM 方法在差分 GMM 方法的基础上基于新的复合矩条件，对原水平模型和差分后的模型同时进行估计从而大幅提升了估计方法的有效性和效率。使用系统 GMM 方法不仅能够得出动态面板模型系数的一致性估计，还能够在一定程度上缓解模型的内生性问题。为确保系统 GMM 估计的适用性和有效性，本书在后续的实证研究中进行了 Hansen 过度识别和序列相关检验。

### 7.2.3.2　数据来源与描述性统计

本小节选取了 2007—2018 年我国 268 家商业银行的年度数据作为样本。其中监管处罚数据均来自银保监会官方网站；银行的财务数据部分来自万得（WIND）数据库和国泰安（CSMAR）数据库，其余部分通过人工搜集从银行官方网站的年报中获取；宏观经济指标数据来自 CEIC 宏观经济数据库。数据具体获取与处理流程如下：首先利用 python 软件从银保监会官方网站政务信息栏目中抓取了银保监会机关、银保监局本级以及银保监分局本级公开的行政处罚公告。其次利用统计软件对行政处罚公告进行了人工整理，主要包括三个方面：一是剔除了其中保监会的行政处罚公告和无法确定违法违规机构的行政处罚公告；二是从处罚公告中提取出违法违规机构名称、违法违规事实、处罚决定、处罚时间等内容；三是通过违法违规机构名称将处罚数据与银行财务数据进行匹配合并。最后从合并的数据中整理并计算出实证研究所用变量。表 7-9 为本小节所用变量的描述性统计结果。

表 7-9　变量描述性统计

| 变量 | 变量含义 | 样本量/次 | 均值 | 标准差 | 最小值 | 最大值 |
|------|----------|-----------|------|--------|--------|--------|
| roe | 银行净资产收益率 | 2 317 | 0.137 | 0.062 | −0.401 | 0.484 |
| roa | 银行总资产收益率 | 2 316 | 0.010 | 0.004 | −0.020 | 0.049 |
| pena1 | 罚款总额 | 2 927 | 1.245 | 2.058 | 0.000 | 10.921 |
| pena2 | 处罚次数 | 2 927 | 0.379 | 0.737 | 0.000 | 4.956 |
| size | 银行规模 | 2 838 | 15.380 | 1.777 | 10.521 | 21.742 |
| boe | 银行经营效率 | 2 665 | 0.366 | 0.279 | 0.109 | 12.142 |
| ass | 银行资产结构 | 2 575 | 0.490 | 0.108 | 0.111 | 0.883 |
| inc | 银行收入结构 | 2 311 | 1.534 | 0.746 | 0.445 | 20.890 |
| debt | 银行负债结构 | 2 235 | 0.801 | 0.128 | 0.346 | 0.991 |
| equ | 银行所有者权益比率 | 2 316 | 0.074 | 0.027 | −0.137 | 0.463 |
| gdpg | 经济增长速度（%） | 2 927 | 9.361 | 2.787 | −2.500 | 19.200 |

从银行的盈利能力来看，样本银行平均的净资产收益率（roe）约为13.6%，标准差为6.2%，最小值为-40.1%（2018年吉林蛟河农村商业银行），最大值为48.4%（2007年厦门银行）；总资产收益率（roa）的均值约为1%，标准差为0.4%，最小值约为-0.2%（2012年宁波东海银行），最大值约为4.9%（2011年海口农村商业银行）。为更加清楚地呈现样本银行盈利能力的情况，本书对银行净资产收益率（roe）进行了分样本统计。如表7-10所示，将样本银行分为大型国有银行（包括中国工商银行、中国农业银行、中国建设银行、中国银行、交通银行以及中国邮政储蓄银行）、股份制银行、城市商业银行和农村商业银行三类。从表7-10中的结果我们发现，大型国有银行的盈利能力是三类银行中最高的，其roe的均值约为16.2%，城市商业银行和农村商业银行的盈利能力是最差的，其roe的均值约为13.5%。

表7-10  银行净资产收益率分机构情况

| 银行类型 | 均值 | 标准差 | 最小值 | 最大值 |
|---|---|---|---|---|
| 大型国有银行 | 0.162 | 0.045 | -0.060 | 0.259 |
| 股份制银行 | 0.156 | 0.045 | 0.009 | 0.300 |
| 城市商业银行和农村商业银行 | 0.135 | 0.063 | -0.401 | 0.484 |

同时，本书还绘制了样本期内不同类型银行净资产收益率的折线图（见图7-4）以呈现银行盈利能力变化的趋势。由图7-4可以看出，样本中所有银行的净资产收益率（roe）在2008年达到最高点（17.65%），2009年快速下降至15.22%，2010—2011年回升至16.95%，之后就呈逐年下降的趋势，最终样本银行的roe在2018年下降到不足10%（9.40%）。

而在不同类型银行的净资产收益率趋势图（见图7-5）中，大型国有银行的roe在2007—2011年呈上升趋势，2011年达到最高点20.50%，之后呈逐年下降的趋势，2018年达到最低点11.84%；股份制银行的roe在2007—2012年呈波浪式上升，2012年达到最高点（19.06%），在之后也呈逐年下降的趋势。城市商业银行和农村商业银行roe的趋势与总体相似，2017—2011年小幅震荡，2011年之后也呈逐年下降的趋势。

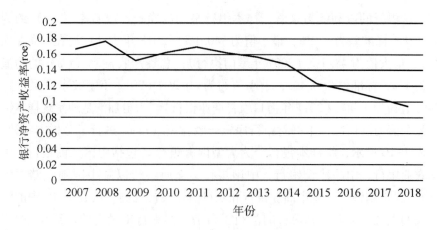

**图 7-4 样本银行净资产收益率趋势**

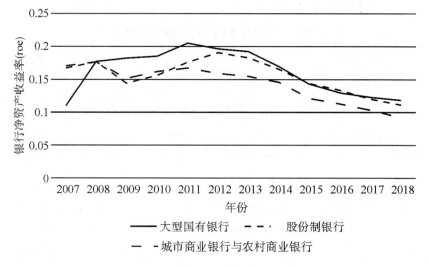

———— 大型国有银行 — — · 股份制银行
— - 城市商业银行与农村商业银行

**图 7-5 不同类型银行的净资产收益率趋势**

从监管处罚的统计结果来看，样本银行罚款总额（pena1）的均值约为 1.245，标准差约为 2.058，罚款总额的波动较大。其中最小值为 0（银行当年未受到罚款），最大值为 10.921；样本银行处罚次数（pena2）的均值约为 0.379，标准差约为 0.737，处罚次数的波动较大。其中最小值为 0（银行当年未受到任何处罚），最大值为 4.956。

同时，为更加清楚地呈现监管部门对不同类型银行予以处罚的趋势，本书绘制了罚款总额和处罚次数的分机构折线图。如图 7-6 所示，在 2014年之前，样本银行的罚款总额一直处于 5 000 万元之下的较低水平，

2014—2015 年罚款总额快速上升到 3.41 亿元，2016 年出现小幅下降，2017 年罚款总额大幅上升至 16.79 亿元，2018 年回落至 14.80 亿元左右。从分银行类型的角度来看，所有类型银行罚款总额的趋势基本与总体一致，但 2018 年度城市商业银行与农村商业银行的罚款总额并未下降，反而出现上升的趋势。另外，将不同银行各年份数据相加后可以看出，股份制银行受到监管部门的罚款总额最多，共计约 21.59 亿元，占总体的 56.12%；大型国有银行次之，其罚款总额约为 9.40 亿元，占总体的 25.42%；城市商业银行和农村商业银行受到监管部门的罚款总额最低，只有 7.2 亿元，约占总体的 18.72%。

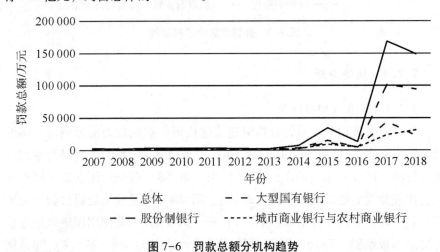

**图 7-6　罚款总额分机构趋势**

从图 7-7 可以看出，在 2014 年之前，样本银行遭处罚的次数在 200 次以内小幅波动，2014—2015 年快速上升至 1 041 次，2016 年遭处罚的次数明显下降，2017 年处罚次数大幅上升到 1 111 次，2018 年处罚次数小幅下降至 1 041 次。另外，将各年份不同银行受到处罚的次数相加后可以看出，大型国有银行受到监管部门处罚的次数最多，高达 2 199 次，城市商业银行和农村商业银行次之，受到处罚的次数约为 1 301 次，股份制银行受到处罚的次数最少，只有 1 214 次。值得注意的是，结合不同银行罚款总额的数据后我们发现，监管部门对股份制银行的处罚强度较高，其受到监管处罚的次数最少但罚款总额最多。

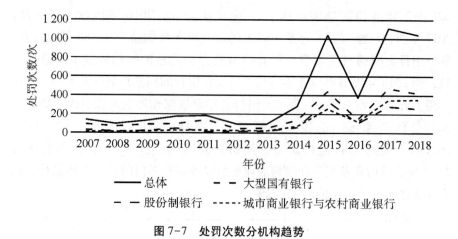

图 7-7　处罚次数分机构趋势

## 7.2.4　实证分析

### 7.2.4.1　基准回归结果

本小节实证检验了监管处罚对违法违规银行盈利能力的影响，回归的具体结果如表 7-11 所示，其中第（1）列至第（4）列的被解释变量均为银行的净资产收益率（roe），第（1）列、第（3）列是使用罚款总额作为处罚代理变量的估计结果，第（2）列、第（4）列是使用处罚次数作为监管处罚代理变量的估计结果；第（1）列、第（2）列是使用固定效应方法对静态面板模型（7-16）进行估计的结果，第（3）列、第（4）列是使用系统 GMM 方法对动态面板模型（7-17）进行估计的结果。由结果中 AR（1）、AR（2）以及 Hansen 检验的 p 值可以看出，模型满足系统 GMM 模型估计方法的使用条件。

在监管处罚方面，表 7-11 中第（1）列至第（4）列中罚款总额（pena1）与处罚次数（pena2）的系数均在 1% 水平上显著为负，表明监管部门的处罚会对银行盈利能力产生负面的影响，该结果支持了假设 7.3。可能的原因如理论分析中所述：一是监管处罚具有威慑作用，银行担心处罚造成的损失而主动减少了高盈利但易违法违规的业务；二是处罚造成的经济损失与声誉损失可能会直接影响银行的利润，从而对银行盈利能力产生负面的影响。

在其他控制变量方面，第（3）列、第（4）列中银行盈利能力滞后一期的系数显著为正，表明银行的盈利能力具有显著的持续性。第（1）列、第（2）列中银行经营效率（成本收入比 boe）的系数在 1%水平上显著为负，第（3）列、第（4）列 boe 的系数分别在 10%水平上显著为负，表明成本收入比越低即成本控制能力越强的银行，其盈利能力也越强；负债结构（debt）的系数也显著为正，表明负债中的存款占比越高的银行拥有越强的盈利能力。所有者权益比率（equ）的系数显著为负，表明所有者权益占比越高的银行，其盈利能力越弱。在宏观经济方面，经济增长率（GDP 增长率）的系数在 1%水平上显著为正，表明强劲的经济增长会给银行提供更好的经营发展环境，有利于提升银行的存贷款规模，增强银行的盈利能力（王曼舒、刘晓芳，2013）。

表 7-11　监管处罚与银行盈利能力：基准回归结果

| 变量 | (1)<br>FE | (2)<br>FE | (3)<br>SYS-GMM | (4)<br>SYS-GMM |
|---|---|---|---|---|
| 被解释变量：银行盈利能力（roe） | | | | |
| L. roe | | | 0.475 9***<br>(6.786) | 0.479 0***<br>(5.696) |
| pena1 | −0.002 7***<br>(−4.892) | | −0.004 0***<br>(−3.066) | |
| pena2 | | −0.007 7***<br>(−4.494) | | −0.014 1***<br>(−3.447) |
| size | −0.015 6***<br>(−3.233) | −0.016 2***<br>(−3.338) | 0.013 0<br>(1.270) | 0.013 9<br>(1.423) |
| boe | −0.068 9***<br>(−5.114) | −0.070 2***<br>(−5.223) | −0.068 6*<br>(−1.850) | −0.075 4**<br>(−2.161) |
| ass | −0.057 4*<br>(−1.789) | −0.060 0*<br>(−1.868) | −0.057 4<br>(−0.840) | −0.054 7<br>(−0.840) |
| inc | 0.004 7<br>(1.438) | 0.004 6<br>(1.446) | 0.020 1<br>(1.038) | 0.023 0<br>(1.262) |
| debt | 0.097 2***<br>(3.761) | 0.097 0***<br>(3.745) | 0.162 7*<br>(1.879) | 0.157 2*<br>(1.690) |
| equ | −0.722 2***<br>(−5.418) | −0.718 3***<br>(−5.383) | −0.870 7**<br>(−2.222) | −0.875 5**<br>(−2.083) |
| gdpg | 0.002 6**<br>(2.539) | 0.002 6**<br>(2.568) | 0.007 6***<br>(3.724) | 0.008 2***<br>(4.230) |
| Constant | 0.385 3***<br>(4.190) | 0.395 2***<br>(4.281) | −0.244 0<br>(−1.155) | −0.262 0<br>(−1.282) |
| N | 2 191 | 2 191 | 1 955 | 1 955 |

表7-11(续)

| 变量 | (1)<br>FE | (2)<br>FE | (3)<br>SYS-GMM | (4)<br>SYS-GMM |
|---|---|---|---|---|
| 被解释变量：银行盈利能力（roe） | | | | |
| $R^2$ | 0.355 | 0.353 | | |
| Hansen-p 值 | | | 0.110 | 0.186 |
| AR（1）-p 值 | | | 0.000 | 0.000 |
| AR（2）-p 值 | | | 0.383 | 0.423 |

注：第（1）、（2）、（3）、（4）列括号中的数字为稳健的 z 统计量；***、** 和 * 分别代表在 1%、5%和10%水平上显著，下同。

### 7.2.4.2 稳健性检验

由于基准回归的结果可能受到内生性的影响，例如盈利能力较差的银行可能会更多地进行违法违规行为以保持自身的市场竞争力，而这些银行可能会受到更多的监管处罚，因此本书通过引入工具变量，使用两阶段最小二乘法（2SLS）重新估计监管处罚对银行盈利能力的影响。关于工具变量的选择，本书首先使用地方财政金融监管支出的增速（iv1）①作为第一个工具变量。地方财政的金融监管支出主要指金融监管机构监管工作及日常运营等方面的支出，地方财政通过向当地银保监会拨付经费来支持银保监会的监管处罚工作，因此金融监管支出的增速能够直接影响银保监会的监管处罚。而地方政府没有对银行的监管权，所以地方财政金融监管支出增速与银行的盈利能力没有直接的关系。同时，参考王云等（2020）的工具变量设定方法，使用下一年度银行遭到罚款的总额（iv2）作为第二个工具变量。由于违法违规被罚金额更多（次数更多）的银行可能会受到更多的监管关注并进入监管机构的"黑名单"，因此银行当年受到的监管处罚与其下一年度受到罚款的总额有直接的关系，而对于银行来说，下一年度的处罚尚未发生，因此银行当年的盈利能力与下一年度遭处罚的次数并无直接的关系。具体检验结果如表7-12所示。从表7-12中第（1）列、第（4）列第一阶段的估计结果中可以看出，无论是以罚款总额（pena1）还是以罚款次数（pena2）作为监管处

---

① 考虑到样本中存在大量的城市商业银行与农村商业银行，其经营区域主要位于其总行所在地，因此利用其总行注册地所在省份的金融监管支出增速作为工具变量；而国有商业银行与股份制银行的经营遍布全国，因此选择全国各省平均金融监管支出的增速作为工具变量。地方财政金融监管支出的数据来自 CEIC 宏观经济数据库。

罚的代理变量，iv1 和 iv2 两个工具变量均在 1% 水平上显著为正，即工具变量与监管处罚显著正相关，第一阶段 F 值分别为 19.59 和 52.52，均高于 10；Kleibergen-Paap rk LM 值分别为 31.559、61.158，且均在 1% 水平上显著，拒绝了"识别不足"的原假设；Cragg-Donald Wald F 值分别为 18.056、36.676，均高于 15% 的 Stock-Yogo 临界值 11.59，表明不存在弱工具变量的问题；Hansen J 的 p 值分别为 0.323 和 0.317，表明所有工具变量都是外生的。以上检验证明了地方财政金融监管支出的增速（iv1）和下一年度银行遭到罚款的总额（iv2）均为监管处罚的有效工具变量。由表 7-12 中第（2）列、第（4）列第二阶段的回归结果可以看出，监管处罚的两个代理变量即罚款总额（pena1）和处罚次数（pena2）的系数仍显著为负，即通过内生性校正后，监管处罚仍然会对银行的盈利能力产生显著的负向影响。

表 7-12　监管处罚与银行盈利能力：工具变量法（2SLS）

| 变量 | （1）第一阶段 pena1 | （2）第二阶段 roe | （3）第二阶段 pena2 | （4）第二阶段 roe |
|---|---|---|---|---|
| iv1 | 0.000 3 *** (4.435) | | 0.000 1 *** (5.469) | |
| iv2 | 0.135 2 *** (5.679) | | 0.064 5 *** (8.147) | |
| pena1 | | −0.014 9 *** (−3.139) | | |
| pena2 | | | | −0.031 2 *** (−3.257) |
| 控制变量 | 控制 | 控制 | 控制 | 控制 |
| 银行/年度固定效应 | 控制 | 控制 | 控制 | 控制 |
| Constant | −7.335 1 *** (−10.260) | −0.032 8 (−0.663) | −4.172 8 *** (−12.702) | −0.053 6 (−1.009) |
| N | 1 595 | 1 595 | 1 595 | 1 595 |
| $R^2$ | 0.358 | 0.168 | 0.475 | 0.222 |
| Kleibergen-Paap rk-LM 值 | | 31.559 *** | | 61.158 *** |
| Cragg-Donald Wald-F 值 | | 18.056 | | 36.676 |
| Hansen J-p 值 | | 0.323 | | 0.317 |

另外，为保证基准回归结果的准确性与可靠性，我们对表 7-11 中的结果进行了稳健性检验。首先，我们对被解释变量进行替换，将银行总资产收益率（roa）作为银行盈利能力的代理变量，使用系统 GMM 方法重新对模型进行估计，结果如表 7-13 中第（1）列、第（2）列所示，监管处罚两个代理变量即罚款总额（pena1）和处罚次数（pena2）的系数仍显著为负，证明表 7-11 中的估计结果是稳健的。

为缓解被解释变量与解释变量可能存在相互影响的问题，我们将所有解释变量滞后一期，利用系统 GMM 方法重新对模型进行了估计，具体结果如表 7-13 中第（3）列、第（4）列所示，其中罚款总额（pena1）和处罚次数（pena2）的系数仍显著为负，再次证实了估计结果的稳定性。

表 7-13　监管处罚与银行盈利能力：稳健性检验

| 变量 | （1）<br>SYS-GMM<br>roa | （2）<br>SYS-GMM<br>roa | （3）<br>SYS-GMM<br>roa | （4）<br>SYS-GMM<br>roa |
|---|---|---|---|---|
| L. roa | 0. 257 5 *** <br> (2. 777) | 0. 555 0 *** <br> (8. 567) | | |
| L. roe | | | 0. 419 9 *** <br> (7. 376) | 0. 423 1 *** <br> (7. 467) |
| pena1 | −0. 000 7 *** <br> (−3. 360) | | −0. 001 7 ** <br> (−2. 412) | |
| pena2 | | −0. 000 8 *** <br> (−3. 135) | | −0. 004 6 ** <br> (−2. 277) |
| size | 0. 001 8 ** <br> (2. 409) | 0. 000 5 <br> (1. 551) | 0. 006 7 ** <br> (2. 317) | 0. 007 0 ** <br> (2. 256) |
| boe | −0. 000 8 <br> (−0. 760) | −0. 000 6 <br> (−0. 638) | −0. 054 3 *** <br> (−11. 302) | −0. 055 8 *** <br> (−11. 675) |
| ass | −0. 008 9 <br> (−1. 018) | −0. 006 1 <br> (−1. 029) | −0. 090 6 ** <br> (−2. 036) | −0. 085 1 ** <br> (−2. 008) |
| inc | 0. 000 0 <br> (0. 080) | −0. 000 1 <br> (−0. 350) | 0. 000 7 <br> (0. 662) | 0. 001 5 <br> (1. 443) |
| debt | 0. 010 4 <br> (1. 139) | 0. 003 6 <br> (0. 609) | 0. 064 5 * <br> (1. 950) | 0. 065 0 * <br> (1. 950) |
| equ | 0. 198 1 *** <br> (3. 986) | 0. 097 8 *** <br> (3. 228) | −0. 287 4 *** <br> (−3. 505) | −0. 280 2 *** <br> (−3. 362) |
| gdpg | 0. 000 6 *** <br> (3. 093) | 0. 000 5 *** <br> (3. 591) | 0. 008 7 *** <br> (8. 860) | 0. 009 0 *** <br> (9. 370) |

表7-13(续)

| 变量 | (1)<br>SYS-GMM<br>roa | (2)<br>SYS-GMM<br>roa | (3)<br>SYS-GMM<br>roa | (4)<br>SYS-GMM<br>roa |
|---|---|---|---|---|
| Constant | −0.044 9***<br>(−2.930) | −0.014 4*<br>(−1.945) | −0.080 3<br>(−1.243) | −0.090 5<br>(−1.376) |
| N | 1 954 | 1 954 | 1 902 | 1 902 |
| Hansen-p 值 | 0.165 | 0.135 | 0.146 | 0.207 |
| AR (1) −p 值 | 0.001 | 0.000 | 0.000 | 0.000 |
| AR (2) −p 值 | 0.523 | 0.774 | 0.236 | 0.275 |

我们根据银行类型的不同进行了分样本检验，使用双向固定效应模型①重新估计了监管处罚对大型国有银行、股份制银行以及城市商业银行与农村商业银行盈利能力的影响。结果如表 7-14 所示。表 7-14 中第（1）列、第（2）列的样本为大型国有银行，第（3）列、第（4）列的样本是股份制银行，第（5）列、第（6）列的样本是城市商业银行与农村商业银行。其中，第（1）列、第（2）列中监管处罚的两个代理变量即罚款总额（pena1）和处罚次数（pena2）为负但不显著，而第（3）列至第（6）列监管处罚的两个代理变量均显著为负，表明监管处罚不能对大型国有银行盈利能力产生明显的影响，但会对股份制银行、城市商业银行与农村商业银行的盈利能力产生显著的负面影响，即监管处罚对大型国有银行的影响较小。这可能是因为监管处罚力度较小，其造成的经济损失与声誉损失有限，无法对大型国有银行形成有效的威慑。

表 7-14 监管处罚与银行盈利能力：分样本检验

| 变量 | (1)<br>FE<br>大型国有<br>银行 roe | (2)<br>大型国有<br>银行<br>roe | (3)<br>股份制<br>银行<br>roe | (4)<br>股份制<br>银行<br>roe | (5)<br>城市商业<br>银行与<br>农村商业<br>银行<br>roe | (6)<br>城市商业<br>银行与<br>农村商业<br>银行<br>roe |
|---|---|---|---|---|---|---|
| pena1 | −0.003 5<br>(−1.554) | | −0.004 3***<br>(−7.931) | | −0.002 3***<br>(−4.545) | |

① 本书还使用系统 GMM 模型和工具变量法进行了稳健性检验，发现使用系统 GMM 估计方法和工具变量法得出的结果与双向固定效应模型的结果一致。

表7-14(续)

| 变量 | (1)<br>FE<br>大型国有<br>银行 roe | (2)<br>大型国有<br>银行<br>roe | (3)<br>股份制<br>银行<br>roe | (4)<br>股份制<br>银行<br>roe | (5)<br>城市商业<br>银行与<br>农村商业<br>银行<br>roe | (6)<br>城市商业<br>银行与<br>农村商业<br>银行<br>roe |
|---|---|---|---|---|---|---|
| pena2 | | −0.008 6<br>(−1.697) | | −0.011 0***<br>(−4.825) | | −0.006 2***<br>(−3.511) |
| size | −0.049 3*<br>(−2.627) | −0.052 8*<br>(−2.707) | 0.000 3<br>(0.026) | −0.001 9<br>(−0.167) | −0.020 9***<br>(−4.199) | −0.021 9***<br>(−4.379) |
| boe | −0.540 7**<br>(−3.928) | −0.494 8**<br>(−4.018) | −0.435 9***<br>(−5.402) | −0.439 4***<br>(−5.828) | −0.067 2***<br>(−5.659) | −0.068 5***<br>(−5.776) |
| ass | 0.143 0<br>(1.285) | 0.187 0<br>(1.904) | −0.010 0<br>(−0.181) | −0.042 9<br>(−0.789) | −0.064 2*<br>(−1.929) | −0.067 6**<br>(−2.024) |
| inc | 0.084 2*<br>(2.473) | 0.090 4**<br>(3.157) | 0.054 7***<br>(4.491) | 0.046 9***<br>(4.058) | 0.004 7<br>(1.438) | 0.004 7<br>(1.451) |
| debt | −0.117 1<br>(−1.254) | −0.179 7<br>(−1.842) | 0.176 3***<br>(4.990) | 0.171 5***<br>(4.834) | 0.084 0***<br>(3.057) | 0.084 4***<br>(3.061) |
| equ | −2.737 7***<br>(−5.869) | −2.379 8**<br>(−4.364) | −1.473 1***<br>(−5.336) | −1.366 9***<br>(−4.838) | −0.724 5***<br>(−7.826) | −0.726 8***<br>(−7.896) |
| gdpg | 0.001 4<br>(0.334) | 0.003 2<br>(0.733) | 0.004 4<br>(1.098) | 0.003 8<br>(0.990) | 0.002 7***<br>(2.687) | 0.002 8***<br>(2.693) |
| Constant | 1.469 6**<br>(2.812) | 1.514 8**<br>(2.902) | 0.161 2<br>(0.708) | 0.232 9<br>(0.936) | 0.470 0***<br>(4.918) | 0.486 4***<br>(5.068) |
| N | 45 | 45 | 114 | 114 | 1 891 | 1 891 |
| $R^2$ | 0.881 | 0.894 | 0.734 | 0.752 | 0.393 | 0.390 |

### 7.2.4.3 进一步的分析

（1）监管处罚对银行营业收入的影响

本小节假设 7.4 认为监管处罚可以通过降低银行营业收入的方式来降低银行的盈利能力。为了检验这种机制是否存在，我们以银行营业收入占总资产的比重（opr）作为被解释变量，选择滞后一期的罚款总额（L. pena1）与处罚次数（L. pena2）作为解释变量[①]，其他控制变量与模型（7-16）中的控制变量一致，使用固定效应方法检验了监管处罚对银行营

---

[①] 考虑到监管处罚对银行营业收入的影响具有时滞性，同时为缓解内生性问题，本书选择滞后一期的监管处罚代理变量作为解释变量。

业收入的影响，结果如表 7-15 所示。表 7-15 中第（1）列、第（2）列中监管处罚两个代理变量（L. pena1 与 L. pena2）的系数都不显著，表明处罚并不会对银行的营业收入产生显著的影响。这可能是因为银保监会对违法违规银行的处罚力度较小，如罚款占银行总资产和净利润的比重较低，这会导致处罚所造成的违法违规经济成本过低，其产生的负向激励并不足以影响银行的营业收入。因此假设 7.4 不成立。此外，本书还根据银行的类型进行了分样本检验，结果发现监管处罚只对城市商业银行与农村商业银行的营业收入有一定的负面影响，而处罚对大型国有银行以及股份制银行营业收入的影响均不显著。这在一定程度上表明监管处罚对城市商业银行与农村商业银行这类小银行的影响更大。

表 7-15　监管处罚对银行营业收入的影响

| 变量 | (1)<br>FE<br>opr | (2)<br>FE<br>opr |
| --- | --- | --- |
| L. pena1 | −0.000 0<br>(−0.510) | |
| L. pena2 | | 0.000 3<br>(1.463) |
| size | 0.001 2<br>(1.558) | 0.001 2<br>(1.571) |
| boe | −0.002 1<br>(−1.318) | −0.002 1<br>(−1.316) |
| ass | 0.027 8***<br>(8.361) | 0.027 4***<br>(8.209) |
| inc | −0.000 8<br>(−1.404) | −0.000 8<br>(−1.404) |
| debt | 0.007 8***<br>(3.142) | 0.008 1***<br>(3.221) |
| equ | 0.043 2**<br>(2.404) | 0.042 6**<br>(2.375) |
| gdpg | 0.000 2<br>(1.253) | 0.000 2<br>(1.191) |
| Constant | −0.006 8<br>(−0.547) | −0.006 9<br>(−0.550) |
| N | 2 054 | 2 054 |
| $Adj - R^2$ | 0.574 | 0.575 |

（2）监管处罚对银行存款的影响

假设 7.5a 认为监管处罚会降低银行的存款规模进而对银行的盈利能力产生负面影响。因此，为了验证假设 7.5a 中处罚对银行存款的影响机制是否成立，本书使用银行存款规模即存款占总资产的比重（*dep*）作为被解释变量，使用滞后一期的罚款总额（L. pena1）和处罚次数（L. pena2）作为监管处罚的代理变量①，利用双向固定效应方法和系统 GMM 方法估计了监管处罚对银行存款规模的影响，具体的估计结果见表 7-16。其中第（1）列、第（2）列中滞后一期罚款总额（L. pena1）的系数显著为负，第（3）列、第（4）列中滞后一期处罚次数（L. pena2）的系数也显著为负，表明监管处罚会对银行存款规模产生显著的负向影响，因此假设 7.5a 成立。

表 7-16　监管处罚对银行存款的影响

| 变量 | (1)<br>FE | (2)<br>FE | (3)<br>SYS-GMM | (4)<br>SYS-GMM |
|---|---|---|---|---|
| 被解释变量：银行存款规模（dep） | | | | |
| L. dep | | | 0.475 2 *** <br> (9.045) | 0.476 7 *** <br> (8.913) |
| L. pena1 | −0.002 7 *** <br> (−3.082) | | −0.002 5 *** <br> (−2.844) | |
| L. pena2 | | −0.011 8 *** <br> (−3.911) | | −0.006 8 ** <br> (−2.214) |
| size | −0.064 4 *** <br> (−9.151) | −0.063 1 *** <br> (−8.853) | −0.008 3 <br> (−0.781) | −0.012 2 <br> (−1.490) |
| boe | 0.001 5 <br> (0.118) | 0.001 4 <br> (0.111) | 0.028 5 <br> (1.190) | 0.022 7 <br> (1.082) |
| ass | 0.422 2 *** <br> (8.462) | 0.425 8 *** <br> (8.465) | 0.631 5 *** <br> (10.584) | 0.629 5 *** <br> (10.474) |
| inc | −0.009 1 <br> (−1.387) | −0.009 4 <br> (−1.397) | −0.009 4 <br> (−1.283) | −0.008 2 <br> (−1.191) |
| equ | −0.342 7 ** <br> (−2.520) | −0.330 6 ** <br> (−2.406) | −0.570 3 *** <br> (−2.996) | −0.547 1 *** <br> (−2.860) |

① 考虑到监管处罚对银行存款的影响可能有时滞性，同时为缓解内生性问题，本书选择滞后一期的监管处罚代理变量作为解释变量；另外，在控制变量方面删除了银行负债结构（*debt*），其他控制变量与模型（7-16）一致。

表7-16（续）

| 变量 | (1)<br>FE | (2)<br>FE | (3)<br>SYS-GMM | (4)<br>SYS-GMM |
|---|---|---|---|---|
| 被解释变量：银行存款规模（dep） | | | | |
| gdpg | 0.003 2*** | 0.003 2*** | 0.002 9 | 0.002 4 |
| | (2.619) | (2.644) | (1.069) | (1.054) |
| Constant | 1.569 1*** | 1.545 7*** | 0.231 2 | 0.296 5* |
| | (11.700) | (11.391) | (1.141) | (1.838) |
| N | 2 054 | 2 054 | 1 911 | 1 911 |
| $R^2$ | 0.601 | 0.603 | | |
| Hansen-p 值 | | | 0.220 | 0.199 |
| AR（1）-p 值 | | | 0.000 | 0.000 |
| AR（2）-p 值 | | | 0.275 | 0.269 |

为保证估计结果的准确性，本书进行了如下稳健性检验：

第一，使用地方财政金融监管支出的增速（iv1）和下一年度银行遭到罚款的总额（iv2）作为监管处罚的工具变量，使用2SLS重新进行估计，结果如表7-17中第（1）列、第（2）列所示，监管处罚两个代理变量的系数和显著性均未发生变化，证明表7-15的估计结果是稳健的。

第二，考虑到银行盈利能力与当期银行特征变量之间可能存在相互影响的关系，因此将所有银行特征变量滞后一期，重新检验了监管处罚对银行盈利能力的影响，结果如表7-17中第（3）列、第（4）列所示，我们发现处罚代理变量的系数并未发生显著改变，再次证实了估计结果的稳健性。

表7-17　监管处罚对银行存款的影响：稳健性检验

| 变量 | (1)<br>2SLS | (2)<br>2SLS | (3)<br>FE | (4)<br>FE |
|---|---|---|---|---|
| 被解释变量：银行存款规模（dep） | | | | |
| L. pena1 | −0.038 5*** | | −0.001 6* | |
| | (−5.052) | | (−1.734) | |
| L. pena2 | | −0.089 2*** | | −0.008 2** |
| | | (−5.409) | | (−2.531) |
| 控制变量 | 控制 | 控制 | 控制 | 控制 |

表7-11(续)

| 变量 | (1)<br>2SLS | (2)<br>2SLS | (3)<br>FE | (4)<br>FE |
|---|---|---|---|---|
| 被解释变量：银行存款规模（dep） | | | | |
| 银行/年度固定效应 | 控制 | 控制 | 控制 | 控制 |
| Constant | 0.413 1 ***<br>(4.824) | 0.366 7 ***<br>(4.172) | 1.561 5 ***<br>(12.770) | 1.547 1 ***<br>(12.531) |
| N | 1 864 | 1 864 | 1 962 | 1 962 |
| $R^2$ | 0.344 | 0.413 | 0.527 | 0.528 |
| Kleibergen-Paap rk-LM 值 | 46.991 *** | 78.785 *** | | |
| Cragg-Donald Wald-F 值 | 29.915 | 50.313 | | |
| Hansen J-p 值 | 0.321 | 0.320 | | |

  第三，我们根据银行类型的不同进行了分样本检验，使用双向固定效应模型重新估计了监管处罚对大型国有银行、股份制银行以及城市商业银行与农村商业银行存款规模的影响，结果如表7-18所示。其中第（1）列、第（2）列中监管处罚的两个代理变量（L. pena1 和 L. pena2）均不显著，而第（3）列至第（6）列监管处罚的两个代理变量均显著为负。这表明监管处罚对股份制银行、城市商业银行与农村商业银行的存款规模产生了显著的负面影响，但对大型国有银行存款规模的影响并不明显。同时结合表7-14的结果可以发现，相较于其他类型的银行，处罚对大型国有银行盈利能力和存款规模的影响均不显著。这可能是因为监管处罚对大型国有银行造成的经济损失极小，起约束作用的主要是声誉机制；而大型国有银行与政府关系密切，其可能会受到政府部门更多的庇护和支持，同时大型国有银行拥有国家信誉作为隐性担保，声誉冲击对大型国有银行的影响也较小。此外，大型国有银行高管大多拥有行政级别不易失业，声誉机制对其的约束作用有限（李培功、沈易峰，2010；周开国 等，2016）。综上所述，相较于大型国有银行的利润规模而言，处罚所造成的经济损失显得"微不足道"，同时声誉机制也很难约束大型国有银行，因此监管处罚对大型国有银行的影响十分有限。

表 7-18　监管处罚对银行存款的影响：分样本检验

| 变量 | (1)<br>FE<br>大型国有<br>银行 | (2)<br>FE<br>大型国有<br>银行 | (3)<br>FE<br>股份制<br>银行 | (4)<br>FE<br>股份制<br>银行 | (5)<br>FE<br>城市商业<br>银行与农村<br>商业银行 | (6)<br>FE<br>城市商业<br>银行与农村<br>商业银行 |
|---|---|---|---|---|---|---|
| 被解释变量：银行存款规模（dep） | | | | | | |
| L. pena1 | 0.001 3<br>(0.540) | | −0.011 1***<br>(−3.366) | | −0.001 6*<br>(−1.854) | |
| L. pena2 | | 0.002 8<br>(0.874) | | −0.030 0***<br>(−5.995) | | −0.007 0**<br>(−2.238) |
| | 控制 | 控制 | 控制 | 控制 | 控制 | 控制 |
| Constant | 2.446 2***<br>(10.996) | 2.439 7***<br>(8.702) | 1.155 6*<br>(2.005) | 1.286 7**<br>(2.254) | 1.621 5***<br>(12.354) | 1.615 9***<br>(12.289) |
| N | 45 | 45 | 114 | 114 | 1 885 | 1 885 |
| $R^2$ | 0.901 | 0.902 | 0.753 | 0.752 | 0.628 | 0.628 |

　　虽然监管罚款会导致银行存款规模下降进而影响银行盈利能力，但是处罚导致银行存款的下降可以从供给端与需求端两方面来解释。从储户（存款供给端）的角度来说，监管部门对违法违规银行的罚款会使银行声誉受损，降低公众对银行的信任和信心，进而使得储户取出存款的意愿上升，同时还可能导致新增存款数量下降。但是从银行（存款需求端）的角度考虑，银行在受到罚款处罚后，可能会改变风险偏好，调整业务模式，同时其部分高风险业务也可能会受到限制，这会导致银行主动收缩资产负债表，缩小存款规模。为了检验存款的下降是否来自储户，本书参照 Peria 等（2001）的方法，检验罚款对银行存款利率的影响。若为供给端储户行为导致的存款减少，则会使存款数量降低并使存款利率上升。因此，为了验证假设 3b 中监管处罚对银行存款的影响机制是否成立，我们使用存款利率①（rate）作为被解释变量，利用双向固定效应方法和工具变量法②来检验处罚对银行存款利率的影响，从而验证银行存款减少是否源于供给端的储户行为。其估计结果如表 7-19 所示，其中第（1）列至第（4）列中

——————————

　　① 本书借鉴左峥等（2014）对存款利率的度量方法，使用利息支出除以存款总额作为存款利率的代理变量。

　　② 本小节仍然使用地方财政金融监管支出的增速（iv1）和下一年度银行遭到罚款的总额（iv2）作为监管处罚的工具变量，同时表 7-19 中的检验结果也证明了工具变量的有效性。

监管处罚的代理变量系数均显著为正，即处罚会对银行存款利率产生显著的正向影响，这说明处罚造成的存款占比减少主要源于供给端的储户行为，因此假设 7.5b 成立。

表 7-19　监管处罚对银行存款利率的影响

| 变量 | (1)<br>FE | (2)<br>FE | (3)<br>2SLS | (4)<br>2SLS |
|---|---|---|---|---|
| 被解释变量：银行存款利率（drate） | | | | |
| L. pena1 | 0.001 5 *** | | 0.022 9 *** | |
| | (4.001) | | (5.544) | |
| L. pena2 | | 0.010 2 *** | | 0.053 2 *** |
| | | (4.383) | | (7.538) |
| 控制变量 | 控制 | 控制 | 控制 | 控制 |
| 银行/年度固定效应 | 控制 | 控制 | 控制 | 控制 |
| Constant | −0.216 8 *** | −0.180 4 *** | −0.183 8 *** | −0.154 9 *** |
| | (−4.143) | (−4.122) | (−4.228) | (−4.389) |
| N | 2 052 | 2 052 | 1 856 | 1 856 |
| $R^2$ | 0.144 | 0.177 | 0.228 | 0.582 |
| Kleibergen-Paap rk-LM 值 | | | 46.994 *** | 78.417 *** |
| Cragg-Donald Wald-F 值 | | | 29.948 | 50.032 |
| Hansen J-p 值 | | | 0.392 | 0.403 |

## 7.2.5　结论

本节从银行业绩表现的角度考察了监管处罚的效应。利用 2007—2018 年银保监会的行政处罚数据与 268 家银行的微观数据，本节使用固定效应方法和系统 GMM 方法检验了监管处罚对银行盈利能力的影响，研究发现无论是罚款总额还是处罚次数均会对银行盈利能力产生显著的负面影响。同时在使用工具变量法检验回归内生性以及在替换被解释变量之后，主要回归的结果依然稳健。本节还发现，监管处罚无法对大型国有银行的盈利能力产生显著的影响。本节进一步分析处罚对银行盈利能力的影响机制后发现，由于银保监会的处罚力度较小，处罚对银行违法违规行为造成的经济成本偏低，因此监管处罚对银行营业收入的影响并不明显；但是监管处罚会通过缩小银行存款规模的方式来间接影响银行的盈利能力，特别地，处罚导致的银行声誉受损从而增加银行获取存款的难度是存款规模缩小的主要原因。

## 7.3　监管处罚对银行风险偏好的影响

### 7.3.1　引言

2008 年全球金融危机对经济造成的巨大冲击使世界各国更加清醒地认识到监管对防控金融风险的积极作用，强监管、严处罚、防风险已成为国际金融业监管的新趋势。商业银行作为金融体系的重要组成部分，其风险承担水平对整个金融体系的稳定具有重大影响，因此，各国金融监管机构纷纷制定并采取了一系列措施以加强对商业银行的监管，其中处罚是保证金融监管制度有效运行的重要手段。以美国为例，从 2008 年到 2018 年，美国监管部门对金融机构的罚款约为 2 546 亿美元，10 亿美元以上的罚款共 37 笔，单笔罚款金额最高达到 250 亿美元。其中银行业是监管处罚的重点对象，美国监管部门对银行罚款金额约为 2 480 亿美元，占罚款总额的 97%左右（罗璠 等，2019）。我国监管机构也在不断完善监管规章制度并加大处罚力度。在强监管的趋势下，我国监管机构开出的罚单数量明显上升。2016 年，银监会共处罚机构 631 家，罚没金额 2.7 亿元，处罚责任人员 422 名；2017 年，银监系统的处罚强度明显提高，共处罚机构 1 877 家、处罚责任人员 1 547 名，罚没金额 29.32 亿元。2018 年，银监系统共处罚机构 1 900 余家、处罚责任人员 2 044 名，罚没金额近 21.56 亿元。

监管部门的处罚能够有效降低银行的风险承担水平吗？部分研究认为金融监管在提高银行稳定性以及防范金融风险方面有着相当积极的作用，监管部门对银行的资本充足率要求能够有效避免银行承担过多的风险（Repullo，2004），同时强制的信息披露制度也能够使银行的信息更加透明，从而起到加强市场约束、减少银行的高风险行为、提高整个银行体系的稳定性的作用（Wu、Bowe，2010；Delis、Kouretas，2011；杨新兰，2015）。同时，与监管规则相适应的处罚措施可以保证监管规则的顺利实施，威慑潜在的违法违规银行，迫使其改变风险偏好，从而有效地降低银行的风险承担水平（Delis 等，2017）。然而，也有研究认为监管机构对银行资本充足率的监管并不会降低银行的风险承担水平（Delis、Kouretas，

2011），银行更倾向于通过在资本市场发行股票和债券来补充自身资本以满足充足率监管要求（许友传，2011；成洁，2014）。严格的资本充足率监管甚至可能引发银行的监管套利行为，银行会通过将信贷资产转化为表外资产来规避监管，从而导致银行综合风险承担水平上升（刘生福、韩雍，2020）；而强制信息披露要求也会导致资本市场的过度反应，对银行形成短期的冲击并提高银行的风险承担水平（Tadesse，2006）。另外，Köster 和 Pelster（2017）认为银行的管理者并不会因遭受处罚而改变其自身的风险承担水平，因为在通常情况下银行从其高风险行为中获得的收益远大于监管机构的罚款。欧洲系统性风险委员会（European Systemic Risk Board，2015）担心对违法违规银行大量、高额的处罚会造成银行经营的不确定性，提高银行业的整体风险承担水平。

监管处罚是否能够有效降低我国银行的风险承担水平？监管处罚对不同银行的效果是否存在不同？资本充足率监管是否会影响处罚的效果？本节试图利用 2007—2018 年我国 268 家银行的非平衡面板数据与银保监会的行政处罚数据来分析上述问题。本书的贡献在于：①现有研究大多数从监管规则的角度探讨了资本充足率要求、信息披露等对银行风险偏好的影响（成洁，2014；杨新兰，2015）。然而，如果监管机构不能有效地监督银行并对不符合要求的银行进行处罚，即使设计再合理的监管规则也无法达到监管目标。因此从行政处罚角度探讨金融监管的效果，不仅能够完善和丰富我国金融监管理论体系，而且在实践中有助于监管部门制定合理的政策，提升金融监管的效率。②本书从银保监会处罚公告中提取并整理出银行层面的监管处罚数据，克服了以往相关研究样本量偏少（张宗新，2007）、监管指标过于宏观（潘敏、魏海瑞，2015）而可能导致估计结果不够精确的问题。③本书考察了在资本充足率监管压力下，处罚对不同资本充足率银行风险偏好的影响，进一步丰富和扩展了已有金融监管对银行风险偏好的影响的相关研究，具有重要的现实意义。

### 7.3.2　理论分析

金融监管处罚的主要目的是控制银行的过度杠杆，引导或改变银行的风险偏好，促使金融行业回归服务实体经济，保证宏观金融体系的稳定，防控系统性金融风险的发生。而风险偏好是银行的基本特质之一，是银行在长期的经营过程中形成的，其受多重因素的影响。

7.3.2.1 监管处罚

监管部门对银行进行处罚的目的是威慑商业银行，以遏制银行的高风险偏好以及违法违规经营活动。通常银行会根据不同风险偏好对应的预期收益的选择自身的风险承担水平。高风险偏好意味着银行可能会在经营中从事一些利润较大但风险较高的业务（可能是某些金融创新业务，例如中国银行的"原油宝"业务），这些业务往往游离于监管的边界之上（Köster、Pelster，2017），其中的风险一旦暴露，严厉的监管处罚会使银行遭受巨大的经济损失与声誉损失，大幅减少银行选择高风险偏好的预期收益，从而促使银行改变风险偏好，降低风险承担水平。同时，监管部门可能掌握银行内部情况的私有信息，监管措施的发布向公众释放了银行的负面信号，因此监管处罚措施可能会增强市场约束力从而改变违法违规银行的风险偏好（Delis 等，2017）。另外，处罚信息的公开能够进一步明确银行经营的合规边界，引导银行审慎经营，选择更加稳健的风险偏好。

7.3.2.2 风险偏好具有延续性和异质性

在公司治理较为完善的条件下，即便更换主要负责人，在短时间内也很难改变银行的风格。也就是说，银行风险偏好或风险承担水平不会突变，其具有延续性和传承性特征。基于此，实证模型中考虑了滞后一期的风险承担水平对当期风险承担的影响。

此外，不同的银行可能会表现出不同的风险偏好。这既与银行的历史、公司文化、治理结构等特征有关（Laeven、Levine；2009），也与银行的规模、管理能力等有关。此外，Williams（2014）的研究表明，大型银行与国有银行在金融体系中具有系统重要性，为确保金融体系的稳定，监管部门在金融危机时期往往会对这些银行进行救助，由此产生的"大而不倒"问题会使这些银行面临更多的风险。

7.3.2.3 外部经济环境与政策

在宏观经济稳定向好的环境中，银行的风险暴露会更少。而在经济下行的环境中，来自客户的风险会增加，银行"搏一搏"的想法也会驱使银行提高风险容忍度。Sakalauskaite（2018）从 CEO 薪酬的角度解释了银行风险偏好与宏观经济的关系，其认为银行 CEO 的薪酬与其高风险行为具有很强的顺周期性：在经济上行期间，银行 CEO 具有更强烈的动机去参与短期回报较高的风险项目以获得更多的奖金，这会大大提高银行的违法违规概率和风险承担水平。同样，货币政策的紧与松将直接作用于银行间同业拆借市场。作为短期贷款定价基准，同业拆借利率的变动将影响银行的贷款定价和利息收入水平，从而对银行的风险偏好产生作用（Dell' Ariccia 等，2017）。此外，作为监管规则的重要组成部分，资本充足率的约束和监管压力很可能影响银行的风险偏好（Delis、Staikouras，2011）。

### 7.3.3 研究设计

#### 7.3.3.1 实证设计

为分析监管部门的处罚对银行风险偏好的影响，本书主要进行了以下三个方面的检验：

第一，本书检验了银保监会的处罚对银行风险承担水平的影响。考虑到银行风险承担水平具有持续性，本书参照 Delis 和 Staikouras（2011）的模型设定，构建如下动态面板模型：

$$Risk_{it} = \alpha + \beta 1 * Risk_{it-1} + \beta 2 * penalty_{it} + \sum_{j=3}^{J} \beta j X_{it}^{j} + \varepsilon_{it} \quad (7-18)$$

其中，下标 $i = 1, 2, 3, \cdots, N$ 表示样本中的银行个体，$t = 1, 2, 3, \cdots, T$ 表示样本所在的时期。被解释变量 $Risk_{it}$ 代表银行 $i$ 在第 $t$ 期的风险承担水平，$Risk_{it-1}$ 表示滞后一期的风险承担水平，$penalty_{it}$ 代表监管部门对银行的处罚，$X_{it}$ 是银行特征的控制变量。$\alpha$ 为截距，$\varepsilon_{it}$ 为模型的扰动项。在风险承担水平的测度方面，相关文献主要选取了银行风险承担水平 Z 值（$Z-score$）、银行资产收益率的标准差（$\sigma_{roa}$）、银行预期违约概率、银行在险价值（$VaR$）、不良贷款率等。其中银行逾期违约概率能够有效地反映出市场预期，并揭示银行违约风险的整体情况，具有良好的前瞻性。但是由于我国信用评级体系尚不完善，相关数据暂时无法获取（顾海峰、杨立翔，2018）。对于在险价值（$VaR$），由于本书所研究的样本中包含大量非上市银行，因此无法对在险价值进行计算。而对于不良贷款率，虽然长期以来我国商业银行资产端主要以贷款业务为主，不良贷款率可以反映我国银行的信贷风险，但是现实中贷款的五级分类存在一定操作空间，这种人为操作与政策调整可能导致数据失真（潘敏、魏海瑞，2015）。贷款是银行最主要的资产，且相比之下，债券资产的违约风险较低。因此，选择贷款总量指标基本可以代表银行资产方面的整体风险承担水平，并且在一定程度上可以避免人为调整的数据失真（徐明东、陈学彬，2012）。而 Z 值则能够比较全面地反映出银行的综合风险承担水平，因此本书选择 Z 值

（$Z-score$）作为银行的风险承担水平测度指标①，参照 Laeven 和 Levine（2009）、徐明东和陈学彬（2012）、余明桂等（2013）等人的方法，将代表商业银行风险承担水平的 Z 值定义为

$$Z_{it} = \frac{\sigma(adjROA_{it})}{(adjROA_{it} + CAP_{it})} \tag{7-19}$$

$$adjROA_{it} = \frac{EBIT_{it}}{ASSET_{it}} - \frac{1}{N}\sum_{j=1}^{N}\frac{EBIT_{jt}}{ASSET_{jt}} \tag{7-20}$$

其中，$adjROA_{it}$ 为 i 银行 t 时期的息税前利润与总资产的比率减去 t 时期所有样本银行息税前利润与总资产的比率的平均值，反映 i 银行在 t 时期的盈利能力。$\sigma(adjROA)$ 是使用 3 年数据计算得到的 $adjROA_{it}$ 标准差，反映 i 银行在 t 期的盈利能力的稳定性或盈利预期的稳定性。$CAP_{it}$ 为银行的权益占比，反映 i 银行在 t 时期的财务杠杆。Z 值越大，表明银行的风险承担水平越高②。

不同于欧美国家金融监管部门经常性地开出巨额罚单，我国银保监会对银行违法违规行为的罚款金额相对较小，但处罚频率相对较高。因此，在监管处罚代理变量 $penalty_{it}$ 的选择方面，本书主要以我国银保监会对银行的行政处罚为主，包括年度累计罚款总额与年度累计处罚次数。年度罚款总额越大，说明银行违法违规问题越严重，而年度累计处罚次数则反映银行违法违规频率和类型。在实证分析中，本书选取银保监会对银行年度罚款总额的自然对数（pena1）和年度处罚次数（包含银保监会对银行机构的所有处罚，如警告、罚款、停业整顿等）的自然对数（pena2）作为监管处罚的代理变量。

另外，为有效识别监管处罚的影响，本书还控制了其他影响商业银行风险偏好的变量，包括银行财务特征、宏观经济政策等。在银行特征方面，我们选取了银行的规模（size），用银行总资产的自然对数表示；银行的经营效率（boe），用银行的成本收入比表示；银行的盈利水平（roa），用银行的息税前利润除以总资产表示；在宏观经济方面选择了经

---

① 在后文的实证分析中，本书还会使用贷款除以银行净资产（loa）（能够在一定程度上反映出银行的杠杆水平）、资产收益率的标准差（$\sigma_{roa}$）作为银行风险偏好的辅助指标来进行稳健性检验。

② 为消除 Z 值的偏度，本书在后面的实证中对 Z 值进行了对数化处理，即使用 Z 值的自然对数作为银行的风险承担水平测度指标。

济增长速度（ $gdpg$ ），用名义 GDP 的增长率表示①；另外，越来越多的研究表明货币政策（ $mp$ ）对我国银行的风险偏好具有显著影响（徐明东、陈学彬，2012；王晋斌、李博，2017；李双建、田国强，2020），本书选择银行间同业拆借利率作为货币政策的代理变量（Dell'Ariccia 等，2017）。在控制了 $X_{it}$ 之后，我们通过观察模型（7-18）中 $\beta2$ 的显著性来考察处罚是否影响银行风险承担水平。

第二，本书检验了监管处罚对不同银行的影响是否存在差异。Laeven 和 Levine（2009）认为银行的治理结构会影响监管的有效性。Williams（2014）的研究表明，大型银行与国有银行在金融体系中具有系统重要性，为确保金融体系的稳定，监管部门在金融危机时期往往会对这些银行进行救助，由此产生的"大而不倒"问题会使这些银行面临更多的风险。因此我们在模型（7-18）中加入银行规模（ $size$ ）、是否为大型国有银行（ $sta$ ）、是否为上市银行（ $list$ ）三个变量与监管处罚（ $penalty$ ）的交乘项，以考察监管处罚对不同规模的银行、大型国有银行以及上市银行风险承担偏好的影响是否存在差异。具体的模型设计如下：

$$Risk_{it} = \alpha + \beta_1 Risk_{it-1} + \beta_2 penalty_{it} + \beta_3 penalty_{it} * size_{it} + \sum_{j=4}^{J} \beta_j X_{it}^{\ j} + \varepsilon_{it}$$

$$(7-21)$$

$$Risk_{it} = \alpha + \beta_1 Risk_{it-1} + \beta_2 penalty_{it} + \beta_3 penalty_{it} * sta_{it} + \sum_{j=4}^{J} \beta_j X_{it}^{\ j} + \varepsilon_{it}$$

$$(7-22)$$

$$Risk_{it} = \alpha + \beta_1 Risk_{it-1} + \beta_2 penalty_{it} + \beta_3 penalty_{it} * list_{it} + \sum_{j=4}^{J} \beta_j X_{it}^{\ j} + \varepsilon_{it}$$

$$(7-23)$$

其中，若银行 $i$ 为中国工商银行、中国农业银行、中国银行、中国建设银行和交通银行这五家商业银行之一则 $sta_{it}$ 值为 1，否则为 0；若银行 $i$ 在 t 时期已经上市，则 $list_{it}$ 取值为 1，否则为 0。其余的控制变量 $X_{it}$ 与模型（7-18）一致②。我们通过观察模型（7-21）、模型（7-22）、模型

---

① 由于本书样本中包含大量的城市商业银行与农村商业银行，其经营区域主要位于其总行所在地，因此，利用其行注册地所在省份的名义 GDP 增速作为经济增速的代理变量；而国有商业银行与股份制银行的经营遍布全国，因此选择全国的名义 GDP 增速作为经济增速的代理变量。

② 模型（7-23）的控制变量中额外增加了银行是否上市（ $list_{it}$ ）的虚拟变量。

（7-23）中 $\beta_3$ 的显著性来考察处罚对不同银行的风险偏好的影响是否存在差异。

第三，本书检验了资本充足率监管压力是否会影响处罚的效果。资本充足率监管作为巴塞尔银行监管协议的第一支柱，是银行监管规则的重要组成部分，而资本充足率的约束很可能影响银行的风险偏好（Delis、Staikouras，2011）。因此，我们在模型（7-18）中加入资本充足率监管压力（$reg_{it}$）与处罚（penalty）的交乘项来检验资本充足率监管压力与处罚对银行风险偏好的联合效应。具体模型设定如下：

$$Risk_{it} = \alpha + \beta_1 Risk_{it-1} + \beta_2 penalty_{it} + \beta_3 penalty_{it} * reg_{it} + \sum_{j=4}^{J} \beta_j X_{it}^{j} + \varepsilon_{it}$$

$$(7-24)$$

参照 Rime（2001）的研究，本节构建了两个资本充足率监管压力的代理变量 $rega_{it}$ 与 $regb_{it}$。

$rega_{it}$ 为虚拟变量，代表绝对资本充足率监管压力，认为银行未达到资本充足率监管标准，即银行当期资本充足率－最低资本充足率要求 < 0 时，存在绝对资本充足率监管压力。具体取值规则为：2013 年之前，按照《商业银行资本充足率管理办法》，若资本充足率小于 8%，则 $rega_{it}$ 取值为 1，否则为 0；2013 年之后，按照《商业银行资本管理办法（试行）》，若中国工商银行、中国农业银行、中国银行、中国建设银行、交通银行五大国有银行的资本充足率低于 11.5%，其他银行的资本充足率低于 10.5%，则 $rega_{it}$ 取值为 1，否则为 0。

$regb_{it}$ 为虚拟变量，代表预防性资本充足率监管压力[①]。资本缓冲理论认为，即使银行资本达到最低要求，仍然有动机提高资本以预防因未达标而导致的监管成本。我们将银行各期资本充足率的一个标准差作为资本缓冲，若银行资本充足率与最低要求之差小于资本缓冲，则存在预防性资本充足率监管压力。取值规则为：若银行当期资本充足率小于最低资本充足率要求加上各期银行资本充足率的标准差时，$regb_{it}$ 取值为 1，否则为 0。具体公式如下：

$$regb_{it} = 1 \, if \, CAR_{it} < mCAR_t + \sigma CAR_i \qquad (7-25)$$

$$regb_{it} = 0 \, if \, CAR_{it} \geqslant mCAR_t + \sigma CAR_i \qquad (7-26)$$

---

① 它在一定程度上反映了银行储备资本与逆周期资本是否充足。

其中，$CAR_{it}$ 为银行 $i$ 第 $t$ 时期的资本充足率，$mCAR_t$ 为当期最低资本充足率要求，$\sigma CAR_i$ 为银行各期资本充足率的标准差。在其他控制变量方面，除增添了资本充足率监管压力（$rega_{it}$ 与 $regb_{it}$）之外，其余变量与模型（7-18）一致。我们通过观察模型（7-24）中 $\beta_3$ 的显著性来考察监管压力是否会影响处罚对银行风险偏好的作用。

在估计方法上，由于使用最小二乘法估计此动态面板模型时可能导致估计结果有偏或者非一致，因此，本书除了使用 OLS 方法和双向固定效应模型之外，还采用系统 GMM 估计方法对模型（7-18）、模型（7-21）、模型（7-22）、模型（7-23）、模型（7-24）进行估计。系统 GMM 方法在估计动态面板模型时更具有效率而且能得到模型系数的一致估计。另外，系统 GMM 估计方法还能够缓解模型中存在的内生性问题。为确保系统 GMM 估计的适用性和有效性，本书进行了 Hansen 过度识别和序列相关检验。

### 7.3.3.2 数据来源与描述性统计

本书选取了 2007—2018 年我国 268 家商业银行的年度数据作为样本。其中，监管处罚数据来自银保监会官方网站。本书利用 python 软件从银保监会网站抓取了 2007—2018 年的行政处罚公告，剔除了银保监会对个人的处罚，仅保留对机构的处罚并筛选出处罚对象为商业银行的公告，从公告的处罚决定中提取并整理计算出银行年度罚款总额与年度处罚次数的数据。银行相关财务数据来源于万得（WIND）数据库，部分缺失值通过查询银行的年报整理补齐，而宏观经济政策的数据来源于 CEIC 宏观经济数据库。表 7-20 为本书主要变量的描述性统计结果。

**表 7-20 变量描述性统计**

| 变量 | 变量含义 | 样本量/个 | 均值 | 标准差 | 最小值 | 最大值 |
|---|---|---|---|---|---|---|
| Z-score | 银行风险承担水平 Z 值 | 2001 | 0.018 0 | 0.025 0 | 0.000 2 | 0.522 0 |
| pena1 | 罚款总额 | 2 928 | 1.245 | 2.057 | 0.000 | 10.920 |
| pena2 | 处罚次数 | 2 928 | 0.379 | 0.737 | 0.000 | 4.956 |
| roa | 银行盈利水平 | 2 309 | 0.033 | 0.015 | -0.116 | 0.549 |
| size | 银行总资产的自然对数 | 2 839 | 15.380 | 1.777 | 10.520 | 21.740 |
| boe | 银行经营效率（%） | 2 665 | 36.644 | 27.879 | 10.931 | 1 214.249 |

表7-20(续)

| 变量 | 变量含义 | 样本量/个 | 均值 | 标准差 | 最小值 | 最大值 |
|------|----------|-----------|------|--------|--------|--------|
| list | 银行是否上市 | 2 928 | 0.090 | 0.286 | 0.000 | 1.000 |
| rega | 绝对资本充足率监管压力 | 2 928 | 0.087 | 0.282 | 0.000 | 1.000 |
| regb | 预防性资本充足率监管压力 | 2 928 | 0.324 | 0.468 | 0.000 | 1.000 |
| gdpg | 经济增长速度（%） | 2 928 | 9.364 | 2.789 | -2.500 | 19.20 |
| mp | 货币政策（%） | 2 928 | 3.181 | 0.704 | 1.275 | 4.181 |

从样本银行的风险承担水平来看，Z 值最小为 0.000 2（2014 年昆仑银行），最大值为 0.522（2012 年海口农村商业银行）。而在处罚方面，罚款总额最高的是 2017 年广发银行（55 349.37 万元），处罚次数最多的是 2015 年中国农业银行（141 次）。从趋势上看，银保监会的处罚强度在 2013 年之前相对较低，从 2014 年开始显著提高。在资本充足率监管压力方面，约有 8.7% 的银行存在绝对资本充足率监管压力；32.4% 的银行存在预防性资本充足率监管压力。另外，我国全国及各省的生产总值增长速度也存在较大差异，GDP 增速最大值为 19.2%，最小值为 -2.5%。

### 7.3.4 实证分析

#### 7.3.4.1 基准回归结果

监管处罚对银行风险承担水平的影响即模型（7-18）的回归结果如表 7-21 所示。被解释变量均为代表银行风险承担水平的 Z 值，其中第（1）列至第（3）列为风险承担与罚款总额及其他变量的回归结果，第（4）列至第（6）列为风险承担与处罚次数及其他变量的回归结果。第（1）列、第（4）列是使用 OLS 估计进行单变量回归的结果[①]，第（2）列、第（5）列是固定效应模型的估计结果，第（3）列、第（6）列是使用系统 GMM 方法估计的结果。由结果中 AR（1）、AR（2）以及 Sargan 检验的 p 值可以看出，模型满足使用系统 GMM 估计方法的前提条件。结果

---

① 本书还将所有解释变量加入模型进行 OLS 多元回归估计，结果发现监管处罚代理变量（pena1 与 pena2）的系数仍显著为负。

中监管处罚的代理变量即罚款总额（pena1）与处罚次数（pena2）在三种估计方法中的系数均为负，且在1%水平上显著，表明监管处罚能够促使银行改变风险偏好，显著降低其风险承担水平。本书认为可能的原因主要有两个：一是监管处罚会对银行造成直接的经济损失，减少银行高风险行为的预期收益，具有威慑效力，从而能够改变银行的风险偏好。二是监管处罚信息的公开能够降低银行的声誉，而声誉受损造成的信任丧失可能会增加银行融资的难度（Murphy 等，2009）。因此，处罚能够约束银行的高风险行为。同时，实证结果中风险承担滞后一期变量（L. Z-score）的系数显著为正，即银行的风险承担水平确实存在持续性的特点。

在其他控制变量方面，银行的盈利水平（roa）除在第（3）列中不显著外，其余均显著为负，说明盈利能力较低的银行有改善其盈利现状的动机，并选择高风险偏好。银行的经营效率（boe）系数显著为正，表明经营效率更高的银行普遍更加乐观，从而更倾向于采取激进的风险偏好，主动承担更多风险（李双建、田国强，2020）。在宏观政策指标方面，货币政策的代理变量即同业拆借利率（mp）的系数显著为负，表明较低的利率（宽松的货币政策）会鼓励银行承担更多的风险。

表 7-21　监管处罚与银行风险承担水平：基准回归结果

| 变量 | (1)<br>OLS | (2)<br>FE | (3)<br>SYS-GMM | (4)<br>OLS | (5)<br>FE | (6)<br>SYS-GMM |
|---|---|---|---|---|---|---|
| 银行风险承担水平：Z-score | | | | | | |
| L. Z-score | | 0. 322 4*** | 0. 556 3*** | | 0. 321 1*** | 0. 197 3** |
| | | (14. 56) | (7. 70) | | (14. 43) | (2. 30) |
| pena1 | −0. 074 6*** | −0. 039 6*** | −0. 669 7*** | | | |
| | (−7. 50) | (−3. 54) | (−3. 73) | | | |
| pena2 | | | | −0. 231 6*** | −0. 121 7*** | −1. 271 6*** |
| | | | | (−9. 25) | (−3. 52) | (−5. 75) |
| roa | | −4. 763 2*** | 4. 554 9 | | −4. 656 2*** | −6. 262 5*** |
| | | (−3. 54) | (0. 44) | | (−3. 53) | (−4. 90) |
| size | | −0. 232 6*** | 0. 443 8* | | −0. 234 9*** | 0. 107 5 |
| | | (−4. 55) | (1. 66) | | (−4. 57) | (0. 92) |
| boe | | 0. 002 1*** | 0. 005 3*** | | 0. 001 9*** | 0. 002 4*** |
| | | (7. 19) | (3. 86) | | (6. 79) | (3. 92) |
| gdpg | | −0. 009 6 | −0. 272 8*** | | −0. 008 4 | −0. 064 2*** |
| | | (−0. 82) | (−2. 66) | | (−0. 72) | (−3. 70) |

表7-21(续)

| 变量 | (1)<br>OLS | (2)<br>FE | (3)<br>SYS-GMM | (4)<br>OLS | (5)<br>FE | (6)<br>SYS-GMM |
|---|---|---|---|---|---|---|
| 银行风险承担水平：Z-score | | | | | | |
| mp | | -0.204 7 ***<br>(-7.33) | -0.606 5 ***<br>(-3.10) | | -0.204 9 ***<br>(-7.34) | -0.454 5 ***<br>(-7.15) |
| Constant | -4.337 5 ***<br>(-166.68) | 1.584 3 *<br>(1.82) | -4.080 1<br>(-1.05) | -4.343 2 ***<br>(-176.02) | 1.604 8 *<br>(1.83) | -2.535 7<br>(-1.43) |
| N | 2 001 | 1 706 | 1 706 | 2 001 | 1 706 | 1 706 |
| $R^2$ | 0.029 | 0.215 | | 0.036 | 0.214 | |
| Sargan-p 值 | | | 0.151 | | | 0.230 |
| AR (1) -p 值 | | | 0.000 | | | 0.000 |
| AR (2) -p 值 | | | 0.305 | | | 0.100 |

注：第 (1)、(2)、(4)、(5) 列括号中的数字为稳健的 t 统计量，第 (3)、(6) 列括号中的数字为稳健的 z 统计量；***、** 和 * 分别代表在 1%、5% 和 10% 水平上显著。

### 7.3.4.2 稳健性检验

（1）内生性检验

检验监管处罚对银行风险承担水平的影响的关键在于保证监管处罚的外生性，而监管机构在实施处罚的过程中往往会关注当前银行的风险承担水平，这就有可能使得基准回归中存在一定的内生性问题。为缓解这一内生性问题，本书通过引入工具变量，使用两阶段最小二乘法（2SLS）重新检验了监管处罚对银行风险承担水平的影响。关于工具变量的选择，本书首先使用地方财政金融监管支出的增速（iv1）作为第一个工具变量。地方财政的金融监管支出主要指金融监管机构监管工作及日常运营等方面的支出，地方财政通过向当地银保监会拨付经费来支持银保监会的监管处罚工作，因此金融监管支出的增速能够直接影响银保监会的监管处罚。而地方政府没有对银行的监管职权，所以地方财政金融监管支出增速与银行的风险承担水平没有直接的关系，因此该工具变量满足外生性的要求。同时，参考王云等（2020）的工具变量设定方法，使用下一年度银行遭到罚款的总额（iv2）作为第二个工具变量。由于违法违规被罚金额更多（次数更多）的银行可能会受到更多的监管关注并进入监管机构的"黑名单"，因此银行当年受到的监管处罚与其下一年度受到罚款的总额有直接的关系，而对于银行来说，下一年度的处罚尚未发生，并不会影响银行当前的风险偏好，且监管机构更加关注银行即时的风险承担水平，因此银行当年的风险承担水平与下一年度遭处罚的次数并无直接的关系，该变量满足工具变量的选取要求。具体检验结果如表 7-22 所示。从表 7-22 中第（1）列、第（2）列的估计结果中可以看出，监管处罚的两个代理变量即罚款总额（pena1）和处罚次数（pena2）的系数仍显著为负，即通过内生性校正后，监管处罚仍然会对银行风险承担水平产生显著的负向影响。第一阶段 F 值分别为 19.59 和 52.52，均高于 10；Kleibergen-Paap rk LM 值分别为 31.345、61.607，且均在 1% 水平上显著，拒绝了"识别不足"的原假设；Cragg-Donald Wald F 值分别为 18.917、37.807，均高于 15% 的 Stock-Yogo 临界值 11.59，表明不存在弱工具变量的问题；Hansen J 的 p 值分别为 0.361 和 0.365，表明所有工具变量都是外生的。以上检验证明了地方财政金融监管支出的增速（iv1）和下一年度银行遭到罚款的总额（iv2）均为监管处罚的有效工具变量。

表 7-22 监管处罚与银行风险承担水平：稳健性检验

| 变量 | (1) 2SLS | (2) 2SLS | (3) SYS-GMM | (4) SYS-GMM | (5) SYS-GMM | (6) SYS-GMM | (7) SYS-GMM | (8) SYS-GMM |
|---|---|---|---|---|---|---|---|---|
| | 银行风险承担水平 | | 银行风险承担水平：Z-score | | | | | |
| L. Z-score | | | 0.555 8*** (8.08) | 0.249 9*** (2.97) | 0.564 8*** (7.85) | 0.324 0*** (3.85) | 0.592 3*** (4.03) | 0.597 9*** (2.90) |
| pena1 | -0.152 3* (-1.806) | | -0.606 6*** (-3.76) | | -0.580 7*** (-3.49) | | -0.714 0** (-2.37) | |
| pena2 | | -0.321 9* (-1.856) | | -1.342 1*** (-5.70) | | -1.428 1*** (-5.21) | | -3.759 5** (-2.21) |
| roa | -17.461 3** (-2.235) | -12.147 6* (-1.708) | 6.103 1 (0.55) | -5.029 8*** (-3.90) | 8.933 1 (0.71) | -5.069 6*** (-4.70) | 1.807 9 (1.56) | 3.004 0** (2.02) |
| size | -0.014 7 (-0.250) | -0.019 1 (-0.349) | 0.405 2* (1.75) | 0.170 9 (1.43) | 0.398 6* (1.73) | 0.179 6 (1.50) | -5.071 2 (-1.14) | -6.010 0 (-1.38) |
| boe | 0.750 8*** (5.189) | 0.007 2*** (5.235) | 0.005 0*** (4.15) | 0.002 8*** (5.58) | 0.004 9*** (4.24) | 0.003 1*** (5.54) | 0.009 0** (2.23) | 0.007 7*** (2.62) |
| gdpg | -0.006 1 (-0.428) | 0.000 3 (0.030) | -0.244 4*** (-2.73) | -0.058 9*** (-3.54) | -0.214 1** (-2.46) | -0.051 9*** (-3.29) | 0.129 3 (0.92) | 0.168 9* (1.67) |
| mp | -0.285 8*** (-6.386) | -0.274 0*** (-6.664) | -0.632 7*** (-2.99) | -0.441 7*** (-6.76) | -0.740 9*** (-2.94) | -0.414 6*** (-6.06) | -0.921 3** (-2.64) | -1.219 6*** (-3.19) |
| Constant | -2.812 7*** (-4.262) | -2.940 7*** (-4.152) | -3.774 2 (-1.21) | -3.488 2* (-1.95) | -3.695 5 (-1.24) | -3.492 0** (-2.02) | -27.719 8 (-1.56) | -45.305 9** (-2.09) |
| N | 1 543 | 1 543 | 1 662 | 1 662 | 1 548 | 1 548 | 1 272 | 1 272 |
| Kleibergen-Paap rk LM 值 | 31.345*** | 61.607*** | | | | | | |

表7-22（续）

| 变量 | (1)<br>2SLS | (2)<br>2SLS | (3)<br>SYS-GMM | (4)<br>SYS-GMM | (5)<br>SYS-GMM | (6)<br>SYS-GMM | (7)<br>SYS-GMM | (8)<br>SYS-GMM |
|---|---|---|---|---|---|---|---|---|
| | | | 银行风险承担水平：Z-score | | | | | |
| Cragg-Donald F 值 | 18.917 | 37.807 | | | | | | |
| HansenJ-p 值 | 0.361 | 0.365 | | | | | | |
| Sargan-p 值 | | | 0.134 | 0.404 | 0.188 | 0.405 | 0.178 | 0.499 |
| AR (1) -p 值 | | | 0.000 | 0.000 | 0.000 | 0.000 | 0.006 | 0.019 |
| AR (2) -p 值 | | | 0.273 | 0.192 | 0.483 | 0.406 | 0.446 | 0.312 |

注：各列括号中的数字为稳健的 z 统计量；***、**和*分别代表在1%、5%和10%水平上显著，下同。

（2）分样本检验

系统 GMM 模型可以在一定程度上缓解模型的内生性问题，本书在此基础上还进行了分样本检验以提高结论的可信度与稳健性。

第一，根据银行的系统重要性进行分样本检验。监管当局有可能会根据银行业整体的风险承担水平以及被处罚银行的风险传导能力来调整监管的强度，这会影响处罚的外生性。而考虑到系统重要性，银行具有规模大、业务种类多、复杂程度高、与其他金融机构关联度强等特点，其风险偏好往往可以反映并影响银行业整体的风险承担水平。这就可能导致处罚对系统重要性银行是非随机的。为此，我们剔除样本中的系统重要性银行①，再使用系统 GMM 方法重新对模型（7-18）进行估计，结果如表 7-22 中第（3）列、第（4）列所示。监管处罚的两个代理变量即罚款总额（pena1）与罚款次数（pena2）的系数均显著为负，表明处罚对不具备系统重要性银行的风险承担水平同样有明显的抑制作用。

第二，根据银行性质进行分样本检验。考虑到大部分农村商业银行和城市商业银行的经营规模有限、经营区域固定，其风险传导能力不强，因此监管部门对城市商业银行与农村商业银行进行处罚时不会过多关注其风险外溢效应，从而在一定程度上保证了监管处罚的外生性。本书从全样本中筛选出城市商业银行和农村商业银行，使用系统 GMM 方法对模型（7-18）进行重新估计。具体结果如表 7-22 第（5）列、第（6）列所示。罚款总额（pena1）与处罚次数（pena2）的系数均显著为负，表明监管处罚能够有效抑制城市商业银行和农村商业银行的高风险行为，进一步证实了结果的稳健性。

第三，根据是否处于金融危机期间进行分样本检验。在金融危机期间，监管当局在进行处罚时可能会更加关注银行的风险承担水平，从而可能对监管处罚执法产生影响②。因此，本书剔除了处于全球金融危机期间的样本，并使用系统 GMM 法对其余样本重新进行了检验，估计的结果如表 7-22 的第（7）列、第（8）列所示。我们可以看到，罚款总额（pena1）与处罚次数

---

① 根据中国银行业的具体情况，本书认为中国工商银行、中国农业银行、中国银行、中国建设银行、中国交通银行五大行为系统重要性银行。

② 虽然金融危机对我国银行业造成的冲击不大，但是金融危机所暴露的金融创新问题与系统重要性金融机构倒闭对整个金融系统造成的巨大冲击等都刷新了监管部门对金融风险的认识。这可能使得我国监管部门更加关注银行业的风险，从而影响处罚的外生性。本书认为 2007—2011 年为全球金融危机时期。

（pena2）的系数显著为负，处罚能够降低银行风险承担水平的结论不变。

（3）替换被解释变量

为保证模型估计结果的可靠性，本书对被解释变量进行了替换：分别使用贷款除以净资产①（ loa ）与资产收益率的标准差（ $\sigma_{roa}$ ）两个指标作为银行风险承担水平的代理变量进行了稳健性检验。我们发现，表7-23中以贷款除以净资产（ loa ）为被解释变量的第（1）列、第（2）列和以资产收益率的标准差（ $\sigma_{roa}$ ）为被解释变量的第（3）列、第（4）列中，主要变量的系数并未发生明显变化，再次验证了实证分析结果的稳健性。

表7-23　监管处罚与银行风险承担水平：替换被解释变量的稳健性检验

| 变量 | （1）SYS-GMM | （2）SYS-GMM | （3）SYS-GMM | （4）SYS-GMM |
|---|---|---|---|---|
| | 银行风险承担水平：loa | | 银行风险承担水平：$\sigma_{roa}$ | |
| L. loa | 0.419 0*** (7.07) | 0.491 0*** (6.87) | | |
| L. $\sigma_{roa}$ | | | 0.228 9*** (6.22) | 0.213 0*** (14.15) |
| pena1 | −0.035 3** (−2.21) | | −0.001 9** (−2.44) | |
| pena2 | | −0.119 4** (−2.32) | | −0.004 1*** (−4.16) |
| roa | −1.377 8* (−1.67) | −1.009 4* (−1.84) | −0.003 1 (−0.52) | −0.008 0** (−2.17) |
| size | 0.092 6*** (2.61) | 0.114 0** (2.55) | 0.003 1* (1.67) | 0.001 1*** (3.08) |
| boe | 0.001 0* (1.90) | 0.000 4** (2.22) | 0.000 0*** (2.93) | 0.000 0*** (12.84) |
| gdpg | 0.002 8 (0.67) | 0.001 6 (0.41) | −0.000 2* (−1.72) | −0.000 2*** (−3.41) |
| mp | −0.009 7 (−0.66) | −0.044 3*** (−5.59) | −0.000 7 (−1.45) | −0.000 5** (−2.49) |
| Constant | −0.330 1 (−0.57) | −0.673 9 (−0.85) | −0.043 0 (−1.54) | −0.010 7** (−2.28) |
| N | 1 958 | 1 958 | 1 710 | 1 710 |

---

① 它可以在一定程度上反映银行的杠杆水平，其值越大代表银行面临的风险越大。

表7-23(续)

| 变量 | (1)<br>SYS-GMM | (2)<br>SYS-GMM | (3)<br>SYS-GMM | (4)<br>SYS-GMM |
|---|---|---|---|---|
| | 银行风险承担水平: $loa$ | | 银行风险承担水平: $\sigma_{roa}$ | |
| Sargan-p 值 | 0.512 | 0.888 | 0.202 | 0.673 |
| AR (1) -p 值 | 0.024 | 0.000 | 0.000 | 0.000 |
| AR (2) -p 值 | 0.298 | 0.168 | 0.911 | 0.605 |

### 7.3.4.3 监管处罚对银行风险承担水平发生影响的异质性检验

监管处罚对不同银行的效果是否存在差异？从表7-24的估计结果来看，第（1）列、第（2）列中监管处罚代理变量即罚款总额与银行规模的交乘项（pena1 * size）和处罚次数与银行规模的交乘项（pena2 * size）的系数均显著为正，第（4）列中处罚次数与大型国有银行的交乘项（pena2 * sta）的系数显著为正，第（3）列中罚款总额与大型国有银行的交乘项（pena1 * sta）的系数为正但不显著。第（5）列、第（6）列中罚款总额与上市银行的交乘项（ $pena1 * list$ ）和处罚次数与上市银行的交乘项（ $pena2 * list$ ）的系数均显著为正。

**表 7-24　监管处罚对银行风险承担水平发生影响的异质性检验**

| 变量 | (1)<br>SYS-GMM | (2)<br>SYS-GMM | (3)<br>SYS-GMM | (4)<br>SYS-GMM | (5)<br>SYS-GMM | (6)<br>SYS-GMM |
|---|---|---|---|---|---|---|
| | 银行风险承担水平: Z-score | | | | | |
| L. Z-score | 0.615 5*** | 0.313 6*** | 0.583 5*** | 0.238 1** | 0.615 3*** | 0.322 2*** |
| | (8.89) | (3.12) | (8.39) | (2.30) | (7.76) | (3.18) |
| pena1 | −1.995 6*** | | −0.637 9*** | | −0.843 6*** | |
| | (−2.64) | | (−3.66) | | (−3.51) | |
| pena2 | | −4.770 9*** | | −1.317 0*** | | −1.897 6*** |
| | | (−3.63) | | (−3.95) | | (−5.18) |
| size | 0.294 0 | 0.186 8 | | | | |
| | (1.44) | (1.29) | | | | |
| pena1 * size | 0.081 6** | | | | | |
| | (2.09) | | | | | |
| pena2 * size | | 0.197 6*** | | | | |
| | | (2.94) | | | | |

表7-24(续)

| 变量 | (1)<br>SYS-GMM | (2)<br>SYS-GMM | (3)<br>SYS-GMM | (4)<br>SYS-GMM | (5)<br>SYS-GMM | (6)<br>SYS-GMM |
|---|---|---|---|---|---|---|
| 银行风险承担水平：Z-score | | | | | | |
| pena1 * sta | | | 0.044 7<br>(0.27) | | | |
| pena2 * sta | | | | 1.016 4***<br>(6.19) | | |
| list | | | | | −1.328 6*<br>(−1.69) | −1.226 9***<br>(−2.86) |
| pena1 * list | | | | | 0.344 1*<br>(1.89) | |
| pena2 * list | | | | | | 1.232 7***<br>(4.02) |
| 其他变量 | 控制 | 控制 | 控制 | 控制 | 控制 | 控制 |
| N | 1 706 | 1 706 | 1 706 | 1 706 | 1 706 | 1 706 |
| Sargan-p 值 | 0.216 | 0.234 | 0.173 | 0.223 | 0.604 | 0.130 |
| AR（1）-p 值 | 0.000 | 0.000 | 0.000 | 0.000 | 0.000 | 0.000 |
| AR（2）-p 值 | 0.266 | 0.277 | 0.238 | 0.158 | 0.532 | 0.898 |

上述结果表明，随着银行规模的增大，监管处罚的风险抑制效应被削弱。这可能是因为现阶段我国监管处罚的力度总体仍然偏小，与大银行营业收入和利润相比，监管机构的处罚措施显得过于轻微，处罚威慑力不够。同样，表7-24中第（3）列至第（6）列的结果说明，对于大型国有银行和上市银行而言，监管处罚对其风险的抑制效应显著低于其他银行。这可能是由于，一方面，这些银行本身公司治理更为完善、经营更为规范，风险承担水平相对较低，这也与表7-24第（5）列、第（6）列中上市银行虚拟变量（list）的系数显著为负相一致；另一方面，相对于其他银行而言，大型银行往往受到政府的庇护和支持，同时大型国有银行和上市银行的高管普遍拥有较大的行政职权，监管处罚很难动摇他们在银行中的地位和待遇（李培功、沈艺峰，2010），其缺乏改变银行风险偏好、降低银行风险承担水平的动力；此外，大型国有银行和上市银行可能与监管机构有更强的人事与政治关联，存在监管机构被银行俘获的可能性（潘敏、魏海瑞，2015），因此大型国有银行和上市银行对监管处罚的反应并不是很敏感。

#### 7.3.4.4  资本充足率监管对处罚效应的影响

不同银行有不同的资本充足率,其面临的资本充足率监管压力会对处罚效果产生何种影响?若银行当期资本充足率小于监管要求的最低资本充足率即为存在绝对资本充足率监管压力;若银行当期资本充足率小于最低资本充足率要求加上银行各期资本充足率的标准差时则存在预防性资本充足率监管压力。实证结果如表7-25所示:第(1)列、第(2)列中资本充足率监管压力(rega)的系数不显著,罚款总额与监管压力的交乘项(pena1 * rega)和处罚次数与监管压力的交乘项(pena2 * rega)系数均显著为正;第(3)列、第(4)列中监管压力代理变量($regb$)的系数同样不显著,但处罚的两个代理变量与监管压力的交乘项($pena1 * regb$ 与 $pena2 * regb$)的系数显著为正。上述结果说明单纯的资本充足率监管压力对我国银行风险偏好的作用并不明显,这可能是因为一方面我国银行资本充足率总体水平较高,另一方面存在资本充足率监管压力的银行并不一定会通过降低风险资产规模(分母对策)来满足监管要求,而是会通过发行二级资本工具、利润留存等方法(分子对策)来满足资本充足率监管要求(许友传,2011)。

**表7-25  资本充足率监管压力对监管处罚的影响**

| 变量 | (1)<br>SYS-GMM | (2)<br>SYS-GMM | (3)<br>SYS-GMM | (4)<br>SYS-GMM |
|---|---|---|---|---|
| 银行风险承担水平:Z-score | | | | |
| L. Z-score | 0.546 1 *** <br> (6.98) | 0.212 5 ** <br> (2.25) | 0.245 1 ** <br> (2.09) | 0.215 1 ** <br> (2.27) |
| pena1 | −0.671 3 *** <br> (−3.69) | | −0.565 5 *** <br> (−2.88) | |
| pena2 | | −1.218 9 *** <br> (−3.93) | | −1.805 0 *** <br> (−4.24) |
| rega | −3.028 1 <br> (−1.47) | −1.255 0 <br> (−1.51) | | |
| pena1 * rega | 1.053 9 ** <br> (2.13) | | | |
| pena2 * rega | | 1.294 4 *** <br> (3.02) | | |
| regb | | | −0.908 0 <br> (−1.62) | −1.715 0 <br> (−1.48) |

表7-25(续)

| 变量 | (1)<br>SYS-GMM | (2)<br>SYS-GMM | (3)<br>SYS-GMM | (4)<br>SYS-GMM |
|---|---|---|---|---|
| 银行风险承担水平：Z-score | | | | |
| pena1 * regb | | | 0.551 9*<br>(1.82) | |
| pena2 * regb | | | | 1.574 2**<br>(2.41) |
| 其他变量 | 控制 | 控制 | 控制 | 控制 |
| N | 1 706 | 1 706 | 1 706 | 1 706 |
| Sargan-p 值 | 0.228 | 0.115 | 0.151 | 0.582 |
| AR（1）-p 值 | 0.000 | 0.000 | 0.001 | 0.001 |
| AR（2）-p 值 | 0.681 | 0.149 | 0.395 | 0.801 |

但是，表7-25 的结果说明，随着监管处罚强度的提升，其对具有资本充足率监管压力银行的风险偏好抑制效果较弱。相比之下，没有资本充足率监管压力的银行对监管处罚的反应更加敏感。出现上述结果，可能的原因在于：资本充足的银行更加关注自身的声誉，重视股东价值，而遭受处罚可能会使银行声誉受损，进而影响其价值。因此，没有资本充足率监管压力的银行在遭受处罚后更倾向于控制自身的高风险行为。而资本不足（资本充足率监管压力较大）的银行，除了运用各种手段来补充自身资本外，也可能在风险承担方面选择铤而走险以维持现有的市场地位，因此处罚对其风险承担的约束作用就会减弱。

### 7.3.5 结论

银行监管的目的是防范和化解金融风险，维护银行体系的稳定运行。本节从行政处罚的角度考察了监管对银行风险偏好的作用。具体来讲，本节利用我国 2007—2018 年 268 家银行的非平衡面板数据，实证检验了监管处罚强度与银行风险偏好之间的关系，并进一步考察了处罚对不同特征银行的风险偏好的影响是否存在差异。同时，本书还探讨了资本充足率监管与处罚对银行风险偏好的影响的联合作用。研究结果显示，监管处罚能够降低银行的风险承担水平，但其效果在不同银行之间存在一定差异，处罚对大型银行风险偏好的约束效果较弱；此外，资本充足（资本充足率监管压力小）的银行，监管处罚对其风险承担的影响越大，而资本不足（资本充足率监管压力大）的银行在被处罚后更有可能铤而走险。

主要政策建议如下：一是虽然监管处罚能够约束银行的风险偏好，但监管当局应充分考虑不同银行对处罚的敏感度，适当加强对大银行的监管处罚力度以约束其风险偏好；二是注重资本充足率监管与行政处罚的有效结合，对资本充足率不同的银行进行差异化管理，如根据资本充足率状况建立分级处罚制度以强化监管对银行风险偏好的约束效果。三是应更加关注那些资本不足且遭受高额处罚银行的风险偏好，防止其在被处罚后铤而走险造成更加严重的风险事件。

## 7.4　本章小结

本章深入探讨了监管处罚导致的资本市场反应以及处罚对银行盈利能力和银行风险偏好的影响。研究发现，银保监会的处罚会对违法违规上市银行股价产生显著的负面影响。在处罚公告引起的总价值损失中，罚款造成的直接经济损失较小，声誉损失占主要部分，声誉机制是约束银行违法违规行为的主要因素。监管处罚会对银行的盈利能力产生显著的负面影响。进一步分析后发现，监管处罚对银行营业收入的影响并不明显，但是监管处罚会通过缩小银行存款规模的方式来间接影响银行的盈利能力。监管处罚能够降低银行的风险承担水平，且处罚对不同银行风险偏好的抑制效果存在显著差异。值得注意的是，资本充足率监管压力会削弱处罚对风险的抑制作用，相对来说，没有资本充足率监管压力的银行对监管处罚更加敏感。

# 8 研究结论与政策建议

## 8.1 研究结论

（1）国内相关文献对违法违规行为的研究主体大都聚焦于一般上市公司，研究问题主要集中于违法违规动机的影响因素如声誉、内部治理及媒体监督，研究我国商业银行违法违规问题的文献普遍为介绍性、统计性研究，鲜有研究从处罚的视角分析我国银保监会对违法违规银行进行罚款的影响因素以及差异性问题。在处罚效应研究方面，相关研究集中探讨了监管部门的处罚力度与处罚效率，但样本量偏少。鲜有研究分析监管处罚对上市银行股价、日常业务经营、风险偏好等的影响。国外虽然有文献分析了行政处罚对上市银行股价、经营业绩等的影响，但国内外金融体制及与处罚相关的法律法规不同，违法违规案件罚款金额也有较大差别，其相关机制及结论很难适用于我国的实际情况。因此，以我国具体的金融环境和监管制度为基础，探讨银行违法违规与监管处罚的效应十分有必要。

（2）中美银行监管处罚制度存在较大不同。如美国金融混业经营模式的现实情况造就了其监管的"双重多头"特征，银行监管机构数量较多，每个机构在监管范围内对各自管辖的银行进行审慎监管；而我国银行监管机构较为单一，银保监会承担了对各银行机构的微观审慎监管职责，中国人民银行则承担了政策制定与宏观审慎监管职责。在处罚方式上，美国监管机构对银行违法违规案件的处罚方式更为丰富，除违法违规停止令、罚款等正式处罚手段之外，非正式处罚手段亦能发挥相当重要的作用。

（3）从总体来看，银保监会对违法违规银行的处罚次数和罚款金额呈波浪式上升趋势。在对违法违规机构的处罚中，罚款是银保监会最常用的处罚手段，其他处罚方式运用得较少。而在对个人的处罚中，银保监会最常使用警告这一处罚方式。

（4）在罚款金额影响因素方面，违法违规案件的性质、违法违规机构的属性等均会影响罚款金额的大小。具体来说，第一，银保监会对性质严重的违法违规案件罚款更高，对同一案件中涉及多项违法违规行为的案件罚款更高。第二，相较于其他类型的违法违规案件，银保监会对内控类违法违规案件的处罚更重。第三，由于不同类型机构对罚款的敏感度不同、监管部门对各类机构的监管与处罚成本不同等，银保监会对不同机构违法违规案件的罚款存在明显的差异：银保监会对上市银行违法违规案件的罚款金额更高，而对农村信用合作社及大型国有银行违法违规案件的罚款更低。

（5）恰当的处罚能够有效提高银行的违法违规成本，约束银行的违法违规行为。第一，监管机构的处罚会对上市银行的股价产生负向影响。第二，监管部门处罚造成的直接经济损失较少而声誉损失较大，声誉机制对约束银行违法违规行为具有重要的作用。第三，监管处罚对银行营业收入的影响并不明显，但是监管处罚会通过降低银行存款规模的方式来间接影响银行的盈利能力。第四，监管处罚能够降低银行的风险承担水平，且处罚对不同银行风险偏好的抑制效果存在显著差异。资本充足率监管压力会削弱处罚对风险偏好的抑制作用，相对来说，没有资本充足率监管压力的银行对监管处罚的反应更加敏感。

## 8.2　政策建议

银行违法违规现象屡见不鲜又屡禁不止。如何提高监管和处罚的有效性？结合理论分析和案例实证分析，本书提出以下政策建议：

第一，监管部门应进一步改革完善金融处罚制度，提高处罚的威慑力。"守住不发生系统性金融风险的底线"是我国未来金融监管的重要目标，而防范化解金融风险则需要高效的银行监管处罚制度。具体来说，监管机构应加大处罚力度，使监管处罚能够真正有效地增加银行违法违规成本，避免金融机构从其违法违规行为中获益。应努力提升处罚的公信力和权威性，灵活采取多样化的处罚手段，震慑违法违规机构。与此同时，监管部门也应重视监管与科技手段的结合，如利用大数据、人工智能等方法对银行违法违规案件的特征进行分析识别，构建对银行违法违规行为有效的监测识别方法，做到"早识别、早预警、早发现、早处置。"

第二，完善金融市场相关法律法规和信息披露制度，充分发挥声誉机制的作用。银行违法违规遭受处罚会使银行声誉受损，投资者"用脚投票"，银行会遭受巨大的市场价值损失，声誉机制和有效的市场约束能够很好地防范商业银行的违法违规行为，大幅缩小监管机构的监管成本。而要想充分发挥声誉机制和市场约束的作用，当务之急是完善金融市场相关的法律法规，构建良好、稳定的市场环境，保障声誉机制和市场约束的有效传导。另外，监管部门也应加强银行处罚信息的披露，在公开渠道发布银行违法违规的信息与相应处罚结果，提高处罚信息的透明度和可得性，进而强化投资者对处罚信息的反应，更加充分地发挥声誉机制和市场约束对银行违法违规行为的抑制作用。

第三，商业银行需进一步完善公司治理，维护自身声誉，依法合规经营。具体来说，银行应树立良好的风险文化，制定严密可行的内部控制制度。同时，银行内部还应强化对监管相关法律法规的学习与执行，构建违法违规行为的问责机制，严肃处理相关人员，使银行员工从上到下都充满风险合规意识，在源头上杜绝违法违规行为。另外，银行还应维护自身良好的声誉，做好积极有效的应急准备措施，谨防声誉风险事件的发生。

第四，监管部门在罚款金额的设定方面应更加注重罚款的科学性与公平性；同时对不同的违法违规案件可以采取多样化、差异化的处罚方式，抓住"关键少数"，加重对违法违规案件相应机构负责人的处罚或限制金融机构的经营活动（如暂缓对违法违规银行成立分支机构的批准等）可能会更加有效。另外，监管部门在处罚时应更加关注那些被处罚的资本充足率监管压力较大银行的风险偏好，防止其在被处罚后铤而走险造成更加严重的风险事件。

# 参考文献

[1] AGRAWAL A, CHADHA S. Corporate governance and accounting scandals [J]. The Journal of Law and Economics, 2005, 48 (2): 371-406.

[2] AGRAWAL A, COOPER T. Corporate governance consequences of accounting scandals: Evidence from top management, CFO and auditor turnover [J]. Quarterly Journal of Finance, 2017, 7 (1): 1650014.

[3] AGRAWAL A, JAFFE J F, KARPOFF J M. Management turnover and corporate governance changes following the revelation of fraud [J]. Journal of Law and Economics, 1999, 42 (2): 4.

[4] ALEXANDER, CINDY R. On the nature of the reputational penalty for corporate crime: Evidence [J]. The Journal of Law and Economics, 1999, 42 (S1): 489-526.

[5] ALEXANDER, CINDY R, MARK A COHEN. Why do corporations become criminals? Ownership, hidden actions, and crime as an agency cost [J]. Journal of Corporate Finance, 1999, 5 (1): 1-34.

[6] AMIRAM D, BOZANIC Z, COX J D, et al. Financial reporting fraud and other forms of misconduct: a multidisciplinary review of the literature [J]. Review of Accounting Studies, 2018, 23 (2): 732-783.

[8] ARELLANO M, BOVER O. Another look at the instrumental variable estimation of error-components models [J]. Journal of econometrics, 1995, 68 (1): 29-51.

[9] ARMOUR J, MAYER C, POLO A. Regulatory sanctions and reputational damage in financial markets [J]. Journal of Financial and Quantitative Analysis, 2017, 52 (4): 1429-1448.

[10] ARTHAUD-DAY M L, CERTO S T, DALTON C M, et al. A changing of the guard: Executive and director turnover following corporate financial

restatements [J]. Academy of Management Journal, 2006, 49 (6): 1119－1136.

[11] ARUN T G, TURNER J D. Corporate Governance of Banks in Developing Economies: concepts and issues [J]. Corporate Governance: An International Review, 2004, 12 (3): 371.

[13] BEASLEY M S, CARCELLO J V, HERMANSON D R, et al. Fraudulent financial reporting: Consideration of industry traits and corporate governance mechanisms [J]. Accounting Horizons, 2000, 14 (4): 441－454.

[14] BEASLEY M S. An empirical analysis of the relation between the board of director composition and financial statement fraud [J]. Accounting Review, 1996, 71 (4): 443－465.

[15] BEBCHUK L A, KAPLOW L. Optimal sanctions and differences in individuals' likelihood of avoiding detection [J]. International Review of Law and Economics, 1993, 13 (2): 217－224.

[16] BEBCHUK L A, KAPLOW L. Optimal Sanctions When Individuals Are Imperfectly Informed about the Probability of Apprehension [J]. The Journal of Legal Studies, 1992, 21 (2): 365－370.

[17] BECKER, GARY S. Crime and Punishment: An Economic Approach [J]. Journal of Political Economy, 1968, 76 (2): 169－217.

[18] BÉNABOU R, TIROLE J. Bonus culture: Competitive pay, screening, and multitasking [J]. Journal of Political Economy, 2016, 124 (2): 305－370.

[19] BENEISH M D. Incentives and Penalties Related to Earnings Overstatements That Violate GAAP [J]. Accounting Review, 1999, 74 (4): 425－457.

[20] BERGER A N, BOUWMAN C H, KICK T K, et al. Bank Liquidity Creation Following Regulatory Interventions and Capital Support [J]. Journal of Financial Intermediation, 2016 (4): 115－141.

[21] BLACK B S, CHEFFINS B R, KLAUSNER M. Outside Director Liability: A Policy Analysis [J]. Journal of Institutional and Theoretical Economics, 2006, 162 (1): 5－20.

[22] BLUNDELL R, BOND S. Initial conditions and moment restrictions in

dynamic panel data models[J]. Journal of econometrics, 1998, 87(1): 115–143.

[23] BLUNDELL-WIGNALL A, ATKINSON P, ROULET C. Bank Business Modelsand the Separation Issue [J]. OECD Journal: Financial Market Trends, 2013 (2): 1–25.

[25] BROCHET F, SRINIVASAN S. Accountability of independent directors: Evidence from firms subject to securities litigation [J]. Journal of Financial Economics, 2014, 111 (2): 430–449.

[26] BURNS N, KEDIA S. The impact of performance-based compensation on misreporting [J]. Journal of financial economics, 2006, 79 (1): 35–67.

[27] CAI J, GARNER J L, WALKLING R A. Electing directors [J]. The Journal of Finance, 2009, 64 (5): 2389–2421.

[28] CAIAZZA S, COTUGNO M, FIORDELISI F, et al. Bank stability and enforcement actions in banking [R]. Available at SSRN 2505873, 2014.

[29] CAIAZZA S, COTUGNO M, FIORDELISI F, et al. The spillover effect of enforcement actions on bank risk-taking [J]. Journal of Banking & Finance, 2018, 91 (6): 146–159.

[30] CALL A C, KEDIA S, RAJGOPAL S. Rank and file employees and the discovery of misreporting: The role of stock options [J]. Journal of Accounting and Economics, 2016, 62 (2–3): 277–300.

[31] CHOI S J, PRITCHARD A C. SEC Investigations and Securities Class Actions: An Empirical Comparison: SEC Investigations and Securities Class Actions [J]. Journal of Empirical Legal Studies, 2016, 13 (1): 27–49.

[32] CORNWELL C, TRUMBULL W N. Estimating the economic model of crime with panel data [J]. The Review of Economics and Statistics, 1994, 76 (2): 360–366.

[33] COX J D, THOMAS R S, KIKU D, et al. SEC Enforcement Heuristics: An Empirical Inquiry [J]. Duke Law Journal, 2003, 53 (2): 737–779.

[34] COX J D, THOMAS R S. Letting Billions Slip Through Your Fingers: Empirical Evidence and Legal Implications of the Failure of Financial Institutions to Participate in Securities Class Action Settlements [J]. Stanford Law Review, 2004, 58 (2): 411–454.

[36] DECHOW P M, GE W, LARSON C R, et al. Predicting material ac-

counting misstatements [J]. Contemporary Accounting Research, 2011, 28 (1): 17-82.

[37] DELIS M D, IOSIFIDI M, KOKAS S, et al. Enforcement actions on banks and the structure of loan syndicates [J]. Journal of Corporate Finance, 2020 (60): 101527.

[38] DELIS M D, STAIKOURAS P K, TSOUMAS C, et al. Formal Enforcement Actions and Bank Behavior [J]. Management Science, 2017, 63 (4): 959-987.

[39] DELIS M D, STAIKOURAS P K. Supervisory effectiveness and bank risk [J]. Review of Finance, 2011, 15 (3): 511-543.

[40] DELL'ARICCIA G, LAEVEN L, SUAREZ G A. Bank leverage and monetary policy's risk-taking channel: evidence from the United States [J]. The Journal of Finance, 2017, 72 (2): 613-654.

[41] DENIS D J, HANOUNA P, SARIN A. Is there a dark side to incentive compensation? [J]. Journal of Corporate Finance, 2006, 12 (3): 467-488.

[42] DESAI H, HOGAN C E, WILKINS M S. The Reputational Penalty for Aggressive Accounting: Earnings Restatements and Management Turnover [J]. Accounting Review, 2006, 81 (1): 83-112.

[43] DIETRICH A, WANZENRIED G. The determinants of commercial banking profitability in low-, middle-, and high-income countries [J]. The Quarterly Review of Economics and Finance, 2014, 54 (3): 337-354.

[44] DUPONT Q, KARPOFF J M. The trust triangle: Laws, reputation, and culture in empirical finance research [J]. Journal of Business Ethics, 2020, 163 (2): 217-238.

[45] DYCK I J, MORSE A, MORSE A, et al. Who Blows the Whistle on Corporate Fraud [J]. Journal of Finance, 2010, 65 (6): 2213-2253.

[46] DYCK I J, VOLCHKOVA N, ZINGALES L, et al. The Corporate Governance Role of the Media: Evidence from Russia [J]. Journal of Finance, 2008, 63 (3): 1093-1135.

[47] EFENDI J, SRIVASTAVA A, SWANSON E P. Why do corporate managers misstate financial statements? The role of option compensation and other factors [J]. Journal of Financial Economics, 2007, 85 (3): 667-708.

[48] EHRLICH I. Participation in Illegitimate Activities: A Theoretical and Empirical Investigation [J]. Journal of Political Economy, 1973, 81 (3): 521-565.

[49] EUROPEAN SYSTEMIC RISK BOARD. Report on misconduct risk in the banking sector [R/OL]. https://www.esrb.europa.eu/pub/pdf/other/150625_report_misconduct_risk.en.pdf.

[50] FAHLENBRACH R, PRILMEIER R, STULZ R M. This time is the same: Using bank performance in 1998 to explain bank performance during the recent financial crisis [J]. The Journal of Finance, 2012, 67 (6): 2139-2185.

[51] FANG L H. Investment Bank Reputation and the Price and Quality of Underwriting Services [J]. Journal of Finance, 2005, 60 (6): 2729-2761.

[52] Fich E M, Shivdasani A. Financial fraud, director reputation, and shareholder wealth[J]. Journal of Financial Economics, 2007, 86 (2): 306-336.

[54] FURFINE C H. Banks as monitors of other banks: Evidence from the overnight federal funds market [J]. The Journal of Business, 2001, 74 (1): 33-57.

[55] GANDE A, LEWIS C M. Shareholder-Initiated Class Action Lawsuits: Shareholder Wealth Effects and Industry Spillovers [J]. Journal of Financial and Quantitative Analysis, 2009, 44 (4): 823-850.

[56] GÖTZ M R, TRÖGER T H. Fines for misconduct in the banking sector: What is the situation in the EU? [R/OL]. https://www.europarl.europa.eu/thinktank/en/document/IPOL_IDA(2017)587400.

[57] GRIFFIN P A, GRUNDFEST J A, PERINO M A. Stock price response to news of securities fraud litigation: an analysis of sequential and conditional information [J]. Abacus, 2004, 40 (1): 21-48.

[58] GRUNDFEST J A. Why disimply? [J]. Harvard Law Review, 1995, 108 (3): 727-747.

[59] HARRIS M, RAVIV A. How to get banks to take less risk and disclose bad news [J]. Journal of Financial Intermediation, 2014, 23 (4): 437-470.

[60] HASLEM B. Managerial Opportunism During Corporate Litigation [J]. Journal of Finance, 2005, 60 (4): 2013-2041.

[61] HAWKINS W R. Perceptual Research on General Deterrence: A Critical Review [J]. Law & Society Review, 1986, 20 (4): 545-572.

［62］HAZARIKA S, KARPOFF J M, NAHATA R. Internal corporate governance, CEO turnover, and earnings management ［J］. Journal of Financial Economics, 2012, 104 (1): 44-69.

［63］HELLAND E. Reputational penalties and the merits of class-action securities litigation ［J］. The Journal of Law and Economics, 2006, 49 (2): 365-395.

［65］IRRESBERGER F, MÜHLNICKEL J, WEIß G N F. Explaining bank stock performance with crisis sentiment ［J］. Journal of Banking & Finance, 2015 (59): 311-329.

［66］JARRELL G, PELTZMAN S. The impact of product recalls on the wealth of sellers ［J］. Journal of Political Economy, 1985, 93 (3): 512-536.

［67］JOHNSON S A, RYAN H E, TIAN Y S. Managerial incentives and corporate fraud: The sources of incentives matter ［J］. Review of Finance, 2009, 13 (1): 115-145.

［68］KARPOFF J M, LEE D S, MARTIN G S. The consequences to managers for financial misrepresentation ［J］. Journal of Financial Economics, 2008, 88 (2): 193-215.

［70］KARPOFF J M, LOTT J R. The Reputational Penalty Firms Bear from Committing Criminal Fraud ［J］. The Journal of Law and Economics, 1993, 36 (2): 757-802.

［71］KARPOFF J M, MARTIN L G S. The Cost to Firms of Cooking the Books ［J］. Journal of Financial & Quantitative Analysis, 2008, 43 (3): 581-611.

［72］KIRAT T, REZAEE A. How stock markets react to regulatory sanctions? Evidence from France ［J］. Applied Economics, 2019, 51 (60): 6558-6566.

［73］KLEIN B, LEFFLER K B. The role of market forces in assuring contractual performance ［J］. Journal of political Economy, 1981, 89 (4): 615-641.

［74］KOKU P S, QURESHI A A. Analysis of the effects of settlement of interfirm lawsuits ［J］. Managerial and Decision Economics, 2006, 27 (4): 307-318.

［75］KÖSTER H, PELSTER M. Financial Penalties and Bank Performance ［J］. Journal of Banking and Finance, 2017, 79 (6): 57-73.

[76] LA PORTA R, LOPEZ-DE-SILANES F, SHLEIFER A. What works in securities laws? [J]. The Journal of Finance, 2006, 61 (1): 1-32.

[77] LAEVEN L, LEVINE R. Bank governance, regulation and risk taking [J]. Journal of Financial Economics, 2009, 93 (2): 259-275.

[78] LEFFLER K K B. The Role of Market Forces in Assuring Contractual Performance [J]. Journal of Political Economy, 1981, 89 (4): 615-641.

[81] LOW KIM CHENG P. Anti-Money Laundering + Knowing Your Customer = Plain Business Sense [J]. Franklin Business & Law Journal, 2016 (3): 128-138.

[83] MCCONNELL J J, SERVAES H . Additional evidence on equity ownership and corporate value [J]. Journal of Financial Economics, 1990, 27 (2): 595-612.

[84] MCKINLEY-FLOYD L. The MortgageInstusdry's Role in The Current Global Financial Meltdown: Historical Perspective and RECOMMENDATIONS [J]. Academy of Accounting and Financial Studies, 2014, 17 (1): 55.

[85] MILLER G S. The Press as a Watchdog for Accounting Fraud [J]. Journal of Accounting Research, 2006, 44 (5): 1001-1033.

[87] MURPHY D L, SHRIEVES R E, TIBBS S L. Understanding the penalties associated with corporate misconduct: An empirical examination of earnings and risk [J]. Journal of Financial and Quantitative Analysis, 2009, 44 (1): 55-83.

[88] NAGIN, DANIEL S. Deterrence: A Review of the Evidence by a Criminologist for Economists [J]. Annual Review of Economics, 2013, 5 (1): 83-105.

[90] PEEK J, ROSENGREN E S. Bank regulation and the credit crunch [J]. Journal of Banking and Finance, 1995 (6): 679-692.

[91] PELTZMAN S. Toward a more general theory of regulation [J]. The Journal of Law and Economics, 1976, 19 (2): 211-240.

[92] PENG L, RÖELL A. Executive pay and shareholder litigation [J]. Review of Finance, 2008, 12 (1): 141-184.

[93] PERIA M SM, SCHMUKLER S L. Do Depositors Punish Banks for Bad Behavior? Market Discipline, Deposit Insurance, and Banking Crises [J].

Journal of Finance, 2001, 56 (3): 1029-1052.

[94] POLINSKY A M, SHAVELL S. A Note on Optimal Fines When Wealth Varies Among Individuals [J]. The American Economic Review, 1990, 81 (3): 618-621.

[95] POLINSKY A M, SHAVELL S. Enforcement costs and the optimal magnitude and probability of fines [J]. The Journal of Law and Economics, 1992, 35 (1): 133-148.

[96] POLINSKY A M, SHAVELL S. The Economic Theory of Public Enforcement of Law [J]. Journal of Economic Literature, 2000, 38 (1): 45-76.

[97] POLINSKY A M, SHAVELL S. The optimal tradeoff between the probability and magnitude of fines [J]. The American Economic Review, 1979, 69 (5): 880-891.

[98] POSNER R A. The social costs of monopoly and regulation [J]. Journal of political Economy, 1975, 83 (4): 807-827.

[99] REPULLO R. Capital requirements, market power, and risk-taking in banking [J]. Journal of financial Intermediation, 2004, 13 (2): 156-182.

[100] RICHARDSON S, TUNA I, WU M. Predicting earnings management: The case ofearnings restatements [R]. Social Science Research Network Working Paper Series, 2002.

[101] RIME B. Capital requirements and bankbehaviour: Empirical evidence for Switzerland[J]. Journal of Banking & Finance, 2001, 25(4): 789-805.

[102] ROMANO R. The Shareholder Suit: Litigation without Foundation? [J]. Journal of Law Economics & Organization, 1991, 7 (1): 55-87.

[103] ROSE A. Reforming Securities Litigation Reform: Restructuring the Relationship Between Public and Private Enforcement of Rule 10B-5 [J]. Columbia Law Review, 2008 (108): 1301.

[104] SAKALAUSKAITE I. Bank risk-taking and misconduct [R]. Bank of Lithuania Working Paper Series, 2018.

[105] SALEHI M, MOUSAVI SHIRI M, EHSANPOUR F. Effectiveness of Internal Control in the Banking sector: Evidence from Bank Mellat, Iran [J]. IUP Journal of Bank Management, 2016, 12 (1): 23-34.

[106] SAPIENZA P, ZINGALES L. A trust crisis [J]. International Re-

view of Finance, 2012, 12 (2): 123-131.

[107] SHAVELL P S. Enforcement Costs and the Optimal Magnitude and Probability of Fines [J]. Journal of Law & Economics, 1992, 35 (1): 133-148.

[108] SHAVELL S. Specific Versus General Enforcement of Law [J]. Journal of Political Economy, 1991, 99 (5): 1088-1108.

[109] STIGLER G J. The Optimal Enforcement of Law [J]. Journal of Political Economy, 1970, 78 (3): 526-536.

[110] STIGLER G J. The theory of economic regulation [J]. The Bell Journal of Economics and Management Science, 1971, 2 (1): 3-21.

[111] STIGLITZ J E. The role of the state in financial markets [J]. The World Bank Economic Review, 1993, 7 (suppl_ 1): 19-52.

[112] TADESSE S. The economic value of regulated disclosure: Evidence from the bankingsector [J]. Journal of Accounting & Public Policy, 2006, 25 (1): 32-70.

[113] TANIMURA J K, OKAMOTO M G. Reputational Penalties in Japan: Evidencefrom Corporate Scandals: Reputational Penalties in Japan [J]. Asian Economic Journal, 2013, 27 (1): 39-57.

[114] TSAI H, GU Z. The relationship between institutional ownership and casino firm performance [J]. International Journal of Hospitality Management, 2007, 26 (3): 517-530.

[115] UZUN H, SZEWCZYK S H, VARMA R. Board composition and corporate fraud [J]. Financial Analysts Journal, 2004, 60 (3): 33-43.

[116] WILLIAMS B. Bank risk and national governance in Asia [J]. Journal of Banking & Finance, 2014 (49): 10-26.

[117] WU Y, BOWE R. Information Disclosure, Market Discipline and the Management of Bank Capital: Evidence from the Chinese Financial Sector [J]. Journal of Financial Services Research, 2010, 38 (2-3): 159-186.

[118] ZINGALES L. Presidential Address: Does Finance Benefit Society? [J]. Journal of Finance, 2015, 70 (4): 1327-1363.

[119] 贝卡里亚. 论犯罪与刑罚 [M]. 黄风, 译. 北京: 中国法制出版社, 2005.

[120] 蔡竞, 许楠, 董艳. 独立监事制度有效吗: 来自中国上市公司

的实证证据 [J]. 投资研究, 2015, 34 (6): 46-65.

[121] 陈国进, 林辉, 王磊. 公司治理、声誉机制和上市公司违法违规行为分析 [J]. 南开管理评论, 2005 (6): 35-40.

[122] 陈太清. 美国罚款制度及其启示 [J]. 安徽大学学报 (哲学社会科学版), 2012, 36 (5): 115-121.

[123] 成洁. 资本监管约束下银行资本与风险调整 [J]. 统计研究, 2014, 31 (2): 68-74.

[124] 醋卫华, 夏云峰. 声誉机制起作用吗: 基于中国股票市场的证据 [J]. 财经科学, 2012 (10): 21-29.

[125] 丁灿. 国际银行业金融犯罪监管: 案例研究与经验启示 [J]. 金融监管究, 2017 (4): 46-57.

[126] 范庆华. 要避免金融危机再次发生: 访清华大学中美关系研究中心高级研究员周世俭 [J]. 世界知识, 2014 (1): 46-47.

[127] 方晓超. 我国银行业监管研究 [D]. 桂林: 广西师范大学, 2013.

[128] 冯素玲, 杨杨. 上市公司违规处罚信息市场反应差异性分析 [J]. 西南科技大学学报 (哲学社会科学版), 2013, 30 (4): 22-28.

[129] 冯旭南, 陈工孟. 什么样的上市公司更容易出现信息披露违规: 来自中国的证据和启示 [J]. 财贸经济, 2011 (8): 51-58.

[130] 冯雅丽. 金融机构反洗钱工作问题研究 [D]. 上海: 复旦大学, 2009.

[131] 凤宇骄, 褚旭. 2017 中国金融监管处罚研究报告 [EB/OL]. http://money.163.com/18/0106/12/D7FGQPN1002581PP.html.

[132] 胡婕, 吴蔚. 四方面反思富国银行虚假账户事件 [J]. 银行家, 2016 (12): 11-13.

[133] 伏军, 王雅洁. 美国银行违规罚款机制的实证研究 [J]. 金融监管研究, 2016 (3): 40-54.

[134] 甘顺利. 金融市场监管: 经济处罚与声誉损失 [J]. 投资研究, 2013, 32 (4): 81-88.

[135] 高明华, 苏然, 方芳. 中国上市公司董事会治理评价及有效性检验 [J]. 经济学动态, 2014 (2): 24-35.

[136] 顾海峰, 杨立翔. 互联网金融与银行风险承担: 基于中国银行

业的证据 [J]. 世界经济, 2018, 41 (10): 75-100.

[137] 惠平, 冯乾. 富国银行事件的警示 [J]. 中国金融, 2016 (22): 34-36.

[138] 黎文靖. 会计信息披露政府监管的经济后果: 来自中国证券市场的经验证据 [J]. 会计研究, 2007 (8): 13-21, 95.

[139] 李春生, 韩志明. 基层行政中的规则重构: 可控自主性的生成及其操作逻辑: 基于 D 市场监督管理局罚款执法的考察 [J]. 公共管理学报, 2021, 18 (3): 50-63, 170-171.

[140] 李培功, 沈艺峰. 媒体的公司治理作用: 中国的经验证据 [J]. 经济研究, 2010, 45 (4): 14-27.

[141] 李双建, 田国强. 银行竞争与货币政策银行风险承担渠道: 理论与实证 [J]. 管理世界, 2020, 36 (4): 149-168.

[142] 李维安, 李滨. 机构投资者介入公司治理效果的实证研究: 基于 CCGI (NK) 的经验研究 [J]. 南开管理评论, 2008 (1): 4-14.

[143] 李延喜, 吴笛, 肖峰雷, 等. 声誉理论研究述评 [J]. 管理评论, 2010, 22 (10): 3-11.

[144] 李晓慧, 张乐亭. 富国银行丑闻根源与强化银行业激励约束的研究 [J]. 会计之友, 2017 (19): 51-54.

[145] 林润辉, 谢宗晓, 吴波, 等. 处罚对信息安全策略遵守的影响研究: 威慑理论与理性选择理论的整合视角 [J]. 南开管理评论, 2015, 18 (4): 151-160.

[146] 刘宏光. 证券监管机构如何罚款: 基于行政裁量基准视角的研究 [J]. 财经法学, 2020 (4): 86-98.

[147] 刘闽浙. 汇丰银行被处以巨额反洗钱罚款案的教训及启示 [J]. 金融会计, 2018, 291 (2): 62-68.

[148] 刘生福, 韩雍. 严监管背景下的银行资本调整与风险承担行为: 兼论防范和化解金融风险的思路 [J]. 南开经济研究, 2020 (2): 68-91.

[149] 刘忻忆. 媒体关注、高管职位变更对企业绩效的影响 [D]. 济南: 山东大学, 2018.

[150] 陆妹. 金融业内部控制问题的研究 [J]. 现代商业, 2012, 000 (008): 37-37.

[151] 陆瑶, 胡江燕. CEO 与董事间 "老乡" 关系对公司违规行为的

影响研究［J］. 南开管理评论，2016，19（2）：52-62.

［152］陆瑶，李茶. CEO 对董事会的影响力与上市公司违规犯罪［J］. 金融研究，2016（1）：176-191.

［153］陆瑶，朱玉杰，胡晓元. 机构投资者持股与上市公司违规行为的实证研究［J］. 南开管理评论，2012，15（1）：13-23.

［154］路军. 女性高管抑制上市公司违规了吗：来自中国资本市场的经验证据［J］. 中国经济问题，2015（5）：66-81.

［155］栾福茂，李华，尹雷. 综合化经营下商业银行交叉业务风险防控［J］. 沈阳师范大学学报（社会科学版），2018，42（3）：30-35.

［156］罗璠，詹琪，杨茗. 美国金融监管处罚的特征及趋势［J］. 西南金融，2019（9）：81-88.

［157］倪淑慧，胡海峰. 美国大公司欺诈事件探析：以富国银行丑闻为例［J］. 南方金融，2017（6）：65-72.

［158］潘敏，魏海瑞. 提升监管强度具有风险抑制效应吗：来自中国银行业的经验证据［J］. 金融研究，2015（12）：64-80.

［159］皮天雷，杨丽弘. 商业银行的操作风险、声誉效应与市场反应［J］. 国际金融研究，2015（2）：77-87.

［160］邱明. 商业银行财务舞弊手法剖析［J］. 湖北审计，2000（7）：5.

［161］商言. 美林、高盛陷入困境［J］. 财经界，2002（6）：52-54.

［162］邵汉华. 银行监管有效性的实证研究［D］. 重庆：重庆大学，2015.

［163］宋云玲，李志文，纪新伟. 从业绩预告违规看中国证券监管的处罚效果［J］. 金融研究，2011（6）：136-149.

［164］苏苗罕. 美国联邦政府监管中的行政罚款制度研究［J］. 环球法律评论，2012，34（3）：103-115.

［165］苏如飞. 富国银行业务增长禁止令问题研究［J］. 华北金融，2018（5）：34-38.

［166］唐爱军. 股份制商业银行如何建立健全内部控制体系［J］. 山东工商学院学报，2004（3）：91-93，96.

［167］王健，张靖. 威慑理论与我国反垄断罚款制度的完善：法经济学的研究进路［J］. 法律科学（西北政法大学学报），2016，34（4）：124-136.

［168］王箭. 商业银行信贷风险度量及控制研究［D］. 武汉：武汉理

工大学，2008.

[169] 王晋斌，李博. 中国货币政策对商业银行风险承担行为的影响研究 [J]. 世界经济，2017，40 (1): 25-43.

[170] 王珺. 双重博弈中的激励与行为：对转轨时期国有企业经理激励不足的一种新解释 [J]. 经济研究，2001 (8): 71-78, 95.

[171] 王曼舒，刘晓芳. 商业银行收入结构对盈利能力的影响研究：基于中国 14 家上市银行面板数据的分析 [J]. 南开管理评论，2013，16 (2): 143-149.

[172] 王启迪. 内幕交易罚款数额影响因素的实证研究：基于证监会 21 份行政处罚决定书的整理 [J]. 行政法学研究，2011 (4): 115-128.

[173] 王青斌. 行政法中的没收违法所得 [J]. 法学评论，2019，37 (6): 160-170.

[174] 王云，李延喜，马壮，等. 环境行政处罚能以儆效尤吗？：同伴影响视角下环境规制的威慑效应研究 [J]. 管理科学学报，2020，23 (1): 77-95.

[175] 魏鹏. 对次贷危机十年来美国银行业经营发展的研究与展望 [J]. 国际金融，2017 (3): 10-13.

[176] 伍利娜，高强. 处罚公告的市场反应研究 [J]. 经济科学，2002 (3): 62-73.

[177] 谢怀筑，邱晓东. 富国银行受处罚事件探析 [J]. 金融纵横，2018 (10): 17-24.

[178] 辛焕云. 借鉴舞弊三角理论提高我国商业银行舞弊审计质量 [J]. 南京审计学院学报，2007 (2): 56-59.

[179] 徐浩萍，罗炜. 投资银行声誉机制有效性：执业质量与市场份额双重视角的研究 [J]. 经济研究，2007 (2): 124-136.

[180] 徐建胜. 构建商业银行风险控制体系的思考 [J]. 金融教学与研究，2005 (5): 53-54.

[181] 徐明东，陈学彬. 货币环境、资本充足率与商业银行风险承担 [J]. 金融研究，2012 (7): 50-62, 489.

[182] 徐向华，郭清梅. 倍率式罚款的特定基数与乘数倍率之实证研究 [J]. 中国法学，2007 (5): 163-180.

[183] 许传玺. 行政罚款的确定标准：寻求一种新的思路 [J]. 中国

法学，2003（4）：1-10.

[184] 许年行，江轩宇，伊志宏，等. 政治关联影响投资者法律保护的执法效率吗？[J]. 经济学（季刊），2013，12（2）：373-406.

[185] 许友传. 资本约束下的银行资本调整与风险行为 [J]. 经济评论，2011（1）：79-86.

[186] 杨海珍，李川，向悦，等. 全国性银行与区域银行盈利趋势及其影响因素比较研究：基于2006—2016年数据 [J]. 管理评论，2019，31（6）：3-13.

[187] 杨新兰. 资本监管下银行资本与风险调整的实证研究 [J]. 国际金融研究，2015（7）：67-74.

[188] 杨玉凤，曹琼，吴晓明. 上市公司信息披露违规市场反应差异研究：2002—2006年的实证分析 [J]. 审计研究，2008（5）：68-73，49.

[189] 杨忠莲，谢香兵. 我国上市公司财务报告舞弊的经济后果：来自证监会与财政部处罚公告的市场反应 [J]. 审计研究，2008（1）：67-74.

[190] 印嘉晨. 商业银行个人理财业务金融消费者权益保护研究 [D]. 上海：华东政法大学，2018.

[191] 余明桂，李文贵，潘红波. 管理者过度自信与企业风险承担 [J]. 金融研究，2013（1）：149-163.

[192] 袁奥博. 行政处罚如何影响银行业风险：理论机制与实证分析 [J]. 金融监管研究，2018（9）：50-64.

[193] 袁晶，崔宏伟，赵洋，等. 暂缓起诉制度与我国外汇管理执法建设 [J]. 内蒙古金融研究，2018（10）：35-39.

[194] 曾力，谭莉川，游频捷. 信息披露违规处罚的市场反应分析 [J]. 财会月刊，2008（17）：79-81.

[195] 张红. 让行政的归行政，司法的归司法：行政处罚与刑罚处罚的立法衔接 [J]. 华东政法大学学报，2020，23（4）：57-66.

[196] 张桥云，段利强. 金融机构违法违规的罚款定价影响因素与差异性研究 [J]. 当代经济科学，2020，42（6）：64-73.

[197] 张兴荣，熊启跃. 富国银行罚款案的原因及启示 [J]. 清华金融评论，2016（12）：75-76.

[198] 张兴荣，熊启跃. 从富国银行罚款案反思银行管理机制 [J]. 银行家，2016（12）：14-16.

[199] 张宗新，朱伟骅. 我国上市公司信息披露质量的实证研究 [J]. 南开经济研究，2007 (1)：45-59，116.

[200] 郑春美，李文耀. 基于会计监管的中国独立董事制度有效性实证研究 [J]. 管理世界，2011 (3)：184-185.

[201] 周开国，应千伟，钟畅. 媒体监督能够起到外部治理的作用吗：来自中国上市公司违规的证据 [J]. 金融研究，2016 (6)：193-206.

[202] 瞿旭，杨丹，瞿彦卿，等. 创始人保护、替罪羊与连坐效应：基于会计违规背景下的高管变更研究 [J]. 管理世界，2012 (5)：137-151，156.

[203] 朱沛华. 负面声誉与企业融资：来自上市公司违规处罚的经验证据 [J]. 财贸经济，2020，41 (4)：50-65.

[204] 邹克，彭建刚. 综合化经营对中国商业银行稳定性的影响及其对策 [J]. 管理世界，2017 (5)：170-171.